CICÉRON

DISCOURS

POUR CLUENTIUS

COLLECTION DES UNIVERSITÉS DE FRANCE
publiée sous le patronage de l'ASSOCIATION GUILLAUME BUDÉ

CICÉRON

DISCOURS

TOME VIII

POUR CLUENTIUS

TEXTE ÉTABLI ET TRADUIT
PAR
PIERRE BOYANCÉ
Membre de l'Institut

Troisième tirage

PARIS
LES BELLES LETTRES
2002

Conformément aux statuts de l'Association Guillaume Budé, ce volume a été soumis à l'approbation de la commission technique, qui a chargé M. Pierre Wuilleumier d'en faire la révision et d'en surveiller la correction en collaboration avec M. Pierre Boyancé.

95 boulevard Raspail, 75006 Paris
www.lesbelleslettres.com

Première édition 1953

ISBN : 2-251-01059-9
ISSN : 0184-7155

INTRODUCTION

I. — LE PROCÈS

Les circonstances. Le *Pro Cluentio* fut prononcé par Cicéron l'année de sa préture (66 av. J.-C.), à un moment où lui-même il présidait la *quaestio de repetundis* (1). On sait que les usages judiciaires de Rome admettaient qu'une même personne fût dans le même temps juge et avocat. L'orateur soutint cette fois à lui seul, selon la tradition antique, tout le poids de la défense (2). L'accusation avait été présentée par Titus Attius de Pisaurum (aujourd'hui Pesaro) en Ombrie ; Cicéron parle de lui, de façon favorable, comme d'un jeune homme distingué et d'un orateur au talent déjà éprouvé (3). Le tribunal était présidé par Quintus Voco-

(1) Cf. 34, § 94 : il mentionne son collègue Caius Orchivius ; 53, § 147 : Caius Orchivius présidait la *quaestio peculatus* ; Marcus Plaetorius et Caius Flaminius, les tribunaux *inter sicarios*. Voir Mommsen, *Droit pénal romain*, trad. J. Duquesne, Paris, 1907, t. II, p. 351.

(2) 70, § 199.

(3) 57, § 156 : *adulescens bonus et disertus*. Cf. 31, § 84 et *Brutus*, 78, § 271 : ... *hos quidem equites Romanos, amicos nostros, qui nuper mortui sunt, T. Attium Pisaurensem, cuius accusationi respondi pro A. Cluentio, qui et accurate dicebat et satis copiose, eratque praeterea doctus Hermagorae praeceptis*... Le nom *Accius* est celui que donnent les manuscrits du *Brutus* ; mais il est appelé à plusieurs reprises *Attius* par les meilleurs manuscrits de notre discours et Clark adopte cette forme ; cf. Münzer in *P. W.* Supplbd. I, 6, l. 18 ; voir aussi F. Marx, *ibid.*, I, 142. Deux ins-

nius Naso, *iudex quaestionis* (1) ; c'était la *quaestio ueneficii*, composée, comme c'était la règle depuis la *lex Aurelia* de 70, de sénateurs, de chevaliers et de *tribuni aerarii*. La poursuite se fondait sur la *lex Cornelia de sicariis et ueneficis* (81 av. J.-C.), mais c'est un problème de savoir sur quoi portaient exactement les débats : nous ne pourrons l'aborder utilement qu'après avoir rappelé brièvement les faits de la cause. Elle avait une longue histoire, celle d'une de ces affaires sensationnelles qui occupent et passionnent l'opinion (2).

Les faits de la cause. Le client de Cicéron, Aulus Cluentius Habitus (3), était né en 103 av. J.-C. (4) dans l'important municipe de Larinum, au pays des Frentans, non loin de la mer Adriatique (5). C'est dans cette ville de province que s'étaient déroulés la plupart des événements atroces, dont le récit fait une grande partie du plaidoyer. Cluentius, d'ordre équestre, appartenait à l'une des premières familles de la cité (6) ; il était d'un milieu où l'argent et les héritages

criptions de Pisaurum mentionnent des *Attii* (*C. I. L.*, XI, 6339 et 6406).

(1) 53, § 147 ; 54, § 148. Parmi les autres juges Cicéron ne mentionne que Publius Volumnius (70, § 198) ; il le cite comme apportant son appui moral à Cluentius.

(2) Cf. notamment Drumann-Groebe, *Geschichte Roms in seinem Uebergange von der republikanischen zur monarchischen Verfassung*, Berlin, 1912, t. V, p. 323-397 ; les introductions des éditions Ramsay, Fausset, Peterson. Je ne connais pas H. Grose-Hodge, *Murder at Larinum (being the narrative portion of Cicero's speech Pro Cluentio)*, Cambridge, 1932.

(3) Sur le cognomen Habitus et non Avitus (forme donnée seulement par *B*, 16, § 47), voir Fruechtel, dans l'éd. Teubner, 1933, Praef., p. IX et Drumann-Groebe, *op. laud.*, V, p. 383, n. 2.

(4) 5, § 11 : il avait 15 ans à la mort de son père sous le consulat de Sulla et de Pompée en 88 (Münzer, s. v. *Cluentius*, in *P. W.*, IV, 112).

(5) Mommsen, *C. I. L.*, IX, p. 69 ; H. Nissen, *Italische Landeskunde*, Berlin, 1902, t. II, p. 783 ; H. Philipp, s. v. *Larinum*, in *P. W.*, XII, 839.

(6) 5, § 11 ; 15, § 43. Chevalier : 57, § 156. Une inscription plus tardive, *C. I. L.*, IX, 742 nous fait connaître une affranchie de sa famille ; cf. peut-être aussi 754 (*Cluentius*).

jouaient le premier rôle, mais se compliquaient encore des querelles politiques du temps, guerre sociale, lutte entre Marius et Sulla. Sa mère Sassia lui était devenue odieuse, depuis qu'elle avait enlevé à sa propre fille Cluentia, sœur de l'accusé, le mari de celle-ci, Aurius Melinus, pour l'épouser à son tour. Et voici que cet Aurius Melinus ayant été assassiné, Sassia une fois veuve, s'était remariée, pour la troisième fois, et avec l'assassin, Statius Abbius Oppianicus (1). Les différends entre Cluentius, Sassia, sa mère et Oppianicus, son beau-père, constituent toute l'affaire.

Pour Oppianicus, vrai Barbe-Bleue italien, « entraîné au massacre de ses épouses » (2), l'union avec Sassia était aussi la dernière d'une série, plus longue encore, puisque Cicéron ne lui attribue pas moins de cinq femmes légitimes (3). La première s'appelait Magia. La seconde semble avoir été Cluentia, tante du client de Cicéron ;

(1) Comme Cluentius, il appartenait à l'ordre équestre : 39, § 109 : *equitem Romanum in municipio suo nobilem.* Cf. Klebs, s. v. *Albius*, in *P. W.*, I, 1317-1319. Il convient de corriger en Abbius le gentilice du personnage. En effet Abbius, leçon du *Cluniacensis* est aussi, contrairement à ce qu'indiquent les éditions, la leçon du *Mediceus*.

(2) 52 : *hominis in uxoribus necandis exercitati.* En réalité Cicéron ne l'accuse formellement d'avoir empoisonné que Cluentia (W. Kroll, *Ciceros Rede für Cluentius, Illbergs Jahrbücher*, 53, (1924), p. 175). Les autres mariages ont dû, pour la plupart, être dissous par un divorce. Magia est morte de mort naturelle (7, § 21).

(3) Pour Klebs, il y en aurait même eu six ! Mais il faut sans doute suivre Bardt, approuvé par Drumann-Groebe et identifier avec Papia la femme d'Oppianicus, qui était auparavant mariée avec son beau-frère Cnaeus Magius (§ 33-35). Carl Bardt, *Zu Cicero's Cluentiana*, programme de Neuwied, 1878, p. 12, admet cette succession : 1) Cluentia, sœur de Cluentius le père et donc appartenant à une autre génération ; 2) Magia ; 3) Papia ; 4) Novia ; 5) Sassia. Groebe reconnaît que le mariage avec Papia doit être antérieur à celui avec Novia, puisqu'aux alentours de 83 le fils de la première est *puer*, mais celui de la seconde *infans* (§ 27) ; Drumann donnait la suite : 1) Magia (§ 21) ; 2) Cluentia (§ 30) ; 3) Novia (§ 27) ; 4) Papia (§ 27) ; 5) Sassia (§ 28) (cf. Drumann-Groebe, *op. laud.*, p. 385, n. 13).

il l'aurait empoisonnée. Par le même moyen, il aurait fait périr son propre frère Caius Oppianicus et Auria la femme de celui-ci, alors qu'elle attendait un enfant. On notera au passage comment reviennent dans cette sombre histoire les mêmes gentilices ; il y existe entre les divers membres des quelques familles principales de Larinum une multitude d'alliances. Magia était en effet, par sa mère Dinaea, la sœur ou plutôt la demi-sœur de deux frères Numerius et Marcus Aurius ; de son mariage avec Oppianicus était né un enfant nommé aussi Oppianicus. Parmi les fils de Dinaea, première belle-mère d'Oppianicus, l'un des deux Aurius, Numerius et un enfant du second lit, Cnaeus Magius, moururent de leur mort naturelle. Marcus Aurius, lui, avait été fait prisonnier au cours de la guerre sociale ; on apprit un jour qu'il vivait en captivité dans ce qu'on appelait le « Pays gaulois » (1). Avant qu'on ait pu le libérer et le rendre à sa mère Dinaea, Oppianicus le fit assassiner, assurant ainsi au jeune fils de Magia et de lui-même la totalité de l'héritage de la vieille dame, qu'il ne restait plus qu'à empoisonner : ce fut chose aisée pour son ex-gendre Oppianicus. Cicéron veut encore que ce dernier ait assassiné un jeune fils de famille Asuvius, après avoir fait fabriquer par un compère, revêtant le nom et la personnalité d'Asuvius, un faux testament : à son avantage, faut-il penser, bien que Cicéron ne le dise pas. Cette fois, c'est la scène fameuse du *Légataire universel*, mais le dénouement est celui d'une tragédie ou plutôt d'un mélodrame.

Oppianicus fut poursuivi par les parents des Aurii, ses victimes, et notamment par celui qui le précéda comme mari de Sassia, Aulus Aurius Melinus. Sentant sa cause mauvaise ou craignant l'hostilité de l'opinion, il s'enfuit de Larinum et se réfugia au camp de Quintus Metellus

(1) 7, 21. Il s'agit d'une région située sur la côte de l'Adriatique entre Ariminum et Ancône, région où s'était établie la tribu des Senons. Plus loin (§ 23) *Gallicanum* doit, selon Fausset, désigner un habitant de cette contrée.

qui défendait alors par les armes la cause de Sulla (1) ; la victoire de ce dernier lui permit à lui-même de revenir en triomphateur dans son municipe, d'y faire proscrire et mettre à mort ses ennemis, notamment Melinus, son accusateur. Peu après il épousait la propre veuve de Melinus, mais cette Sassia, digne de lui, aurait, pour accepter cette union, exigé qu'il fît d'abord disparaître deux de ses fils nés de mariages antérieurs !

Sassia mariée à Oppianicus, Cluentius eut un ennemi de plus dans ce beau-père si peu recommandable. Un différend de caractère public les opposa bientôt. Il y avait à Larinum au service du dieu Mars des *Martiales*, sortes de serfs dont la condition paraît avoir été intermédiaire entre la liberté et l'esclavage (2). Oppianicus soutint qu'ils étaient citoyens romains, lésant ainsi le municipe dans ses intérêts. Cluentius fut chargé de les défendre et la contestation portée à Rome. Là Oppianicus, mû par cette querelle et plus encore par le désir de s'assurer un jour tous les biens de Sassia, aurait machiné contre son beau-fils une tentative d'empoisonnement, qui fut surprise sur le fait et qui échoua.

Cluentius commença par poursuivre les instruments de l'attentat, un affranchi nommé Scamander, puis Caius Fabricius, patron de Scamander. Il obtint leur condamnation du tribunal présidé par le préteur Caius Junius (74 av. J.-C.) (3). Pourtant Scamander avait eu un avocat qui n'était autre que Cicéron ! (4). Cluentius s'en prit

(1) Il s'agit de Q. Caecilius Metellus Pius, consul en 80, un des partisans les plus notables de Sulla ; il avait quitté l'Afrique pour rejoindre Sulla à son retour d'Orient : cf. Münzer, s. v., n° 98, dans *P. W.*, III, 1221-1222. La fuite d'Oppianicus se place en 83 : cf. Drumann-Groebe, *op. laud.*, II, p. 34.

(2) Cicéron les rapproche des *Venerei*, au service de l'Aphrodite du Mont Eryx en Sicile (15, § 43). Cf. R. M. Haywood, *Some traces of serfdom in Cicero's day*, *Amer. Journ. of Philol.*, 1933, p. 145-153. Gustav Hermansen, *Studien über den italischen und den römischen Mars*, Copenhague, 1940, p. 92, ne nous offre rien d'utile.

(3) Münzer, s. v. *Iunius*, n° 15, in *P. W.*, X, 963.

(4) Nous n'avons plus le plaidoyer qu'il fit en cette occasion.

ensuite à Oppianicus lui-même et réussit également à le faire condamner, toujours par les mêmes juges (1). Toutefois les circonstances de ce dernier verdict furent telles que l'opinion publique se prononça, Cicéron l'avoue, contre la sentence rendue ; le bruit se répandit que Cluentius avait acheté le tribunal, et on incrimina particulièrement un certain Staienus. Le défenseur malheureux d'Oppianicus, le tribun de la plèbe Lucius Quinctius exploita à fond ces rumeurs pour discréditer la justice sénatoriale. Le mouvement des esprits fut tel que toute une série de mesures frappa les juges suspects de prévarication (2) et Cluentius lui-même n'échappa

On n'est pas forcé de croire le récit si spirituel qu'il fait dans le *Pro Cluentio* de l'embarras où cette cause l'aurait plongé (18, § 51 ; 19, § 53). Mais on peut supposer que Cicéron lui-même n'aura pas voulu laisser subsister un discours qu'il avait si profondément contredit dans la suite. W. Kroll, *loc. laud.*, p. 176, pense qu'il ne l'aurait pas publié.

(1) Nous sommes exceptionnellement bien renseignés sur la composition de ce tribunal. Il y avait 32 juges. D'après le *Pro Caecina*, 10, § 28, la majorité fut acquise à une voix de majorité, donc par 17 contre 15. D'après le *Pro Cluentio* lui-même, cinq juges votèrent l'acquittement. Neuf autres s'abstinrent votant *Non liquet* (§ 107 ; cf. Stöcklein, *De iudicio Iuniano, Comment. philol.*, Münich, 1891, p. 197-199) : Marcus Basilus, Lucius Cassius, Caius Caudinus, Lucius Caulius Mergus, Quintus Considius, Cnaeus Heius, Marcus Iuventius Pedo, Publius Octavius Balbus, Publius Saturius. La décision aurait donc été obtenue par 18 voix contre 14. (Cf. Nettleship, *On the Pro Cluentio of Cicero*, paru d'abord dans le *Journal of Philology*, n° 16, puis dans *Essays in Latin Literature*, Oxford, 1885, p. 75). Des deux versions, celle du *Pro Caecina*, la moins favorable à Cluentius, mais aussi la plus impartiale, a toutes chances d'être la bonne ; comme Cicéron dans notre discours nomme, mais sans donner le total, ceux qui s'abstinrent, il aura omis l'un d'entre eux.

(2) Huit sur dix-sept : Caius Aelius Staienus, ancien questeur en 77, condamné *de maiestate* (*Brutus*, 241) ; cf. Münzer, in *P. W.*, s. v. *Staienus*, 2133) ; Marcus Attilius Bulbus, également *de maiestate* (§ 97) ; Manius Aquilius et Tiberius Gutta, frappés d'un blâme des censeurs (§ 127), le second en outre condamné pour brigue (§ 98) ; Cnaeus Egnatius, déshérité par son père (§ 135) ; Publius Popilius, condamné pour brigue (§ 98) ; Publius Septimius Scaevola, frappé au cours d'une *litis aestimatio* (§ 115, cf. *infra*, p. 126, n. 1). Le président lui-même Caius Junius fut

point en 70 à un blâme des censeurs Lucius Gellius et Cnaeus Cornelius Lentulus Clodianus ; les mêmes censeurs exclurent du sénat deux des juges.

Deux années plus tard, Oppianicus vint à mourir en exil d'une façon obscure (72 av. J.-C.). Cicéron par son récit s'efforce de faire planer les doutes sur Sassia ; mais c'est un fait que celle-ci de son côté incrimina Cluentius. Elle fit mettre à la torture des esclaves pour leur arracher des aveux contraires à ce dernier (1). C'est un fait aussi que six ans plus tard, Caius Oppianicus, fils de la victime et petit-fils de Dinaea, se rangea contre Cluentius au parti de la veuve. Cicéron, qui ménage ce jeune homme (2), donne à son attitude des mobiles qui valent ce qu'ils valent : notamment Sassia se l'était gagné en lui donnant en mariage sa fille, née d'Aurius Melinus ! Pourquoi avait-il attendu six ans ? L'explication qui me semble la plus naturelle est qu'il était trop jeune au moment du meurtre (3) et qu'il se mit en avant dès qu'il le put, c'est-à-dire dès qu'il eut atteint l'âge d'intervenir en justice. Cicéron, qui n'en dit rien, diminue visiblement le rôle du jeune Oppianicus et grandit celui de Sassia (4) :

condamné pour avoir commis des irrégularités de procédure (§ 91), dont l'une de complicité avec Verrès, alors *praetor urbanus* (*Verrines*, I, 157). Un neuvième juge, Caius Fidiculanius Falcula, poursuivi directement pour corruption (§ 104), fut bien acquitté, mais dans le *Pro Caecina*, 10, 28, voulant, il est vrai, discréditer son témoignage, Cicéron avait donné sa culpabilité en la matière comme de notoriété publique.

(1) Straton, ancien esclave d'Aulus Rupilius, médecin d'Oppianicus, Nicostratus, esclave d'Oppianicus et Ascla, esclave d'elle-même (§ 176). Straton, qui, ayant été affranchi par elle, avait volé et assassiné, est soumis de nouveau à la torture avec Nicostratus en 69 (§ 181).

(2) Cf. par exemple les précautions du § 10.

(3) A la mort de son père, il est encore *puer* en 72. Il se marie en 69. Il doit être né vers 90-87. Cf. Fausset, Introd., p. XLII.

(4) Peut-être aussi les ménagements de Cicéron pour Oppianicus le fils s'expliquent-ils par ses ambitions consulaires ; il lui faut se concilier ou ne pas s'aliéner ceux qui sont *homines in suis ciuitatibus et municipiis gratiosi* (Quintus Cicéron, *De petitione consulatus*, 24). C'est l'idée de W. Kroll.

c'est que le premier risquait d'être sympathique à l'opinion et le second, celui d'une mère acharnée contre son fils, ne pouvait manquer de lui être odieux.

Cicéron triompha (1). Il se vantait plus tard d'avoir su « plonger dans les ténèbres » les juges de Cluentius (2). On ne retirera pas de cette déclaration l'impression qu'il fût très convaincu de l'innocence de son client, au moins en ce qui concerne la corruption du tribunal présidé par Junius. On se demande volontiers en quoi consista l'habileté de sa manœuvre : il faut, pour y répondre, nous représenter d'abord dans sa suite l'argumentation de l'orateur.

II. — ANALYSE DU DISCOURS

Exorde. — Le plan de la défense sera celui de l'accusation : deux parties, l'une consacrée à l'hostilité de l'opinion (*inuidia*) suscitée par la corruption du tribunal de Junius, l'autre aux imputations relatives à l'empoisonnement. Appel à l'appui moral des juges contre cette hostilité et le préjugé défavorable qu'elle crée (§ 1-8).

Première partie. — Division de la première partie consacrée à l'hostilité de l'opinion (§ 9) : *a*) les crimes qui pesaient sur Oppianicus ; *b*) les sentences préalables (*praeiudicia*) qui l'avaient frappé indirectement avant qu'il comparût lui-même ; *c*) c'est lui qui a voulu acheter les juges (§ 9).

(1) Cela résulte de la déclaration citée à la note suivante.

(2) Quintilien, *Instit. Orat.*, II, 17, 21 : ... *nec Cicero cum se tenebras offudisse iudicibus in causa Cluentii gloriatus est, nihil ipse uidit?* Le mot est cité aussi par Rufinianus, *De figuris sententiarum et elocutionis liber, Rhet. lat. min.*, éd. Halm, p. 42, 13, en termes à peu près pareils : ... *se tenebras offudisse iactauit iudicibus Cluentianis.* Saint Jérôme y fait allusion en termes légèrement différents, *Lettres*, 50, 2 : ... *tenebras illico ob oculos offudisset iudicibus.* Le mot devait être classique dans les écoles de l'époque impériale, où le *Pro Cluentio* était une des bases de l'enseignement, cf. *infra*, p. 45.

A) *Les crimes qui pesaient sur Oppianicus* (§ 10-48).

Appel au jeune Oppianicus ; intention de Cicéron de remonter en arrière ; appel aux juges (§ 10).

Cluentius, sa sœur, sa mère Sassia qui épouse son propre gendre. Cicéron met en cause Sassia, en usant des précautions nécessaires (§ 11-18).

Les crimes d'Oppianicus. Petite préface (§ 19-20).

Dinaea ; l'assassinat de Marcus Aurius et ses conséquences : le mariage avec Sassia, l'assassinat par leur père des jeunes enfants d'Oppianicus (§ 21-28).

Appel aux juges (§ 29) ; nouvelles précautions oratoires (§ 30).

Les autres assassinats d'Oppianicus : sa femme Cluentia (§ 30), sa belle-sœur enceinte et son frère (§ 31-32) ; son mariage avec la veuve de Magius (§ 33-35) ; le meurtre d'Asuvius (§ 36-39) ; le meurtre de Dinaea (§ 40-41).

Cluentius menacé lui-même a dû accuser (§ 42).

En effet l'affaire des *Martiales* suscita une querelle entre son beau-père et lui (§ 43-44), ainsi que le désir d'Oppianicus de s'emparer de ses biens (§ 45).

Oppianicus, pour l'empoisonner, a recours aux Fabricius. La tentative d'empoisonnement (§ 46-48).

Conclusion (§ 48).

B) *Les sentences préalables (praeiudicia)* (§ 49-58).

Le procès de Scamander. Cicéron est choisi comme avocat (§ 49) ; son embarras au cours des débats (§ 50-54) ; la condamnation (§ 55).

Le procès de Caius Fabricius. Les défenseurs, cette fois, furent les frères Caepasius (§ 56) ; les débats (§ 57-58) ; la condamnation (§ 58).

C) *C'est Oppianicus qui a voulu acheter les juges* (§ 59-81).

Les juges devaient condamner, liés qu'ils étaient par leurs arrêts antérieurs (§ 59-62). Comment se pose le problème : la corruption a eu lieu ; elle est venue ou d'Oppianicus ou de Cluentius (§ 63-64).

Or Staienus a reçu l'argent d'Oppianicus (§ 65). Comment celui-ci a recouru à celui-là (§ 66-69). Les calculs de Staienus pour garder pour lui tout l'argent destiné à l'achat des juges (§ 69-70) ; sa manœuvre à cet effet (§ 71-72).

Comment s'est produite la condamnation d'Oppianicus (§ 73-76).

Les suites de la condamnation : l'opinion publique ameutée par le tribun Quinctius (§ 77) ; Staienus obligé de restituer l'argent (§ 78) ; l'opinion publique égarée (§ 79) ; différence avec le moment présent (§ 80).

Récapitulation : tous les motifs de corrompre étaient du côté d'Oppianicus (§ 81).

Confirmation et discussion : les comptes de Cluentius (§ 82) ; l'argent reçu par Staienus (§ 82-83) ; réfutation d'un essai de justification de Staienus (§ 84-87).

Discussion des jugements qui auraient confirmé la culpabilité de Cluentius dans la corruption du tribunal (§ 88-142).

Ces jugements qui auraient frappé les juges prévaricateurs ou n'en sont pas ou sont favorables à Cluentius (§ 88).

Examen de la condamnation du président Caius Junius (§ 89-96) ; des condamnations de Bulbus (§ 97) ; de Publius Popilius et de Tiberius Gutta (§ 98) ; de Staienus (§ 99-102) ; récapitulation de ces quatre cas (§ 103).

L'acquittement de Caius Fidiculanius Falcula (§ 104). Digression : retour sur les votes des juges dans le procès d'Oppianicus ; éloge de ceux qui se sont abstenus (§ 105-108) ; l'agitation suscitée par le tribun Quinctius (§ 108-112). Signification de l'acquittement de Falcula (§ 113-114).

Retour sur les condamnations pour brigue (celles de Gutta et de Popilius) (§ 114-115). Publius Septimius Scaevola frappé dans une *litis aestimatio* (§ 115-116).

Les blâmes des censeurs. Précaution préliminaire à l'égard des deux censeurs (§ 117-118) ; valeur juridique d'un blâme des censeurs (§ 119-122) ; signification d'un blâme des censeurs par rapport à la vérité des faits (§ 123-126).

Les blâmes dirigés contre Manius Aquilius et Tiberius Gutta (§ 127) ; deux blâmes seulement (§ 128-129) : motifs réels des censeurs ; sur quoi ils se sont fondés (§ 130). Blâme contre Publius Popilius (§ 131-132) ; contre Cluentius lui-même (§ 133-134).

Le testament de Cnaeus Egnatius le père (§ 135).

Le vote du Sénat (§ 136-137).

L'opinion exprimée jadis par Cicéron lui-même (§ 138-142).

Cluentius aurait pu s'abriter derrière l'exception de la loi (§ 143-160).

L'accusation a cru à tort que Cicéron fonderait sa défense sur l'exception de la loi (§ 143) ; s'il ne l'a pas fait, c'est pour obéir à Cluentius, désireux de laver son honneur et parce que cela convenait dans le cas particulier (§ 144-145). Mais une défense par l'exception de la loi eût été tout à fait légitime. Éloge des lois (§ 147-148).

L'exception de la loi est analysée par Cicéron (§ 148), appliquée à Cluentius (§ 149). Cicéron va en user malgré Cluentius (§ 149).

Justification de cette exception favorable aux chevaliers (§ 150). Comment les adversaires des chevaliers se sont comportés à son égard (§ 151). Leurs interventions à l'heure présente (§ 152). Rappel de l'attitude des chevaliers quand Livius Drusus s'attaqua à leurs droits (§ 153-154).

Cicéron recourt et recourra à l'exception de la loi (§ 155-158). Quel est en la matière le devoir des juges (§ 159-160) ?

Première annonce de la seconde partie, qui sera très brève (§ 160).

Discussion de divers faits passés reprochés à Cluentius (§ 160-164).

Deuxième partie. — *Cluentius n'a pas empoisonné* (§ 164-194).

Seconde annonce de la seconde partie, qui sera très brève (§ 164).

Le prétendu empoisonnement de Caius Vibius Capax (§ 165).

Les prétendues tentatives contre Oppianicus le fils (§ 166-168).

Le prétendu empoisonnement d'Oppianicus. L'accusation (§ 169).

Cluentius n'avait aucun motif de vouloir sa mort ; il ne le craignait pas, et, s'il le détestait, devait lui souhaiter de continuer sa vie misérable (§ 170-172) ; discussion des prétendues circonstances : l'instrument, la nature du poison, la rapidité de la mort (§ 172-174) ; vrai récit de la mort d'Oppianicus (§ 175).

Conduite de Sassia après cette mort. Premières tentatives pour incriminer Cluentius (§ 176-177). Sa conduite singulière contre Straton ; pression sur Oppianicus le fils (§ 178-179). Le vol de Straton (§ 179-180). Le procès de Straton (§ 181) ; la torture de Straton ; ses prétendus aveux discutés par Cicéron (§ 182-186). La conduite de Sassia ; attaque violente de l'orateur (§ 187-194).

Péroraison. — Ce qu'on attend des juges. Rappel de tous ceux qui s'intéressent au sort de Cluentius (§ 195-199). Opposition entre leur attitude et celle de sa mère (§ 200). Que les juges arrachent Cluentius à cette mère dénaturée (§ 201). Ou il regrettera d'avoir trop vécu (§ 202). Dernier appel aux juges (§ 203-204).

III. — LA NATURE DE L'ACCUSATION

Les deux parties de la défense.

La division du plaidoyer, d'après Cicéron, reproduit celle de l'accusation (I, 1). Elle comprend deux grandes parties : l'une traite de la corruption judiciaire reprochée à Cluentius lors de la condamnation d'Oppianicus, l'autre de l'accusation d'empoisonnement. Entre ces deux parties il y a une disproportion qui frappe d'abord et qui est soulignée par l'orateur lui-même au début de la seconde (60, 164). La première s'étend sur les § 9-160 ; la seconde ne déborde pas les § 164-194. C'est pourtant l'accusation d'empoisonnement qui, d'après Cicéron, était proprement du ressort du tribunal (1). Pourquoi cette singularité ? C'est que, à l'en croire, l'accusation en question était très peu fondée ; ce n'est pas elle qui risquait d'être périlleuse pour Cluentius. Le principal danger venait pour lui du préjugé défavorable que créait le soupçon d'avoir corrompu les juges du *iudicium Iunianum.* La partie adverse fondait là-dessus ses plus grands espoirs. (Cf. I, 1 : *niti et magnopere confidere*).

Il semble qu'il faille donner raison à Cicéron sur ce

(1) 60, 164 : ... *id quod ad uestrum ius iurandum pertinet, quod uestri iudicii est, quod uobis oneris imposuit ea lex qua coacti huc conuenistis de criminibus ueneni...* Cf. 58, 160 : *reliqua perpauca sunt; quae quia uestrae quaestionis erant, idcirco illi statuerunt fingenda esse et sibi proferenda, ne omnium turpissimi reperirentur si in iudicium nihil praeter inuidiam attulissent.* Je ne comprends pas comment W. Peterson, *The speech of Cicero in defence of Cluentius,* Londres, 1895, p. 165, peut trouver « à première vue » une contradiction entre ces deux textes. Il est manifeste que le second vise également, par opposition à ce qui concerne l'*inuidia,* toute la seconde partie sur l'empoisonnement, et non pas les petites histoires racontées dans les § 161-163. Mais il faut reconnaître que celles-ci sont bizarrement insérées dans la trame du discours. D'une part elles se rattachent à la première partie : à leur terme Cicéron déclare : *Habetis, iudices, quae in totam causam de moribus A. Cluenti quem illi inuidiosum esse reum uolunt annos octo meditati accusatores collegerunt.* Mais d'autre part elles suivent la première annonce de la seconde partie, le second des textes cités *supra.* Il y a là, je crois, une négligence de la rédaction. Le § 165 pourrait suivre immédiatement le § 161 (jusqu'à... *breuissime esse defensa*). Cicéron paraît avoir voulu rajouter après coup les petites histoires des § 161-163 ; il aurait dû supprimer ou reporter plus loin la première annonce de la seconde partie. Il ne l'a pas fait ; il a préféré annoncer une seconde fois cette seconde partie, si bien que les deux textes cités au début de la note disent deux fois la même chose.

point. On comprendrait mal que, si l'accusation avait sérieusement insisté sur l'empoisonnement d'Oppianicus, l'avocat aurait pu s'acquitter lui-même de sa réfutation à si bon compte. Bardt et Peterson notamment ont souligné les faiblesses de cette réponse (1), mais eux-mêmes ne sont pas persuadés qu'elles viennent ici de la faiblesse de la cause : elles sont dues bien plutôt à la négligence de l'orateur qui sait n'avoir pas à y insister. C'est dans la première partie qu'il a eu à déployer et qu'il a en fait déployé toutes les ressources de son adresse et de son talent.

S'il est incontestable qu'Attius exploitait à fond contre Cluentius le thème de l'*inuidia*, le problème est de savoir à quel titre ce grief figurait dans son discours. Était-ce seulement par un usage étendu et presque immodéré de cette pratique des avocats romains de donner aux antécédents, au *probabile ex uita*, autant et parfois plus de place qu'au crime lui-même ? Était-ce au contraire parce que le grief faisait partie de l'accusation proprement dite ? Celle-ci était-elle double et comprenait-elle à la fois la corruption du *iudicium Iunianum* et l'empoisonnement d'Oppianicus ? Le problème est très débattu.

La lex Cornelia de sicariis et uenenficis.

La corruption judiciaire tombait sous le coup de la même loi, *lex Cornelia de sicariis et ueneficis* (81 av. J.-C.) qui frappait l'empoisonnement (2). Cicéron, dans son § 148, nous permet d'en reconstituer le texte sur ce chapitre, qui était le sixième de la loi : *Deque eius capite quaerito qui tribunus militum legionibus quattuor primis quiue quaestor tribunus plebis...* (ici tous les magistrats successivement) *quiue in senatu sententiam dixit dixerit, qui eorum coiit, coierit, conuenit, conuenerit, quo quis iudicio publico condemnaretur.* D'après ce texte, la loi frappait la corruption judiciaire, mais seulement

(1) Bardt, *op. laud.* p. 6 et suiv. ; W. Peterson, *op. laud.*, Introd., p. XX-XXI.

(2) Mommsen, *Droit pénal* (trad. fr.), II, p. 351.

chez les membres de l'ordre sénatorial (1). Cicéron y insiste longuement : Cluentius, chevalier, n'était point visé par elle ; son avocat pouvait le défendre uniquement en invoquant pour lui l'exception de la loi. L'accusation s'attendait qu'il le fît (2). Cicéron ne l'a pas fait. (En réalité il l'a fait tout de même et comme par prétérition) (3). Pourquoi ?

Selon Zumpt, il y aurait eu à cela une bonne raison (4). C'est que le texte cité par l'avocat ne serait pas le texte sur lequel s'appuyait réellement l'accusation. La comparaison avec les juristes de l'époque impériale (5) lui permet, croit-il, de déceler une inexactitude volontaire de Cicéron. Il y avait bien dans la loi deux clauses qui concernaient spécialement les magistrats et les sénateurs : l'une visait ceux qui auraient suscité de faux témoignages en vue de circonvenir un innocent, l'autre ceux qui auraient reçu de l'argent pour susciter une accusation capitale (6). Mais de plus les juristes impériaux connaî-

(1) Et, notons-le aussi, quand il s'agit de procurer une condamnation, non un acquittement.

(2) Cicéron souligne avec malice sa déception § 143.

(3) Le développement ne couvre pas moins de 18 paragraphes (§ 143-160). Cluentius, désireux de sauver son honneur et non seulement sa personne, n'acceptait pas ce moyen de défense. Mais Cicéron a voulu montrer ce qu'un bon avocat était capable d'en tirer ! Les vraies intentions sont bien analysées par Quintilien, VI, 5, 9.

(4) W. Zumpt, *Das Criminalrecht der römischen Republik*, Berlin, 1865, t. II, 2, p. 23 et suiv., notamment, p. 26-27, p. 33.

(5) Notamment Marcien et Paul.

(6) *Lege Cornelia de sicariis et ueneficis tenetur... quiue cum magistratus esset publicoue iudicio praeesset, operam dedisset, quo quis falsum iudicium profiteretur, ut quis innocens conueniretur, condemnaretur...*

§ 1 : *quiue magistratus iudexue quaestionis sub capitalem causam pecuniam acceperit, ut publica lege reus fieret* (Marcien, in *Digest.*, XLVIII, 8, 1).

Le mot *innocens* paraît indiquer une limitation supplémentaire. Zumpt renvoie à Paul, *Sent. rec.*, V, 23, 1 : *Lex Cornelia poenam deportationis infligit eis qui falsumue testimonium dixerint, quo quis periret, mortisue causam praestiterint.* Zumpt invoque aussi Cic., *Phil.*, IX, 7 ; Quintilien, VII, 3, 31 ; 4, 41.

traient une clause très générale *qui... mortisue causam praestiterit* qui devait être celle qu'invoquait réellement Attius (1), et si l'orateur de celle-là ne dit mot, c'est qu'elle ne se limitait pas aux seuls membres de l'ordre sénatorial. L'accusateur aurait commenté et expliqué cette clause fort générale à l'aide de la clause antérieure, frappant la corruption judiciaire : Cicéron aurait feint de croire qu'il accusait directement au nom de cette clause antérieure (2).

La thèse de Zumpt a généralement rencontré peu de faveur. La hardiesse qu'elle attribue à Cicéron est bien extraordinaire. Il paraît difficile de croire que le § 148 nous donne un texte altéré ou mutilé de la loi ; les mots *mortisue causam praestiterit* ne figurent en fait que chez Paul et Zumpt n'a pas fourni la preuve qu'ils y soient une citation, et non, comme on l'estimait avant lui, un commentaire de l'exégèse juridique. Pas plus convaincant n'est l'effort de Zumpt pour démontrer que ce texte était apte à lui seul à frapper la corruption judiciaire.

La *lex Cornelia*, d'après Cicéron lui-même, en ce qui concernait la corruption judiciaire, faisait siennes les dispositions d'une *lex Sempronia*, dont l'auteur avait été en 124 le tribun Caius Gracchus (3). Sans doute celui-ci avait-il voulu empêcher qu'un accusé fût la victime devant

(1) Ces juristes ne mentionnent pas la clause de corruption judiciaire invoquée et citée par Cicéron ; mais, contrairement à ce que paraît croire Jules Humbert, *Comment Cicéron mystifia les juges de Cluentius*, *Revue des études latines*, XVI, 1938, p. 275, n. 2, Zumpt n'en conteste pas l'existence. (Cf. p. 33 : « ... *der zweite* (paragraphe) *verbot den Beamten in vielen Ausdrücken jede wissentlich ungerechtfertigte Beeinflussung, mithin auch Bestechung der Richter.* »)

(2) Une thèse analogue est celle de Rein, *Criminalr.*, p. 410, 411, mais à la clause citée par Paul (et qu'il estime d'époque impériale) il substitue une clause « *falsumue testimonium dixerit* ». Cf. Fausset, Introd., p. xix.

(3) § 151 : *Hanc ipsam legem « ne quis iudicio circumueniretur » C. Gracchus tulit.* Cf. § 154 : *Illi (equites) non hoc recusabant ea ne lege accusarentur qua nunc Habitus accusatur, quae tunc erat Sempronia, nunc est Cornelia.* Cf. Peterson, *ad loc.*, p. 161.

les tribunaux d'un complot émanant de la noblesse (1) ; on ne s'occupait que des condamnations, non des acquittements obtenus par la corruption. Cette loi, qui semble avoir attiré peu l'attention des meilleurs historiens des Gracques, n'a rien à voir, selon Peterson, avec la *lex iudiciaria* de 122, par laquelle le même tribun avait, on le sait, enlevé les jurys à l'ordre sénatorial pour y admettre aussi des chevaliers ; disons plutôt qu'elle en est distincte, mais qu'elle lui est unie, sinon par la logique du droit, du moins par celle de la passion, de l'hostilité aux nobles. Livius Drusus paraît en tout cas avoir établi une liaison ; quand il songea à rendre les *quaestiones* au Sénat élargi et reconstitué par lui, il voulut en même temps porter une loi étendant aux chevaliers le crime de corruption judiciaire. Il se heurta à une résistance acharnée de leur ordre (2). Sulla vint alors, qui incorpora à sa *lex de sicariis et ueneficis* les dispositions de la *lex Sempronia*. Comment le fit-il ? Costa a prétendu que les dispositions visant la corruption judiciaire n'auraient point été spéciales à la *lex de sicariis et ueneficis*, et par conséquent n'auraient pas reposé sur une assimilation à un meurtre de la corruption judiciaire (3) : on les aurait trouvées également dans les autres lois constitutives des autres *quaestiones* ; chacune de ces dernières aurait, chaque fois, prévu en ce cas les mêmes sanctions qu'elle prévoyait pour les

(1) Nettleship, *op. laud.*, p. 70 ; Fausset, Introd., p. XIV-XV. Sur l'histoire de la *lex Cornelia*, voir aussi W. Zumpt, *op. laud.*, II, 2, p. 20 et suiv. ; H. Fritzsche, *Die sullanische Gesetzgebung*, Gymnasialprogr. d'Essen, 1882, p. 19 ; Léon Siben, *L'homicide et le parricide*, Thèse, Paris, 1885 (sans intérêt pour le *Pro Cluentio*); J. Lengle, *Untersuchungen über der sullanischen Verfassung*, Brisgau, 1899, p. 35 ; Franz Boll, *Num Cluentius de crimine iudicii corrupti sententiam dixerit*, dans les *Commentationes philologicae Monacenses*, 1891, p. 206 et suiv.

(2) *Pro Cluentio*, § 153. Cf. *Pro Rabirio Postumo*, § 16.

(3) Emilio Costa, *Cicerone giureconsulto*, Parte IV, *Il Diritto ed il processo penale*, dans les *Memorie presentate alla Classe di Scienze morali della R. Accademia delle Scienze dell' Istituto di Bologna* dal 23 febbraio 1917 al 23 novembre 1918, Bologne, 1919, p. 62.

crimes qu'elle frappait spécialement. Cette conception assez extraordinaire (1) se heurte directement au témoignage de Cicéron lui-même tel qu'il est mentionné plus haut et d'après lequel la loi Sempronienne, punissant la corruption judiciaire, « est maintenant la loi Cornélienne », « celle en vertu de laquelle on accuse Habitus ». Cicéron ne pourrait s'exprimer ainsi si la loi atteignant la corruption judiciaire avait été également incorporée à toutes les autres lois, instituant les diverses *quaestiones*. D'autre part il y a évidemment lieu de rapprocher la clause en question de celles que mentionnent les juristes impériaux, concernant les faux témoignages et les accusations suscitées pour de l'argent (2) : dira-t-on que celles-là aussi se retrouvaient dans chacune des autres lois ? Mais ici il y a l'indication formelle de ces juristes qui les attribuent à la *lex Cornelia de sicariis et ueneficis*. La thèse de Costa se heurte donc à des témoignages explicites.

Costa invoque, il est vrai, un texte des *Verrines* (I, 13, 38-39). On y lit bien en effet que des personnages poursuivis l'un *de pecuniis repetundis*, d'autres pour péculat, un autre *de maiestate* se virent frappés également pour s'être laissé acheter dans leurs fonctions de juges (3). Mais Cicéron ne dit pas que ce fut chaque fois au nom d'une seule et même loi. Il distingue la condamnation

(1) Elle a cependant retenu l'attention et peut-être obtenu l'adhésion d'E. Ciaceri, *Cicerone e i suoi tempi*, t. II, 2e éd., 1939, p. 130, n. 5.

(2) Cf. les textes cités *supra*, p. 21, n. 6. Notons au reste que la loi romaine en question ne punit ces divers crimes que quand il s'agit d'obtenir des juges une condamnation. Qu'en était-il de la corruption judiciaire quand il s'agissait de procurer un acquittement comme celui de Clodius ? En pareil cas la *lex de repetundis* frappait ceux qui s'étaient laissé acheter (Mommsen, *Droit pénal*, I, p. 352, n. 2 de la p. 351).

(3) I, 13, 38-39 : ... *quid sit, quod, P. Septimio senatore damnato, Q. Hortensio praetore de pecuniis repetundis, lis aestimata sit eo nomine quod ille ob rem iudicandam pecuniam accepisset.* (39) *Quod in C. Herennio, quod in C. Popilio senatoribus, qui ambo peculatus damnati sunt, quod in M. Attilio, qui de maiestate damnatus est, hoc planum factum est, eos pecuniam ob rem iudicandam accepisse...*

proprement dite et ce qu'on appelait la *litis aestimatio*, cette *litis astimatio* dont il est au reste question quelque part dans le *Pro Cluentio* (1). Une fois la condamnation intervenue en vertu de la loi constitutive de la *quaestio*, restait à fixer la peine. On pouvait alors, au témoignage du Pseudo-Asconius, se fonder sur d'autres griefs que ceux qui figuraient dans le libellé de l'accusation elle-même (*ex titulo propositi criminis*) ; on pouvait recourir aux faits établis au cours des considérations sur la vie passée de l'accusé *(ex aliis probationibus, quae ex ante actis rebus apud iudices constiterint)* (2). Ces faits, qui du reste ne se limitaient naturellement pas aux seuls cas de corruption judiciaire, n'étaient pas eux-mêmes frappés par la *lex* constitutive de chaque *quaestio*, mais chacun, comme il est normal, par la loi qui les concernait eux-mêmes. Cette loi, pour ce qui est de la corruption judiciaire, était, nous venons de rappeler les textes, la *lex de sicariis et ueneficis*.

Accusation simple ou double.

Ce qui demeure, c'est que Cicéron, à plusieurs reprises, souligne que la *quaestio*, devant laquelle comparait son client, a pour objet spécialement de viser les griefs d'empoisonnement. Il y a plus ; dans ces passages il a bien l'air de dire que ce qui figurait dans l'accusation en tant que telle, les *crimina* proprement dits, concernait seulement l'empoisonnement d'Oppianicus. Une antithèse est établie par lui entre ces *crimina* et l'*inuidia*, l'hostilité de l'opinion qui avait été suscitée et entretenue contre Cluentius à propos de la corruption judiciaire (3). Bardt s'est fondé sur ces textes pour soutenir

(1) § 115. Cf. les notes de Fausset et de Peterson sur ce passage.

(2) Ps. Asconius, *in Verr., Act. I*, 13, 39 : « *qui ambo peculatus damnati sunt* ». *Quid hoc, inquiet quispiam, ad iudicium corruptum pertinet ? Respondebimus, litis aestimationem <fieri> non solum ex titulo propositi criminis, sed etiam ex aliis probationibus, quae ex ante actis rebus apud iudices constiterint. Hi, peculatus crimine proposito, etiam quas iudicando pecunias ceperant, reddiderunt.*

(3) Cf. § I, 2, 148, 164.

qu'Attius n'avait en effet dans le libellé de l'accusation mentionné que l'empoisonnement (1). Et s'il l'avait fait, c'était à bon escient : ne savait-il pas en effet que le chevalier Cluentius, s'il avait été attaqué imprudemment pour corruption judiciaire, se serait retranché derrière l'exception de la loi ? Attius n'a eu garde de commettre cette imprudence. Sans doute Cicéron, en d'autres passages, a l'air de présenter les choses autrement ; il laisse entendre que Cluentius était poursuivi aussi pour corruption. Mais c'est, nous dit Bardt, pour se permettre une réfutation facile et pour créer une équivoque, à l'abri de laquelle il répandra sur les juges cette ombre propice qu'il s'est fait gloire plus tard d'avoir su créer (2).

L'argumentation de Bardt ne résiste cependant pas à l'examen. En premier lieu la distinction des *crimina* propres à la *quaestio* et de l'*inuidia* n'a pas la portée qu'il veut lui donner dans les § 1, 2, 148, 164. A vrai dire ses contradicteurs n'ont pas vu nettement ce qui l'expliquait (3). C'est, je crois, le fait qu'en 66 av. J.-C. il y avait pour appliquer la *lex Cornelia de sicariis et ueneficis* plusieurs *quaestiones* : deux présidées respectivement par Marcus Plaetorius et par Caius Flaminius jugeaient *inter sicarios*, la troisième, que dirigeait Quintus Voconius Naso, était la *quaestio ueneficii* (4). On avait donc réparti en gros les divers crimes visés par la loi (5), et l'empoisonnement était bien celui qui était « le propre » du tribunal devant lequel comparaissait Cluentius. Dans les textes invoqués par Bardt, qu'on y prête attention, Cicéron ne dit rien de plus. Mais à côté

(1) *Op. laud.*, p. 2 et suiv.

(2) Bardt a recueilli l'assentiment d'Ivan Müller, dans le *Bursians Jahresbericht*, 1878, II, p. 204 ; de Davies, *Hermathena*, II, 1876, p. 391 ; de Lendrum, *ibid.*, XIV, 1888, p. 365 et de Jules Humbert, *loc. laud.*, p. 276 et suiv.

(3) Aussi Groebe (*op. laud.*, p. 387, n. 14), bien qu'hostile à la thèse de Bardt et favorable à celle de Kroll, semble concéder au premier que les § 1, 2, 148, 164 militent pour lui.

(4) *Pro Cluentio*, § 147.

(5) Cf. Mommsen, *Droit public romain*, trad. Fréd. Girard, 1894, t. IV, p. 295.

de ce qu'il dit, il y a ce qu'il voudrait bien laisser entendre. Il voudrait laisser entendre que pour la corruption judiciaire l'accusateur est hors d'état de formuler des *crimina* proprement dits : ils seraient en contradiction avec l'exception de la loi en faveur des chevaliers ; à défaut d'une base juridique, il ne peut s'appuyer que sur la base sentimentale de l'*inuidia*, du courant d'opinion défavorable à Cluentius. Son argumentation manque de consistance et de netteté, parce qu'elle ne pourrait acquérir cette consistance et cette netteté qu'en faisant ressortir sa contradiction avec les termes mêmes de la loi.

En second lieu contre la thèse de Bardt il y a les textes soulignés par Franz Boll (1) dans sa réfutation, parmi eux surtout les § 90 et 144 que le premier avait entièrement négligés. Au § 90 il est dit expressément que Cluentius est accusé en vertu de la loi qui frappe la corruption judiciaire (2). D'après le § 144, aussitôt que l'accusé recourut à Cicéron, ce dernier se rendit compte qu'il ne tombait pas réellement sous le coup de la clause qui concernait la corruption (3) : c'est donc bien de cela qu'il était accusé. C'est en vain aussi que Bardt avait tenté de concilier avec ses affirmations les § 154, 155 et 156 qui sont, en vérité, aussi formels que les précédents. Il n'avait vu pour le § 156 d'autre échappatoire que d'imputer à Cicéron un mensonge caractérisé. Il ne paraît guère douteux que l'accusation était double, qu'elle mentionnait la corruption judiciaire en même temps que l'empoisonnement. Il n'est pas douteux non plus, et Bardt a eu raison de le dire, que Cluentius bénéficiait, pour le premier point, de l'exception de la loi. Attius a-t-il donc commis une maladresse en en faisant état ? Probablement non, car, sans lui prêter les intentions politiques que Boll lui suppose et que nous étudierons plus loin,

(1) Franz Boll, *loc. laud.*, p. 201 et suiv. Cf. aussi Fausset, Introd., p. XVI-XVIII.

(2) Si Junius avait été coupable d'avoir acheté les juges, *hac lege accusatum oportuit qua accusatur Habitus.*

(3) *Dixi Habito statim eo capite « qui coisset quo quis condemnaretur » illum esse liberum.*

nous pouvons reconnaître dès maintenant que, si l'accusation de corruption était faible juridiquement, elle était très forte du point de vue de l'équité. Elle permettait d'opposer à la lettre de la loi, à l'exception qu'elle instituait, son esprit, ses intentions profondes, et Attius a certainement développé ces considérations comme le montre la réponse de Cicéron (1).

Il est toutefois prudent de noter qu'une conclusion décisive reste difficile à établir (2) : sommes-nous assez renseignés sur la manière dont pouvaient se libeller et se formuler les accusations ? Ne pouvait-on se contenter d'invoquer en gros telle loi, sans préciser, avant le moment de parler, à quel article on comptait se référer ? Groebe et Ciaceri paraissent faire leur cette manière de voir (3). A leur encontre on pourrait souligner que pour la *lex Cornelia* il y avait diverses *quaestiones* chargées de l'appliquer et qu'il était au moins nécessaire de préciser si c'est à la *quaestio inter sicarios* ou à la *quaestio ueneficii* qu'on soumettait l'affaire. Mais même ainsi, dans le cadre de cette répartition générale, il resterait encore possible d'admettre une certaine indétermination, surtout si, comme il paraît logique, la corruption judiciaire était assimilée à un empoisonnement (4). Le problème, tel qu'on l'a posé, supposerait donc, pour être pleinement résolu, que nous soyons mieux informés à la fois sur la

(1) Cf. notamment § 150 : *Iniquum tibi uidetur, Atti, esse non isdem legibus omnes teneri...* (et aussi les § 145, 156, 160). Fausset, *op. laud.*, p. xx.

(2) Jules Humbert, *op. laud.*, p. 278, a raison d'estimer qu'il n'y a pas grand'chose à tirer du texte de Grillius, éd. J. Martin, Paderborn, 1927, p. 85, 4 : *Anceps genus causae est, ubi iudex dubitat quod primum iudicet, sicut in Cluentiana : quaerit enim iudex de ueneno iudicet an de corrupto iudicio.* Hosius avait invoqué ce texte en faveur de Boll contre Bardt (Schanz-Hosius, *Geschichte der römischen Literatur*, I, 4e éd., Münich, 1927, p. 418). Le juge est aussi embarrassé, s'il y a réellement deux accusations ou s'il peut avoir l'impression qu'il y en ait deux.

(3) Groebe, *op. laud.*, p. 387 ; Ciaceri, *op. laud.*, p. 130.

(4) En opposition aux assassinats des *sicarii*, elle a en commun avec le *ueneficium* que la violence y est dissimulée.

procédure de l'instruction et sur celle des débats en ce qui concerne la façon dont étaient conçues l'accusation et sa référence à la loi.

IV. — LA MANŒUVRE DE CICÉRON

La thèse de Zumpt.

La question que nous venons d'examiner a été liée parfois, avec plus ou moins de bonheur, à celle de savoir comment Cicéron avait répandu sur l'esprit des juges cette ombre dont il s'est vanté. Nous pouvons d'ores et déjà écarter la réponse de Zumpt. Pour lui, la manœuvre de l'orateur a consisté à laisser croire aux juges que Cluentius bénéficiait de l'exception de la loi et pour cela à leur dissimuler l'article véritable au nom duquel on le poursuivait. Nous avons vu que Cicéron n'était point coupable d'un procédé aussi peu recommandable et, du reste, aussi grossier. Ajoutons maintenant que sa défense ne repose que pour une faible part sur la discussion de la loi ; elle n'en traite même que dans quelques paragraphes, par une sorte de prétérition développée. Ce n'est point là, ou là surtout, que l'avocat aurait pu tellement en imposer aux juges.

La thèse de Jules Humbert.

Jules Humbert, a analysé avec plus d'ampleur la manœuvre de Cicéron ; lui aussi il la lie à la question de la double accusation. Selon lui, le discours veut donner l'impression qu'elle est double, alors qu'il n'en est rien. Sans reprendre l'examen des textes controversés entre Bardt et Boll (1), il a pensé trouver, en dehors du

(1) Ce n'est pas réfuter Boll sur ce point que de critiquer, comme on verra plus loin, son interprétation politique de la double accusation. Il y a ce que Boll lit dans les textes, puis les conclusions qu'il en tire. Jules Humbert me semble avoir confondu l'un et 'autre, *op. laud.*, p. 277 et suiv.

Pro Cluentio, dans une remarque du rhéteur Rufinianus, un argument décisif en faveur du premier.

Rufinianus, ayant à définir ce qu'il faut entendre par le procédé de l'ἀποπλάνησις en prend un exemple dans le *Pro Cluentio*. Or elle « n'existerait pas là où Rufinianus la signale, si Cluentius était poursuivi pour corruption judiciaire ». Le texte allégué est en effet important, mais nous pensons devoir l'interpréter autrement. Pour Rufinianus « l'ἀποπλάνησις consiste à détourner le juge d'un point qui nous est contraire. Tandis qu'il s'y attend ou que la partie adverse le fait penser à le réclamer, nous, en obscurcissant, en brouillant les choses, en nous engageant sans doute à en parler, mais en son temps, nous détournons l'attention vers un autre point et, au rebours, en parlant, nous passons peu à peu à autre chose, le juge est détourné de ce qui nous est défavorable, il est dans l'incertitude, ou il est si bien empêtré dans la masse des faits connexes, qu'il se figure avoir à juger non plus un point, mais plusieurs. Ainsi a fait Cicéron dans le *Pro Cluentio*, discours où il s'est vanté d'avoir répandu l'obscurité sur les juges de Cluentius... (Suit la citation de quelques passages, que nous indiquerons plus loin, (1) ». De Rufinianus J. Humbert rapprochait avec raison ce passage de Quintilien : « ... Il n'a pas manqué de gens pour blâmer la célèbre division de Cicéron dans le *Pro Cluentio*, quand il a annoncé qu'il dirait d'abord que personne n'avait comparu en justice sous le poids d'accusations plus lourdes, de témoignages plus sérieux qu'Oppianicus, ensuite que des jugements

(1) C'est nous qui traduisons : « Ἀποπλάνησις *est iudicis a re contraria nobis auocatio, quam cum desiderat aut ab aduersario commonetur ut quaerat, nos obscurando et miscendo et promittendo quidem dicturos nos, sed suo loco, ad aliam rem auocamus, et rursum dum dicimus sensim ad aliud transimus, et ab eo, quod contra nos est, auocatur et suspenditur iudex uel coniuncta rerum multitudine implicatur, ut non de uno, sed de pluribus putet sibi sententiam esse dicendam, ut Pro Cluentio fecit Cicero, in qua oratione tenebras se offudisse iactauit iudicibus Cluentianis...* » (*Rhet. lat. min.*, Halm, p. 42, 13).

préalables avaient été rendus par les mêmes juges qui le condamnèrent, enfin que la corruption du tribunal n'était pas venue de Cluentius, mais s'était faite contre lui, parce que si on pouvait établir le troisième point, il n'y avait aucune nécessité à traiter les précédents (1) ». Selon J. Humbert, cette critique de la marche du *Pro Cluentio* dans sa première partie viendrait des néo-attiques. Ils ne voyaient pas l'utilité des deux premiers points, parce qu'ils leur semblaient en dehors de la question. Ils l'étaient en effet, mais c'est en eux que consiste l'ἀποπλάνησις définie par Rufinianus : « Ces deux points ont servi à égarer les juges 1° en leur donnant l'impression que réellement Cluentius était accusé de corruption judiciaire *(ut non de uno sed de pluribus putet sibi sententiam esse dicendam)*, 2° en introduisant directement la contre-accusation sur laquelle Cicéron a fondé son système de défense : c'est Oppianicus qui a corrompu le jury (2). »

S'il fallait la définir ainsi, l'ἀποπλάνησις aurait un effet bien étrange. Tout le monde en effet s'accorde pour admettre que rien n'était plus dangereux pour Cluentius que l'*inuidia*, que la réputation qu'on lui faisait d'avoir corrompu le tribunal. Or, selon J. Humbert, on ne l'aurait accusé réellement de rien de tel. C'est Cicéron qui aurait voulu donner aux juges l'impression qu'il en était ainsi. Autrement dit, c'est l'avocat qui, de gaieté de cœur, suspendrait sur la tête de son client ce qu'il juge la menace la plus redoutable. A « égarer » les juges de la sorte on voit mal ce qu'il aurait pu gagner. Mais, en fait, nous

(1) Quintilien, IV, 5, 11 : « *Itaque non defuerunt qui Ciceronis illam pro Cluentio partitionem improbarent, qua se dicturum esse promisit, primum neminem maioribus criminibus, grauioribus testibus in iudicium uocatum quam Oppianicum, deinde praeiudicia esse facta ab iis ipsis iudicibus a quibus condemnatus sit, postremo iudicium pecunia tentatum non a Cluentio, sed contra Cluentium, quia si probari posset quod est tertium, nihil necesse fuerit dicere priora.* La même critique se retrouve dans Victorinus, *Rhet. lat. min.*, Halm, p. 220, 37.

(2) *Op. laud.*, p. 281.

l'avons dit, Cicéron s'exprime bien plutôt sur l'*inuidia* de façon à faire croire qu'il n'y avait pas là une accusation, et c'est même ce qui a suscité la méprise de Bardt.

A mon sens, si Jules Humbert avait lu le texte de Rufinianus sans avoir l'esprit préoccupé par la question de la double accusation, il y aurait vu autre chose. Je crois, comme lui, que l'ἀποπλάνησις réside bien dans les deux premiers des points rappelés par Quintilien et considérés comme inutiles probablement par les néo-attiques. Cela résulte moins, comme il le dit, des lemmes cités avec quelque confusion par Rufinianus (1), que de l'application aisée du texte de ce dernier à la marche du plaidoyer dans cette première partie. L'ἀποπλάνησις comporte une promesse de parler de ce qui nous est contraire, mais seulement en son temps et lieu *(suo loco)* : à cela correspond l'engagement du § 1 de ne rien dissimuler, et surtout le § 6 : (ce que je vous demande) « ... c'est encore, quand je parlerai de chaque point, que j'en montrerai l'inanité, de ne pas vous représenter en silence à vous-mêmes les idées contraires, mais d'attendre jusqu'à la fin, de souffrir que je suive le plan de mon discours, une fois que j'aurai terminé, alors seulement de me réclamer ce que j'aurai pu oublier. » Il est manifeste que Rufinianus dans sa définition fait écho à ces paroles mêmes de Cicéron. Rufinianus nous dit encore que le

(1) Voici ces lemmes, suite de la citation de la p. 30, n. 1. J'ajoute entre crochets les paragraphes du *Pro Cluentio* auxquels ils sont empruntés : « *Intelligant nihil me nec subterfugere uoluisse reticendo nec obscurare dicendo* » [§ 1] : « *Ego me, iudices, ad eam causam accedere, quae iam per annos octo continuos* » *usque eo* « *efficiam profecto* [§ 7] » *Deinde :* « *Versatam esse in iudicio pecuniam constat* » *totum caput* [§ 81] *Deinde :* « *Vnum quidem nemo erit tam inimicus Cluentio* » *usque ad finem capitis ipsius* [§ 64]. Je vois mal dans ces lemmes ce qui permet à J. Humbert de déterminer « la fin de l'ἀποπλάνησις » et de remarquer qu'elle « coïncide avec la fin des deux points visés par les néo-attiques ». Ces deux points (cf. notre analyse p. 15) finissent au § 58, et l'on voit que les lemmes de Rufinianus sont empruntés, pour les deux derniers, aux § 64 et 84.

juge guette (*desiderat*) ces choses défavorables. Et en effet § 9 Cicéron a dit : « Une fois ce point établi, alors je démontrerai cet autre, *qui est, je m'en rends compte, le plus attendu ;* les tentatives pour acheter le tribunal ne sont pas venues de Cluentius ; elles se sont produites contre Cluentius. » Ceci sera le troisième point : § 63 : « Mais je vais aller, juges, au devant de votre attente. Car vous avez beau m'écouter si bien que jamais personne ne fut, je pense, écouté avec plus de bienveillance, plus d'attention, néanmoins il y a un bon moment que, sans rien me dire, votre attente m'appelle ailleurs, qu'elle semble m'opposer ces mots : « Eh quoi ! tu nies qu'il y a eu corruption en ce procès ? » Voilà définie par Cicéron lui-même avec une aveuglante clarté la chose contraire que l'ἀποπλάνησις consiste à différer de traiter, et c'est, comme on pouvait s'y attendre, la corruption du tribunal de Junius. Quel est le résultat obtenu ? C'est, nous dit Rufinianus, que le juge ne sait plus où il en est, s'il a à rendre sa sentence *de uno aut de pluribus*, submergé qu'il est sous la multitude des faits évoqués par l'orateur. *De uno aut de pluribus :* c'est ici que le jugement prévenu de Jules Humbert lui a caché l'explication obvie. Le juge ne se demande pas, comme il le croit, s'il a à juger la corruption judiciaire ou l'empoisonnement d'Oppianicus. De celui-ci il n'est encore en rien question ; nous sommes à l'intérieur de la première partie du discours, de son agencement particulier. Ce qu'il ne sait plus qu'il a à juger, après tout le rappel des crimes d'Oppianicus, après ce déluge de faits, c'est la corruption du tribunal *(de uno)* ou, rétrospectivement, tous ces forfaits *(de pluribus).* L'erreur de J. Humbert est de n'avoir pas défini avec assez de rigueur « la chose contraire » qu'il fallait dissimuler, différer le plus possible de traiter. C'est le fait de la corruption judiciaire elle-même, et non le problème tout abstrait de savoir si elle faisait ou non partie de l'accusation. Cicéron n'arrivera à parler d'elle que quand le juge aura été suffisamment préparé pour se laisser imposer sa version audacieuse des événements. Alors se produira cette « contre-offensive »; très bien analysée, elle, par Jules Humbert, une fois que ne le hante plus la question de la double accusation.

L'avocat et la vérité.

La version audacieuse de Cicéron, le point de départ de sa contre-offensive sont tout entiers dans le dilemme sophistique du § 64 : « Il y a bien eu corruption. Cette corruption a été le fait ou de Cluentius ou d'Oppianicus. » Or l'auditoire est maintenant préparé par l'ἀποπλάνησις à admettre que toutes les raisons de corrompre sont du côté d'Oppianicus. Il ne sera pas surpris qu'Oppianicus ait cherché à acheter le tribunal, et c'est ce qu'on lui montrera longuement et, en somme, assez solidement. Pendant ce temps il oubliera ce que Cicéron veut lui faire oublier : c'est que Cluentius lui aussi avait cherché à acheter le tribunal et qu'il s'y était même mieux pris qu'Oppianicus, puisqu'il avait obtenu la condamnation qu'il poursuivait. Il ne restera qu'à expliquer comment l'opinion a pu s'égarer et attribuer à Cluentius le fait de la corruption. Cicéron y arrivera par un chef-d'œuvre psychologique : les pensées, la conduite prêtées à Staienus.

Mais s'il a pu ainsi abuser les juges, il n'a pu tromper la postérité. Car celle-ci a trouvé dans son œuvre même, dans d'autres discours, de quoi se soustraire au dilemme sophistique. C'est par Cicéron lui-même que nous le savons : il y avait eu double corruption. Les *Verrines* à deux reprises (1) font allusion à un sénateur qui avait reçu de l'argent à la fois de l'accusé pour le répartir entre les juges et de l'accusateur pour faire condamner l'accusé. Ce sénateur n'est autre que Staienus et le Pseudo-Asconius nous le confirmerait si c'était nécessaire (2). Le *Pro Caecina*, pour discréditer le témoignage

(1) *Act. I*, 39 : *Inuentus est senator, qui cum iudex esset, in eodem iudicio et ab reo pecuniam acciperet, quam iudicibus diuideret et ab accusatore ut reum condemnaret.* Cf. *Act. sec.* II, § 78-79.

(2) Pseudo-Asconius, p. 219, 27 Stangl : *Staienum dicit ab utraque parte fuisse corruptum; quod aduersus eum recitatum postea in Cluentiana oratione uix purgat, ubi dicit a solo Oppianico ses-*

du sénateur Caius Fidiculanius Falcula, dit que nul n'a oublié combien il avait reçu pour le jugement d'Abbius (Oppianicus) ; il souligne les irrégularités de procédure, qui lui avaient permis d'être juge en cette affaire (1), ces mêmes irrégularités dont le *Pro Cluentio* aura à discuter § 91, 96 et 103, mais naturellement pour les déclarer sans importance : tel n'était pas l'avis de Cicéron au moment du *Pro Caecina* et des *Verrines*, où une allusion est faite aussi à Falcula (2). La conduite de Junius, qui avait favorisé ces irrégularités destinées à introduire Falcula dans le tribunal, ne paraissait pas alors irréprochable à l'accusateur de Verrès, de Verrès qui avait

tertium DCXLC Aelio Staieno iudici data pro numero iudicum qui corrumpendi essent.

(1) *Pro Caecina*, 10, 28 : *Decimo uero loco testis expectatus et ad extremum reseruatus dixit, senator populi Romani, splendor ordinis, decus atque ornamentum iudiciorum, exemplar antiquae religionis, Fidiculanius Falcula; qui cum ita uehemens acerque uenisset ut non modo Caecinam periurio suo laederet, sed etiam mihi uideretur irasci, ita eum placidum mollemque reddidi ut non auderet, sicut meministis, iterum dicere, quot millia fundus suus abesset ab Vrbe. Nam cum dixisset minus* [*habere*] IↃↃↃ, *populus cum risu exclamauit « ipsa esse ». Meminerant enim omnes, quantum in Abbiano iudicio accepisset.* Il y a désaccord entre les manuscrits du *Pro Caecina* et ceux du *Pro Cluentio* sur la somme reçue par Falcula. Le chiffre du *Pro Cluentio* (§ 104) est 40,000 sesterces (CCCC) ; celui du *Pro Caecina*, 50,000 (DↃↃ). Ce dernier serait le véritable, d'après Stöcklein, *op. laud.*, p. 200 : Staienus offrant 40,000 au nom d'Oppianicus (cf. § 87), Cluentius avait dû surenchérir. C'est oublier que Staienus n'avait rien offert du tout et purement et simplement gardé tout l'argent pour lui. (Sur ce point le § 78 est confirmé par les *Topiques*, 20, 75). De plus dans le *Pro Caecina*, IↃↃↃ est une correction de Keller ; les manuscrits donnent tous, ou presque tous Liii. Pour la leçon *Abbiano* adoptée par nous, cf. *supra*, p. 9, n. 1.

(2) *Act. I*, 39 : *Inuenti sunt senatores, qui... exirent in eum reum quem incognita causa condemnarent.* Comment faut-il entendre le pluriel *senatores* ? Dans le *Pro Cluentio* il ne sera question expressément que du seul Falcula. Il est pourtant difficile de l'entendre avec Peterson, *op. laud.*, Introd., p. XXXVII comme un pluriel oratoire, car Cicéron dit aussitôt après, faisant alors allusion au seul Falcula (cf. *supra*, p. 13, n. 3 de la p. 14) *inuentus est senator.* Et le pluriel se retrouve *Pro Cluentio*, § 113 : *eos Iunius subsortitus est, qui pecunia accepta condemnarent.*

en tant que préteur urbain, donné son concours à toute cette machination (1).

La partie adverse n'avait pas manqué de faire allusion à ces passages de discours qui avaient été publiés, et Cicéron discutant les preuves alléguées de la corruption par Cluentius avait eu à s'en prendre à ses propres déclarations (§ 138-142). Il ne se souvient plus très bien naturellement de la harangue où il les aurait prononcées. Et surtout il fait remarquer qu'il parlait alors en tant qu'avocat, se conformant aux bruits qui couraient, et non à la réalité des faits, et il ajoute les phrases bien connues : « On se trompe grandement en croyant avoir dans les discours que nous avons tenus devant les tribunaux nos opinions autorisées dument consignées : tous ces discours sont en effet ce que les veulent les causes et les circonstances, non les hommes et les avocats eux-mêmes. Car si les causes pouvaient parler en personne à leur propre sujet, nul n'aurait recours aux orateurs », etc. (§ 139). On aurait, je crois, mauvaise grâce à se montrer sévère pour cette profession de foi (2) ; elle revendique pour l'avocat des libertés légitimes : seulement les juges de Cluentius auraient bien dû se souvenir que dans le *Pro Cluentio* aussi c'était un avocat qui parlait...

Muni de la certitude que la version des faits qui nous est donnée n'est pas d'une vérité irréprochable, on a pu s'efforcer de lui opposer ce qui s'était réellement passé. Ni les crimes attribués si généreusement à Oppianicus, ni spécialement la tentative d'empoisonnement dirigée contre Cluentius, ni surtout le déroulement du procès au tribunal de Junius n'ont été épargnés par des critiques méfiants et souvent perspicaces (3). Il serait long de les suivre dans le cadre sommaire de cette introduction.

(1) *Act. sec.*, I, 157.

(2) Voir le jugement équitable de M. Gelzer, article *M. Tullius Cicero* in *P. W.*, VII, col. 840-841 et de W. Peterson, *op. laud.*, Introd., p. LVI.

(3) Bardt, *op. laud.*, p. 9 et suiv. ; Peterson, *op. laud.*, p. XXII et suiv. Pour les crimes d'Oppianicus, Niemeyer, *Ueber den Prozess gegen A. Cluentius Habitus*, Programme de Kiel, 1871.

Retenons, à titre d'exemple, ce qui concerne le verdict lui-même. Nous savons par le *Pro Caecina* qu'il avait été rendu à une voix de majorité. On chercherait vainement dans le *Pro Cluentio* un passage où soient dénombrés exactement les suffrages (1). Alors que Cicéron nous montre les *praeiudicia*, les condamnations préalables de Scamander et de Fabricius acquises l'une à l'unanimité moins une voix des suffrages, l'autre à l'unanimité totale, il se garde bien de souligner le contraste avec le procès d'Oppianicus. Comment les mêmes juges auraient-ils à ce point varié, si vraiment Oppianicus était indubitablement l'instigateur de Scamander et de Fabricius ? Il y a plus. Cicéron ne peut que faire l'éloge des juges qui avaient acquitté, de ceux qui s'étaient abstenus. Selon lui, leur attitude hostile en somme à Cluentius s'explique par les bruits qui avaient couru sur une tentative de corruption. Comment ces bruits ont-ils suffi pour amener un tel revirement chez des juges consciencieux ? Mais ce qui les aurait particulièrement déterminés, c'est l'attitude des juges de mauvaise réputation. Car ceux-là — autre paradoxe de la thèse de Cicéron — condamnèrent ! Les autres en auraient conclu que la corruption, dont le bruit courait, venait de l'accusation. Voilà donc ce qui détermina les bons juges à un mauvais verdict : c'est que les mauvais se prononcèrent pour le bon ! Et pourquoi les mauvais se prononcèrent-ils pour le bon ? Parce que Staienus leur avait fait espérer que l'accusé les achèterait et parce qu'il ne leur avait pas tenu parole, gardant pour lui l'argent d'Oppianicus. Donc les mauvais juges votèrent bien par déception et dépit ! Qu'on ajoute que Cicéron qui cite avec tant d'éloges les juges qui acquittèrent ou qui s'abstinrent, n'allègue parmi ceux qui condamnèrent que des noms suspectés ; il n'y a pas un seul nom irréprochable à invoquer de ce côté (2).

(1) Cf. *supra*, p. 12, n. 1.

(2) Mais il s'exprime avec tant d'habileté équivoque, que l'on a pu prendre un moment (Bardt, *op. laud.*) les noms de ceux qui s'abstinrent pour les noms de ceux qui condamnèrent !

Car s'il l'avait pu, aurait-il omis de le faire ? On le voit, à la réflexion, tout est invraisemblable dans la version de Cicéron. Mais le talent de l'avocat est d'empêcher les auditeurs de réfléchir et Cicéron, par son merveilleux discours, y a supérieurement réussi.

V. — L'INTÉRÊT POLITIQUE DU DISCOURS

La thèse de F. Boll.

L'affaire avait-elle un caractère politique ? Développant une suggestion de Lange (1), F. Boll l'a pensé (2). Il a même vu dans ce caractère politique ce qui expliquait l'anomalie d'une accusation où l'on intentait contre le chevalier Cluentius un procès en vertu d'une loi qui ne frappait que les sénateurs. Elle ne concernait pas les chevaliers, mais on aurait justement travaillé à abolir cette exception et à faire tomber leur classe sous le coup des poursuites. On espérait que la mauvaise opinion laissée par le *iudicium Iunianum* réussirait à provoquer une condamnation et on aurait ainsi un précédent qui constituerait une brèche dans la loi. Les inspirateurs de cette manœuvre, dont Attius se serait fait l'instrument, seraient très probablement César et Crassus, auxquels il y aurait une allusion au § 152 du discours : *ii qui sese uolunt posse omnia neque praeterea quicquam esse aut in homine ullo aut in ordine*. Ces hommes politiques étaient avant tout désireux de brouiller chevaliers et sénateurs, de « mater l'esprit d'indépendance des chevaliers, en leur arrachant le privilège dont ils jouissaient dans l'exercice de leurs fonctions de jurés (3) ». Derrière Attius il y aurait aussi

Stöcklein, *op. laud.*, p. 197, souligne la méprise de Bardt. Elle était assez excusable. Mais on voit que Cicéron réussit encore à jeter des ténèbres sur ses critiques eux-mêmes ! Fausset et Peterson voient aussi avec raison dans les noms cités avec éloge § 107 ceux des juges qui votèrent *Non liquet*.

(1) *Römische Altertümer*, III, 2ᵉ éd., p. 222.

(2) *Op. laud.*, p. 205 et suiv.

(3) J. Humbert, *op. laud.*, p. 277.

les tribuns de la plèbe. Contre lui Cicéron se serait fait une fois de plus le défenseur de l'ordre équestre.

Il est incontestable d'abord que dans le passé, à un certain moment, l'affaire avait eu une importance politique, bien mise en relief par Cicéron lui-même, mais de nature assez différente. La condamnation d'Oppianicus obtenue, dans des conditions suspectes, devant un tribunal composé de sénateurs avait été utilisée dans la lutte qui visait à retirer à ces derniers le privilège que Sulla leur avait rendu. Le défenseur de l'accusé, le tribun Lucius Quinctius nous est présenté par Cicéron comme un démagogue (1). C'était donc en fait un adhérent du parti des *populares*. Il avait ameuté l'opinion, tenu des réunions populaires (2). Il avait poursuivi certains des juges prévaricateurs, et devant cette agitation le Sénat lui-même avait été obligé d'évoquer l'affaire, quitte à la laisser tomber dès qu'il l'avait pu (3). On sait que l'opposition à la loi de Sulla fut à la fin victorieuse, d'autres scandales, notamment celui de Verrès, y ayant contribué, et qu'avec la *lex Aurelia* les tribunaux furent composés par tiers de sénateurs, de chevaliers et de *tribuni aerarii*.

Toute cette agitation n'avait plus de raison d'être au moment du procès de Cluentius. Cicéron souligne lui-même que les passions, qui avaient entouré l'affaire, étaient calmées (4). Faut-il croire que maintenant on essayait de s'en prendre aux chevaliers ? Cicéron, si d'autres passions étaient excitées, pourrait-il souligner

(1) § 79 : *homo cum summa potestate praeditus, tum ad inflammandos animos multitudinis accommodatus* et surtout le portrait des § 109-112.

(2) § 103 : *contionibus... cotidianis seditiosis et turbulentis.* Cf. § 108 ; § 110 : ces réunions publiques étaient les premières qu'on eût tenues depuis la dictature de Sulla ; § 137. Cf. W. Kroll, *op. laud.*, p. 174. C'est à cette agitation que font allusion les *Verrines* (*act. I*, 2 : *cum sint parati qui contionibus et legibus hanc inuidiam senatus inflammare conentur.*

(3) § 136-137.

(4) § 80 et § 94.

comme il le fait la tranquillité du moment présent (1) ? Nulle part on ne voit dans son discours la trace de ces tribuns qui seraient derrière Attius ; le seul qu'il mentionne, c'est un tribun qui venait d'accuser Faustus Sulla, et ce tribun a toutes les qualités que n'avait pas Quinctius, *modestus, pudens, non modo non seditiosus, sed etiam seditiosis aduersarius* (§ 94). Rien ne donne l'impression qu'Attius, en accusant Cluentius, ait eu principalement l'intention de servir les projets d'hommes politiques comme César ou Crassus.

Mais qu'il ait risqué en fait de les servir, c'est ce qu'il faut maintenir contre les critiques de Jules Humbert et ce qu'il y a de vrai dans la thèse de Boll. Boll insistait sur ce passage où Cicéron, dépassant le cadre du procès, se pose en défenseur des chevaliers contre quiconque voudrait porter atteinte à leur privilège (2). Simple lieu commun, répliquait Jules Humbert, et la preuve est qu'on a des passages très analogues dans le *Pro Oppio* et le *Pro Rabirio Postumo* (3). Mais souvent dans les discours de Cicéron ce que nous sommes tentés d'appeler lieu commun est ce dont nous ne regardons pas d'assez près le sens et la portée. Ce qu'il faut conclure du *Pro Oppio* et du *Pro Rabirio Postumo*, ce n'est pas qu'on n'ait pas attaqué les chevaliers, mais c'est que l'attaque s'est prolongée plusieurs années (4). Et, de fait, une lettre à Atticus, où il ne saurait être question de « lieu commun », aurait pu être citée au même titre que les discours mentionnés (5). Ceux qui livraient l'assaut n'ont pas poussé

(1) J. Humbert, *op. laud.*, p. 277.

(2) § 158.

(3) *Pro Oppio*, ap. Quintilien, V, 13, 21 ; selon Nettleship, Oppius était peut-être accusé d'après une *lex Cornelia repetundarum* qui, comme plus tard la *lex Iulia* sur le même sujet, ne s'appliquerait qu'aux magistrats. — *Pro Rabirio Postumo*, § 11.

(4) Le *Pro Oppio* serait antérieur, d'après Nettleship, de trois, ou même seulement de deux ou d'un an au *Pro Cluentio* (66 av. J.-C.). Le *Pro Rabirio Postumo* est de l'année du consulat (63).

(5) *Ad Att.*, I, 17, 8 (en 61 av. J.-C.) (citée par E. Ciaceri, *op. laud.*, I, p. 134) : *Credo enim te audisse nostros equites paene a senatu esse diiunctos : qui primum illud ualde grauiter tulerunt,*

Attius certes, mais ils étaient là tout prêts à tirer parti d'un succès. La phrase que nous citions tantôt, que Boll alléguait et que J. Humbert n'explique pas, ne rend pas un son banal et indéterminé, et il reste assez tentant de croire que ceux qu'elle désigne sans les nommer sont César et Crassus.

Les intentions de Cicéron.

Ce qu'il est vrai de dire, c'est que, de tous les discours de Cicéron, le *Pro Cluentio* est le plus dépouillé d'intentions politiques, celui où par son rôle il se rapproche le plus d'un avocat à la manière moderne ou tout au moins à la manière de l'époque impériale. On remarquera notamment qu'il ne cherche pas dans l'exorde à le rattacher à sa situation personnelle, comme il le fait volontiers là où il parle plus ou moins en homme politique. Quelles sont donc les raisons qui l'ont poussé à se charger de cette affaire ? Au premier abord elle avait des aspects antipathiques qui auraient pu l'en éloigner (1).

La qualité de chevalier chez Cluentius n'a certainement pas été étrangère à son acceptation. Cicéron se pose volontiers comme le défenseur de l'ordre auquel le rattachaient ses origines (2). En cette année de sa préture il a dans le *Pro lege Manilia* soutenu en Pompée surtout celui sur qui comptaient les publicains d'Asie (3). Il offre ici même ses services à toute personne de cette classe qui serait poursuivie dans les mêmes conditions que son client (§ 158). Quand celui-ci était venu le trouver, la première chose qu'il avait remarquée et qu'il lui avait fait observer, c'est que, en tant que chevalier,

promulgatum ex senatus consulto fuisse, ut de eis qui ob iudicandum pecuniam accepissent quaereretur cum ego casu non adfuissem sensissemque id equestrem ordinem ferre moleste neque aperte dicere, obiurgaui senatum.

(1) On rapprochera avec Drumann-Groebe, *op. laud.*, p. 383, Cicéron, § 7 et Quintilien, XI, 1, 61 : *Quid asperiorem habere frontem potest aut quid aures hominum magis respuant, quam cum est filio filiiue aduocatis in matrem perorandum ?*

(2) Nettleship, *op. laud.*, p. 67 et suiv.

(3) *Pro lege Manilia*, § 17 et suiv.

il ne tombait pas sous le coup de la loi (§ 144). Nous n'en croirons pas trop l'orateur quand il nous dit que Cluentius ne voulait pas d'une défense fondée sur l'exception de la loi comme insuffisante pour son honneur. Mais nous le croirons pleinement quand il se déclare personnellement engagé à en user et à traiter d'une question qui intéresse tous les chevaliers (§ 149).

Cicéron cherche par là à servir sa carrière personnelle. Préteur il a maintenant les yeux fixés sur le consulat ; il veut se ménager des appuis en usant des pratiques que lui recommandera son frère Quintus dans le petit écrit bien connu *De petitione consulatus* (1). Il nous raconte lui-même comment dans le passé il s'était chargé de la cause de Scamander, l'instrument d'Oppianicus : c'était à la requête des citoyens du municipe d'Aletrium (2). Ceux-ci avaient pour concitoyen Fabricius, le patron de Scamander, dont la cause était liée à celle de son affranchi. Ils se croyaient donc obligés de lui venir en aide. Cicéron de son côté se jugea tenu d'accéder à la demande de ses voisins et amis, les Aletrinates. Tout s'explique par ces liens d'amitié si essentiels à la vie politique de Rome, par lesquels on cherche à se ménager des appuis dans tous les milieux sympathiques (3).

Quand, changeant de camp, Cicéron défendra Cluentius, contre qui il avait parlé, ce sera pour des motifs du même ordre. Il énumère à la fin de son discours la longue liste de ceux qui s'intéressent à son client (§ 196-198). Il espère sans doute s'acquérir les voix des Larinates (4). Oppianicus était certainement mal vu de cette population. Il avait profité des proscriptions de Sulla pour satisfaire ses vengeances personnelles. Dans la suite il avait pré-

(1) Il faut se concilier ceux qui sont *homines in suis ciuitatibus et municipiis gratiosi* (§ 24). Cf. *Pro Murena*, § 47.

(2) Ville située sur le territoire des Herniques (aujourd'hui Alatri). Cf. Nissen, *Ital. Landeskunde*, II, 654. Aletrium doit confiner avec Arpinum.

(3) Gelzer, *op. laud.*, col. 840.

(4) Arpinum est près de la route qui de Larinum mène à Rome (cf. § 192).

tendu enlever au municipe ses droits sur les *Martiales* consacrés au service de Mars. Et c'est Cluentius que la cité avait désigné pour son porte-parole. Autant qu'on puisse le discerner, il n'y a dans tout cela pas de mobiles élevés, pas même d'adhésion à une faction plutôt qu'à une autre, mais l'utilisation des grandes luttes politiques de Rome pour les petites querelles et les intentions égoïstes de la province. Je noterai aussi que parmi ceux qui appuient Cluentius, Cicéron nomme le chevalier Publius Helvidius Rufus (§ 198), comme lui ayant fourni les éléments de son dossier : est-ce trop s'aventurer que de supposer qu'Helvidius Rufus était justement celui qui s'avisa de lui confier la défense de cette cause ? Ce n'était pas un personnage illustre ; aussi Cicéron n'a-t-il pas éprouvé le besoin de le souligner dans son exorde, comme il le fait par exemple pour un Metellus ou un Scipion au début du *Pro Roscio Amerino* (1).

Le *Pro Cluentio*, plus qu'aucun autre discours, nous plonge ainsi dans l'atmosphère du municipe, de la petite ville italienne. Il a aux yeux de l'historien moderne un grand intérêt par le jour qu'il nous ouvre sur sa vie, sur ses mœurs. Nous sommes trop tentés parfois d'en opposer les vertus à la corruption de la grande ville. Or la cupidité d'une part, l'affaiblissement des liens conjugaux de l'autre sont les traits que le *Pro Cluentio* met surtout en évidence (2). Si Rome a une Sempronia, une Aurelia Orestilla, une Fulvia (3), Larinum, avec Sassia, n'a rien à lui envier. Les testaments escomptés, captés, falsifiés sont les événements de ces existences confinées, et on ne recule devant aucun moyen pour accélérer les successions qui se font attendre. Les mariages répondent à des intentions intéressées ; aussi se rompent-ils aussi aisément qu'ils se nouent. Oppianicus s'est marié cinq

(1) J. Carcopino, *Sylla ou la monarchie manquée*, Paris, 1931, p. 166-177.

(2) W. Kroll, *op. laud.*, p. 175 et suiv. et du même, *Die Kultur der ciceronischen Zeit*, Leipzig, 1933, II, p. 49,

(3) Salluste, *Catil.*, ch. 15, 23, 25.

fois ; Sassia, trois. La riche Dinaea est mariée d'abord avec un Aurius, puis avec un Magius. Sa fille Magia est une des femmes d'Oppianicus qui épouse après elle Papia, veuve de son fils Cnaeus Magius. Sassia fiance son beau-fils Oppianicus, fils de cette Magia, avec la fille du second lit d'Aurius. Il s'agit d'accroître ou de ne pas disperser les fortunes (1). On le voit, la facilité avec laquelle un Cicéron lui-même ou un Octave divorceront n'est point un trait de mœurs spécialement romaines : les municipes aussi souffraient des mêmes maux.

Cependant tout ne doit pas être pris à la lettre de ce que nous conte Cicéron. Pour tous ces meurtres, ces empoisonnements dont il fait état, il y a beaucoup de suppositions et peu de faits acquis. En fait Oppianicus n'a été poursuivi que pour la mort de Marcus Aurius et pour la tentative présumée contre Cluentius. Pourtant, Peterson en a fait la remarque, nombre des crimes qu'on lui impute étaient antérieurs à la confusion des guerres civiles et rien ne s'était opposé à ce qu'il fût accusé. Mais on devine derrière les propos de ceux qui avaient renseigné Cicéron tout un travail d'imaginations provinciales, qui cristallisent autour d'un visage antipathique les vices et les forfaits. Peut-être à Rome Oppianicus n'aurait pu devenir un scélérat aussi typique. Mais à Larinum les soupçons et les commérages travaillaient ; à Larinum Cluentius était populaire et Oppianicus ne l'était pas.

VI. — LES MÉRITES LITTÉRAIRES DU DISCOURS

Le succès du Pro Cluentio. De l'œuvre de Cicéron, le *Pro Cluentio* n'est pas ce que les modernes lisent le plus volontiers. On n'a guère suivi le conseil de Niebuhr qui le recommandait, avec le dis-

(1) Le grand nombre de mariages consanguins qui en résultaient ne pouvait avoir une influence très favorable sur la race.

cours *Sur la couronne*, comme le plus apte à exciter l'effort et à former l'esprit d'un « jeune homme qui désirerait se consacrer à la philologie (1) ». Chez les anciens il en allait tout autrement. Pline le jeune estimait que le plus long des discours de Cicéron — c'est le *Pro Cluentio* — est aussi le meilleur (2) ; Sidoine Apollinaire, que dans ce plaidoyer l'orateur s'était surpassé lui-même autant qu'il surpassait les autres (3). Saint Jérôme le cite comme exemple d'une éloquence capable de faire triompher une mauvaise cause (4). L'auteur déjà avait professé pour cette œuvre une tendresse particulière. Dans l'*Orator* (§ 103) il l'utilise, à côté du *Pro Cornelio*, comme offrant l'exemple d'un heureux mélange des trois styles oratoires (5) ; il en oppose le pathétique mûri à celui, plus juvénile et de moins de goût, du *Pro Roscio Amerino* (6). Si l'on suit une suggestion très vraisemblable de Jules Humbert, dans sa polémique contre les néo-attiques il se référait au *Pro Cluentio* pour montrer la puissance et l'efficacité d'une parole qui, autant que du *docere*, savait user du *mouere* et du *conciliare* et c'est ainsi qu'il était conduit à se vanter d'avoir enveloppé de ténèbres les juges de Cluentius (7).

Ainsi Quintilien et, avec lui, les rhéteurs latins feront-ils de nombreuses citations de ce discours ; manifestement il

(1) Cité par Ramsay, préface de la première édition, p. v.
(2) *Lettres*, I, 20, 5.
(3) *Lettres*, VII, 10, 3.
(4) *Lettres*, 50, 2.
(5) *At haec interdum temperanda et uarianda sunt. Quod igitur in accusationis septem libris non repetitur genus ? Quod in Habiti ? Quod in Cornelii ? Quod in plurimis nostris defensionibus ?*
(6) § 107-108 : *At hac indole iam illa matura : « Vxor generi, nouerca filii, filiae pellex »* (*Pro Cluent.*, § 199). *Nec uero hic unus erat ardor in nobis, ut hoc modo omnia diceremus. Ipsa enim illa pro Roscio iuuenilis redundantia multa habet attenuata, quaedam etiam paulo hilariora, ut pro Habito, pro Cornelio compluresque aliae.*
(7) C'était dans une lettre de la correspondance avec Brutus, lettre où figure un mot analogue cité par Quintilien (VIII, 6, 20) (cf. 55) : *populo imposuimus et oratores uisi sumus.* Voir J. Humbert, *loc. laud.*, p. 279 et suiv.

était au premier rang de ceux qu'on étudiait dans les écoles. Sans doute il avait ses critiques qui en blâmaient le plan, probablement les Attiques ; mais les mots mêmes dont use Quintilien, *illam pro Cluentio partitionem*, attestent que ce plan était généralement admiré (1). On admirait aussi l'exorde, qui, contre l'habitude, sans préambule, jetait pour ainsi dire le lecteur *in medias res* (2). Veut-on définir cette qualité qu'est le *consilium* ? Le *Pro Cluentio* en donnera au premier venu de nombreux exemples (3). Pour la narration aussi il sera un modèle (4). Bref, de tous les discours de Cicéron, il est celui que Quintilien cite le plus souvent et auquel il emprunte le plus volontiers des modèles. Notre tradition manuscrite elle-même nous transmet comme un écho de cette faveur dont il a joui dans l'enseignement : « c'est parce que notre discours était le discours classique par excellence que le plus ancien des manuscrits que nous en avons (le *Mediceus*) l'a conservé isolé entre le *De lingua latina* de Varron et la *Rhétorique à Hérennius* (5) », entre un classique de la grammaire et un classique de la rhétorique.

Ce succès ne s'explique pas seulement par les qualités évidentes du discours. Mais une même cause rend raison à la fois de l'estime où le tenaient les anciens à l'époque impériale et de l'indifférence relative des modernes. C'est que de tous les plaidoyers de Cicéron, celui-ci est le moins politique. Il était de tous le plus propre à servir à l'éducation des orateurs, en des temps où l'éloquence n'avait plus comme carrière largement ouverte que celle des causes privées. Pline le jeune, qui l'admirait tant, pouvait en tirer parti quant il parlait devant les centumvirs. De surcroît il représentait véritablement le triomphe de

(1) Cf. *supra*, p. 31, n. 1.

(2) Quintilien, IV, I, 35, se référant peut-être à Cornelius Celsus (W. Kroll, *op. laud.*, p. 179).

(3) VI, 5, 9.

(4) IV, 2, 19. Également pour les digressions dans la narration : IV, 2, 105. Cf. encore VIII, 14, 11 (amplification par comparaison) ; IX, 3, 38 (πολύπτωτον), etc.

(5) J. Humbert, *loc. laud.*, p. 296, n. 4.

la technique, puisque la cause de Cluentius, de l'aveu même de son avocat, n'était pas bonne et que cependant celui-ci avait réussi à faire acquitter son client.

La rédaction du discours. Notre discours reproduit-il exactement le discours parlé (1) ? Certainement non, malgré sa longueur, et Pline le jeune en a fait la constatation : « Le même (Cicéron) dit qu'il a plaidé seul de bout en bout selon l'usage antique toute la cause de Cluentius : aussi ne pouvons-nous douter que dans les paroles prononcées pendant plusieurs jours avec l'ampleur nécessaire, il a ensuite taillé et émondé pour les condenser en un livre, volumineux sans doute, mais tout de même un seul livre (2). » Zumpt a supposé deux tours de parole, l'un pour réfuter les arguments de l'accusation, l'autre après l'interrogatoire des témoins. Ces deux tours de parole auraient été fondus en un seul discours (3). Opperkalski a dénoncé certaines surcharges de la rédaction : il considère comme des additions les § 105-113, 145*b*-149, 150*b*-155 (4). J. Humbert le conteste (5). J'ai signalé plus haut aux § 160-164 les traces probables d'un remaniement (6). Tout cela n'a pas grande importance, et il faut reconnaître l'exactitude de ces deux constatations : d'abord « étant donné la cohésion des éléments, leur rôle dans un plan qui répond à une tactique arrêtée, il est clair que le plaidoyer écrit reproduit fidèlement la marche de la plaidoirie réelle ». « Par contre il est manifeste que le plaidoyer écrit ne représente

(1) Jules Humbert, *Les plaidoyers écrits et les plaidoiries réelles de Cicéron*, Thèse, Paris, 1925, p. 115 et suiv.

(2) *Loc. laud.*, *Idem pro Cluentio ait se totam causam uetere instituto solum perorasse et pro Cornelio quadriduo egisse, ne dubitare possimus quae per plures dies, ut necesse erat, latius dixerit, postea recisa ac repurgata in unum librum, grandem quidem, unum tamen, coartasse.*

(3) *Op. laud.*, p. 525.

(4) Th. Opperkalski, *De M. Tulli Ciceronis orationum retractatione quaestiones selectae*, dissertation de Greisswald, 1914.

(5) *Loc. laud.*

(6) P. 19, n. 1.

la plaidoirie réelle que sous une forme réduite (1). » On peut se demander si les réductions n'auraient pas porté notamment sur la seconde partie relative à l'empoisonnement, dont nous avons déjà dit que l'avocat semblait s'être désintéressé et qu'il traite avec une certaine négligence.

J. Humbert croit déceler quelques indices qui nous permettraient de nous faire une idée des débats. 1° « Au moment où Cicéron prononce son exorde, Sassia vient tout juste d'arriver à Rome où elle n'est pas présente au débat (6, 18) : mais l'avocat s'adresse à elle (65, 182) lorsqu'il traite du grief d'empoisonnement et à l'*epilogus* (68, 194) prétend connaître l'emploi de son temps depuis qu'elle est dans la capitale. » Mais il suffit de citer 6, 18 pour voir que l'orateur n'y dit pas autre chose que dans 68, 194 : « ... C'est elle enfin qui vient d'accourir de Larinum à Rome pour l'accabler. Nous avons devant nous (*adest*) une femme audacieuse, couverte d'or, cruelle. Elle forme les accusateurs, elle instruit les témoins, etc. » Rien n'indique là que Sassia ne soit pas présente au débat, tout suggère le contraire et Cicéron déjà évoque son emploi du temps. S'il ne s'adresse pas directement à elle, c'est que nous sommes au début du discours, que devant les juges encore mal informés il n'y a pas lieu de se livrer à toutes les vivacités qui seront à leur place ensuite.

2° « Il est fait état au paragraphe 84 d'une réplique de l'accusateur qui ne peut être intervenue qu'entre deux tours de parole de l'avocat. Une sommation, qui figure au paragraphe 65, aurait surpris Attius au point que, sur le moment, il n'aurait su que dire, mais depuis, insinue Cicéron, il s'était fait souffler une réponse... A la question du § 65 : « n'est-il pas vrai qu'Oppianicus a remis une somme d'argent au juge Staienus ? », l'accusateur est resté muet ; évidemment il n'avait pas consulté le procès-verbal de l'affaire Staienus, puisque dans cette affaire

(1) J. Humbert, *op. laud.*, p. 115.

la controverse avait porté sur la question de savoir si l'argent reçu par Staienus était destiné à gagner les juges ou à obtenir de Cluentius qu'il retirât sa plainte (36, 100). Il a fallu qu'un *aduocatus* l'avertît que la thèse soutenue par Staienus lui fournissait une réplique à la question de Cicéron. Mais la réplique d'Attius ne peut s'être produite dans un dialogue qui aurait interrompu la plaidoirie, comme c'aurait été le cas si elle avait été immédiate. Il faut donc la situer entre deux discours de Cicéron en sorte que les § 65 et 84 n'appartiennent pas à un même tour de parole. » L'argumentation de J. Humbert m'a paru ici convaincante et je l'ai reproduite telle quelle.

3° Enfin Cicéron a laissé « tomber presque toute la partie technique » (p. 118). Utilisant les *tabulae publicae* où « déjà à l'époque républicaine, comme ce fut certainement le cas à l'époque impériale, les dires des parties et de leurs représentants étaient consignés » (cf. notamment 7, 20 ; 8, 25 ; 35, 97 ; 36, 100) il lui avait fallu à l'audience citer les textes et ne pas se contenter, comme dans notre discours écrit, d'alléguer les faits ou d'y faire allusion.

VII. — ÉTABLISSEMENT DU TEXTE

Le *Pro Cluentio* nous est connu par trois traditions différentes.

I) Le Palimpseste de Turin (*P*), qui contenait en outre des passages du *Pro Scauro*, du *Pro Tullio* et du *Pro Milone*, a péri au début de ce siècle au cours d'un incendie. Il ne comporte que quelques fragments du discours. Il lui arrive de nous donner seul les leçons que l'on admet généralement. D'autre part il ne s'accorde systématiquement ni avec l'une ni avec l'autre des deux autres branches de la tradition.

II) Le plus ancien de nos manuscrits conservés est le *Laurentianus*, LI, 10 (*M*). C'est un manuscrit en minuscules lombardes du XIe siècle. D'une écriture peu soignée, il a 41 lignes à la page. Outre le *Pro Cluentio*, il contient aussi le *De lingua latina* de Varron et, après le *Pro Cluentio*, la *Rhétorique à Hérennius* (1). Il comporte un certain nombre de lacunes (dont cinq particulièrement graves) : § 57 de *nisi* à *debent* ; § 102-107 de *egimus* à *ornamenta* ; § 127-132 de *quis est qui* à *standum* ; § 136 de *rogaretur* à *sententia* ; § 141 de *Albanum* à *filius* ; § 149-154 de *omnibus hic* à *accusaretur* ; § 176-182 de *quasi ut* à *P. Saturi* ; enfin § 192 de *cum instructum* à la fin. Se fondant sur la longueur des lacunes, A. E. Clark a pensé établir qu'il avait pour source un manuscrit ayant des pages de 35 lignes comportant environ 54 lettres (2). Il aurait été retrouvé par Boccace, peut-être au Mont-Cassin (3).

Ce manuscrit est probablement la source de ceux qui présentent les mêmes lacunes que lui (μ). Toutefois certains d'entre eux, notamment, parmi ceux qui ont été collationnés par Classen, le *Laurentianus* XLVIII, n° 9 (Lag. 9) (*q*) et le *Guelferbytanus 205* (*w*) finissent quelques lignes plus loin (§ 193 aux mots *ne forte ma-*). C'est aussi le cas du *Parisinus 14749*, non utilisé directement par Classen et dont nous reparlerons (σ) (4). Ces trois manuscrits, en particulier *q* et σ, sont étroitement apparentés, comme il ressort de la comparaison de leurs variantes à laquelle nous avons procédé (5). Mais d'autre part la

(1) Ce manuscrit est décrit par Bandini, *Catalogus bibl. Laur.*, t. II, p. 528 et suiv. On trouve dans la *Paléographie des classiques latins* d'E. Chatelain, t. I, deux fac-similés (pl. XII et pl. XVII) empruntés l'un à Varron, l'autre à la *Rhétorique*.

(2) *The descent of manuscripts*, Oxford, 1918, p. 284 à 287.

(3) Id., *The reappearance of the texts of the classics*, Londres, 1921.

(4) Finit également à *ne forte mater* un manuscrit du XVe siècle figurant à la bibliothèque des Dominicains de Dubrovnik (n° 24), et dont je connais l'existence par une notice de l'*Institut d'histoire des textes*. De même, le manuscrit Vatican, Pal. lat., I, 481 ; le manuscrit 147 du Musée national de Budapest.

(5) Ces deux manuscrits ont en propre deux omissions : au § 190 (*in fine*) : *illa sibi ... putauit ;* au § 191 *sed etiam ... armaret.*

comparaison de *M* et de σ, à laquelle nous avons pu nous livrer sur photographie, nous a convaincu que σ remonte directement ou indirectement à *M*. En particulier des lacunes correspondent en deux points à des lignes de *M* (1). Il s'ensuit que les quelques lignes de plus présentées par ces trois *mutili* devaient se trouver originellement dans *M*. De fait, on constate que le dernier feuillet consacré par celui-ci au *Pro Cluentio* s'achève au verso en bas de page avec le texte conservé jusqu'à *instructum* au § 192. Les quelques lignes supplémentaires que donnent les manuscrits dérivés devaient se trouver sur un feuillet perdu.

Le manuscrit *M* est la source principale de la vulgate qu'ont transmise les divers manuscrits, où ont puisé, jusqu'à Classen, les éditions du discours, manuscrits qui nous apparaissent pour la plupart, quand ils nous donnent le texte intégral, comme contaminant avec le texte issu de *M* celui qui est venu de l'autre source, dont nous devons parler, avant de nous demander la valeur relative des *mutili* et de cette autre source.

III) Classen, à qui l'on doit une édition spéciale, restée très précieuse, du *Pro Cluentio*, critiqua le texte de la vulgate. Il montra qu'il était sur plus d'un point inférieur

Huit autres omissions moins importantes : § 4 *negem esse illam rem : esse* omis également par *a b i w* de Classen ; § 8 après *antequam* les mots *de causa*, omis également par *a b c i* de Classen ; § 42 là où *b s* ont *ei* et où *M*μ ont *illi* après *haec*, σ et *q* n'ont rien, de même t^1 et le *c* de Classen : à tort l'apparat de Clark donne *illi* à σ ; § 79 dans *recentem tum C. Iunium*, *tum* est omis, comme dans *a b c m w* de Classen ; § 95 dans *ac sine iudiciorum remediis*, *sine* est omis (de même *a b c m w* de Classen) ; § 118 dans *uim animi libertatemque*, *animi* a été omis ; § 187 dans *quaestionis seruare his iudicibus*, *seruare* omis comme par *t* et par *n o r s t u* de Classen ; § 19 *obtendam ut id ipsam : id* omis comme par *a b c i w* de Classen. Il y a en outre accord pour une série de variantes qu'il paraît superflu d'énumérer ici.

(1) La lacune du § 190 *illa sibi... putauit* est celle d'une ligne de *M*. Au § 172 le cas n'est pas tout à fait le même : dans *M* les mots *familiarissime est* sont disposés à peu près au-dessus des mots *familiarissimum scie-*. Il y a eu d'une ligne à l'autre saut du même au même.

à celui de deux manuscrits qu'il qualifia sans ambiguïté de *codices optimi* et dont il fit la base de son édition. Il s'agit de deux manuscrits du xve siècle, le *Codex Monacensis* 35a (A de Classen, *s* de Clark) et le *Codex Laurentianus* XLVIII, nº 12 (Lag. nº 12). (B de Classen, *t* de Clark). A la suite de Classen, les éditeurs, notamment Baiter, ont donné la préférence à leur tradition ; seul Ramsay se fit, non sans de bonnes raisons, le défenseur de la vulgate, mais sans ramener celle-ci à sa source, c'est-à-dire sans concentrer la discussion sur la valeur de *M*.

Clark, qui avec Classen a fourni l'essentiel de l'effort critique consacré au *Pro Cluentio*, s'efforça de déterminer d'où venaient à ces manuscrits, qualifiés d'*optimi*, mais tardifs, les leçons qui faisaient leur excellence (1). Il constata qu'elles se retrouvaient pour la plupart dans les compléments ajoutés après coup à un *mutilus*, soit en marge du texte conservé, soit, pour les lacunes, sur des feuillets insérés après coup ; il s'agit du *Parisinus* 14749, autrefois à l'abbaye de Saint-Victor, manuscrit utilisé selon toute vraisemblance par Lambin, mais sans que celui-ci eût pris la peine de distinguer les deux mains, celle du texte, et celle des *marginalia* et des compléments (2). Il collationna et publia sous le sigle Σ ce qui remonte à cette seconde main (3). Il put établir aussi que le scribe avait eu sous les yeux un manuscrit originaire de Cluny, représentant la source de la tradition. De ce même *Cluniacensis*, transporté en Italie (et qui devait

(1) Ses recherches n'ont trouvé qu'une expression incomplète dans l'apparat clair et méthodique, mais volontairement succinct de son édition.

(2) Fausset examina le premier le manuscrit, seulement pour le *Pro Cluentio*, et y reconnut le *codex S. Victoris* utilisé par Lambin. Auparavant Sylvius en avait usé dans son édition du *Pro Cluentio* (Paris, 1530). Voir Fausset, *Classical Review*, XIV, p. 227.

(3) *Anecdota Oxoniensia*, Class. series, X, Oxford, 1905, p. xi et suiv. Le *Pro Cluentio* comprend les feuillets 211 à 231. J'ai collationné à mon tour le manuscrit et rectifié sur quelques points les indications de Clark et de Fruechtel.

compter des lignes de 22 à 24 lettres), par Poggio, un ami de celui-ci, Bartolomeo da Montepulciano, fit des extraits (*B*) qui se retrouvent dans le *Laurentianus* LIV, 5, où un scribe très négligent les a transcrits (1). En outre, à Florence, le *Laurentianus* XLVIII, 10 (*A*) (2), puis un *Perusinus* E 71 (π) (3) ont intégré des leçons transcrites du *Cluniacensis* ; il en est de même du *Laurentianus* LII, 1 (φ) (4) et du *Laurentianus* XLVIII, 25 (X) (5).

Suivant les indications de Clark qui a directement collationné ou fait collationner ces divers manuscrits, nous avons cru devoir mentionner, comme lui, toutes leurs leçons qui ont chance de remonter au *Cluniacensis*. Nous avons cru inopportun de les confondre sous un sigle collectif ς qui fait équivoque avec la masse des *mixti* ou *deteriores*, d'où Clark a eu le mérite de les détacher. Nous avons cru devoir noter comme lui par *a* l'accord de *s* et de *t*, lequel a quelques chances de remonter au *Cluniacensis* (d'une manière non encore complètement éclaircie) là où cet accord s'oppose à l'ensemble des autres manuscrits.

Quelle valeur respective convient-il d'attribuer aux branches de notre tradition ? Il faut y ajouter, pour que les données du problème soient complètes, la tradition indirecte spécialement abondante pour le discours scolaire qu'était le *Pro Cluentio*, en particulier les citations de Quintilien, des grammairiens et des rhéteurs.

Clark déjà concédait que son assentiment général à Classen ne lui permettait pas de nier que sur de nombreux points *M* devait avoir la préférence (6). Zieliński, étudiant les clausules métriques, estima que *M* présen-

(1) *Anecdota Ox.*, 1905, p. vi et suiv.
(2) *Ibid.*, p. xxxiv.
(3) *Ibid.*, p. xliii.
(4) *Ibid.*, p. xliv.
(5) *Ibid.*, p. xlviii.
(6) Préface de son édition, p. vi.

tait une autorité égale à celle du *Cluniacensis* (1) et il recueillit l'adhésion de May (2). Schönberger a poursuivi la comparaison du point de vue grammatical et stylistique en étudiant les variantes d'après l'usage habituel de Cicéron (3). Il remarqua que chaque type de faute qu'on peut reprocher aux *mutili* se retrouve dans la postérité du *Cluniacensis*, même là où l'accord de celle-ci nous donne l'assurance qu'elle représente bien le manuscrit perdu. Sans doute dans l'ensemble Mμ procèderaient avec une plus grande fantaisie, en particulier dans l'omission de particules et dans l'usage erroné des prépositions. Mais néanmoins souvent Mμ nous ont conservé seuls la bonne leçon. Fruechtel de son côté remarque qu'aucune des trois branches de la tradition n'est exempte de fautes. Il estime cependant que le *Cluniacensis* se rapprocherait plus du palimpseste que *M* et donne la préférence soit à l'accord des deux premiers, soit dans les cas douteux (ordre des mots par exemple) au *Cluniacensis* (4).

En procédant sur photographie à une collation nouvelle de *M* (qui ne semble pas avoir été revu depuis Classen et dont même bien des leçons relevées par ce dernier sont absentes des apparats récents, en particulier de celui de Clark), nous avons cru voir les données du problème se modifier sensiblement au profit de la tradition des *mutili*. D'une part sur une vingtaine de points il donne en fait les leçons considérées comme les meilleures et plus d'une fois il ne s'oppose pas à ce qu'on pensait être l'apport propre du *Cluniacensis*, dont la valeur en est diminuée d'autant. Notamment : § 22 c'est à tort qu'il est indiqué comme ayant omis les lettres *HS* que seul *P* aurait conservées ; il a le chiffre non de CCCLIII, mais de $\overline{\text{CCCC}}$LIII et ce chiffre interprété (cf. p. 72, n. 2) confirmerait le chiffre de *P* contre l'invraisem-

(1) *Philologus*, t. 65, p. 629.

(2) *Rythmische Formen*, p. 39.

(3) J. K. Schönberger, *Tulliana, Textkrit. und sprachl. Bemerkungen zu Ciceros Reden pro S. Roscio, pro Cluentio, pro Murena, pro Caelio und pro Milone, Würzburger Dissert.*, Augsburg, 1911.

(4) Préface, p. VI.

blable *quadraginta* du *Cluniacensis* ; § 23 il a, comme *P* et comme Σ, non *propinquus* (ainsi *μs*), mais *perpropinquus* ; § 25 il a, comme *a*, l'ordre *tres praeterea* et non l'ordre *praeterea tres* ; § 28 il a *itaquod* (de même $\sigma b^2\psi a$), et non pas *itaque* (Σb^1) ; § 30 il a *uocesque* (de même $\sigma b\psi^2 a$) et non pas *uocemque* (ψ) ; § 46 il a *studiose* (de même Σ*a*) et non pas *studio* (μ) ; § 62 il a *inquam* (de même σ*a*) et non pas *unquam* (*b*ψ) ; § 65 il a *meo* (de même $\Sigma b^2 a$) et non pas *in eo* (μσ) ; § 69 il a *sestertia sescenta quadraginta milia* (qui est la correction proposée par Mueller et retenue par Fruechtel) et non pas *et sestertia quadraginta milia* ; § 92 il a PR et non pas *praetor* ; PR est sans doute sur le chemin de l'erreur, mais il se rapproche de la vérité *p.r.* (Σ*a*) ; § 71 il n'a, pas plus qu'au § 22, omis HS ; § 80 il a *non quod* (avec μ) et non pas *quod* Σ*a* ; § 94 il a *Orchiuium* (ainsi Σ*a*) et non pas *Orchinium* (μ) ; § 111 il a *a* (ainsi *aσbB*) et non pas *ab* (ψμς) ; § 141 il a *uoluisse dicebat* (ainsi σ*a*) et non pas *dicebat uoluisse* (*add.* se b^2) μ ; § 148 il a *inue* (ainsi ψ*bt*) et non pas *quiue* (σ) ou *quiue in* (*edd.*) ; § 162 il a les chiffres $\overline{\text{xxx}}$ et $\overline{\text{ccc}}$; § 173 il a *ẹpotum* (avec un *e* exponctué) (ainsi Σ et Priscien) et non pas *potum*, issu évidemment dans les *deteriores* (σμ) de l'exponctuation erronée (due à quelle main ?) ; § 182 il a *conata es* (ainsi $\psi^2 a$) et non pas *conata est* (μ). En second lieu *M* offre sur certains points un texte erroné et en lui-même inintelligible, mais où on a l'origine des variantes des manuscrits dérivés de lui ; ce texte erroné se rapproche du *Cluniacensis* et les variantes sont dues à un effort malheureux pour le redresser. Ainsi : § 6 il a *sic ratio* et non pas *si ratio* (μ), le bon texte étant *si oratio* (*Pαa*) ; § 6 il a *peroratum* (de même σ), non pas le *peroraro* qu'on lui attribue ; de *peroratum* est issu le *peroratum fuerit* (*erit* ψ) de $b^1\psi^2$; la leçon de Σ est *perorabo tum*, celle de $Pb^2\psi^2$ *s* est *peroraro tum* ; § 9 il a (et de même partout ailleurs) *Abbium* et non pas *Albium*, leçon de la vulgate ; comme *Abbium* est aussi la leçon de Σ, c'est évidemment la bonne leçon ; § 12 il a *mei nominis causa* et non pas *me nominis causa* (μ), se rapprochant ainsi de *me in omni causa* (Σ*a*) ; § 23 il a *terebantur* et non pas *terrebantur* (ainsi *cett.*), se rapprochant de *tenebantur* (*a*) ; § 27 il a *nouim ne ante* et non pas *nomine ante* (σ), se rapprochant de *Nouia infantem* (Σ*a*) ; § 36 il a *rercenti fuit*, et non pas *recenti fuit* ($b^1\psi^1$), alors que *P* a *recenti re fuit* et α*a* ont *fuit recenti* ; § 47 il a *abea*, au lieu de *ob eam* (Σμ*a*) et une correction erronée en a tiré *ad eam* (μσ) ; § 62 il a *exstat memoriae*, et non *exstant memoriae* (μ), se rapprochant de *exstat memoria* (Σ*a*) ; § 66 il a *autore* et non pas *auctore* (ainsi μ) ; de plus, le mot précédent *eo* était écrit primitivement *eof* ; donc *M* concorde en fait sur ce point avec le *fautore* de *a* ; § 85 *M* a *uoluisses. inerat*, non pas *uoluisse si inerat* de μ et s'accorde donc en réalité avec le *uoluisse sin erat* de *a* ; § 98 il a *TiTi Guttae* et non *T. Guttae* de μ (σ a *titi*) ; *TiTi* est une réduplication du bon *Ti.* qu'on a dans *a* et chez Quintilien ; § 117 il a (en un seul mot) *illquod*, d'où μσ ont tiré l'erroné *illud*, mais qui correspond au *id quod* de Σ*a* ; § 121 il a *impedimentum* (ou peut-être *-tuo*), d'où est issu l'*impedimento* de *a*, aussi bien que l'*impedimentum* de μσ, ce qui me paraît retirer toute autorité à l'*impedimento* généralement adopté par les éditeurs ; § 167 il a un *tum* (abrégé en *tū*) dans *tum datum*, lequel a été lu correctement *tum* par σ mais *autem* (ou *tamen*) dans les autres *deteriores*, en raison de la ressemblance de *t* et de *a* en minuscule lombarde ; *autem*, bien qu'ayant pour lui Quintilien, a été jugé par Mommsen impropre et exclu du texte ; *tum* offre un sens satisfaisant.

Ces diverses constatations montrent qu'un bon nombre des leçons défectueuses imputées aux *mutili* l'ont été à tort à leur source *M*. *M* offre d'autre part un certain nombre de leçons aberrantes qui n'avaient pas été relevées et qu'on trouvera dans notre apparat : mais le *Cluniacensis*, à en juger par Σ, n'en avait pas moins. Comme Fruechtel, et à la différence de Clark, j'ai signalé la plupart de celles-ci. On se trouve en présence, des deux côtés, de transcriptions mécaniques et inintelligentes de scribes qui, à un certain moment, ont transmis un texte qu'ils ne se souciaient pas de comprendre.

Comment choisir entre ces deux traditions, là où elles nous offrent des leçons également possibles ? Déjà les précédents éditeurs sont revenus de la préférence presque exclusive manifestée par Classen et ont en fait décidé le plus souvent selon les cas particuliers. Nous avons fait de même, mais en optant nettement pour *M* là où l'hésitation était possible. Ce qui nous a incliné en ce sens, c'est notamment le fait que la tradition indirecte, Quintilien, s'accorde plus souvent avec *M* que le *Cluniacensis* (1). De plus, le texte de *M* est très souvent plus riche que celui-ci d'un nombre de mots très courts, dont il nous paraît vraisemblable que la tradition les a omis, comme c'est souvent sa tendance, plutôt qu'ils n'aient été introduits par un copiste soucieux de plénitude. Il arrive que ces expressions plus pleines se retrouvent en d'autres discours de Cicéron : il nous paraît peu vraisemblable, — on a donné cette explication (2) — qu'il y ait eu chez un scribe, que tout montre sans réaction personnelle, réminiscence de ces discours. Aux observations tirées des clausules par Zieliński on en pourrait ajouter d'autres, tirées de l'ordre des mots ; la place donnée aux possessifs aux § 40, 42, 70, 138, 139, 172 est dans *M* celle que leur assignent les lois mises en valeur par M. Marouzeau.

(1) Wilhelm Petzch dans une dissertation qui n'a pas été imprimée et que je ne connais que par J. Karl Schönberger a essayé de remonter aux origines de nos deux traditions : la famille du *Cluniacensis* remonterait à l'édition de Tiron ; la vulgate, représentée par *M* pour le *Pro Cluentio* dériverait de celle d'Atticus. Tout cela ne peut être qu'extrêmement conjectural. Le point solide est la constatation que Quintilien s'accorde plutôt avec la vulgate (Guil. Petzsch, *De M. Tulli Ciceronis orationum textus historia quaestiones selectae*, dissertation de Greifswald, 1922 ; cf. J. K. Schönberger, *Bursiansjahresbericht*, 1925, p. 157-158).

(2) Classen, *op. laud.*, p. 150 (à propos de *facile princeps*, 5, 11, qu'il rapproche de *facile primus, Pro Roscio Amerino*, 6, 13). P. 147 il est plus désemparé : « Nescio unde deterioribus codicibus istud *tanta* adhaeserit quod in omnibus editionibus legitur » (à propos de *in hac tanta difficultate* (1, 3).

***

Parmi les principales éditions du *Pro Cluentio*, nous citerons dans les éditions complètes de Cicéron : celle d'Orelli (Zürich, 1826), dont la seconde édition, de Baiter et Halm (1854), est en fait « une seconde édition du texte de Classen » (Ramsay) ; l'édition de C. F. W. Mueller (Leipzig, 1885) dans la *Bibliotheca teubneriana* ; l'édition d'A. C. Clark dans la *Scriptorum classicorum bibliotheca oxoniensis* (1905, 2e éd., 1908) ; celle d'H. G. Hodge (avec traduction en anglais) dans la collection Loeb (1927) ; celle de L. Fruechtel dans la *Bibliotheca teubneriana* (1933).

Il existe des éditions spéciales du *Pro Cluentio* : celle de Classen (1831), avec une importante annotation critique ; celle de W. Ramsay, rééditée par G. G. Ramsay, 3e éd., 1883, avec commentaire ; celle de W. Y. Fausset, 1887, avec commentaire, 4e éd., 1910.

La traduction anglaise de W. Peterson, 1895, comporte une introduction et des notes. Parmi les traductions françaises, citons celle de J. L. Burnouf, dans l'édition Victor Le Clerc des *Œuvres complètes de Cicéron*, t. IX, Paris, 1821, p. 159-369 ; 2e éd., t. X, 1824, p. 85-326. Elle n'est pas indigne de ses célèbres traductions de Tacite et, comme celles-ci, ne rend pas aisée la tâche de ses successeurs.

Je tiens à adresser mes remerciements à M. René Durand qui a bien voulu me donner son sentiment sur certains passages et ajouter ainsi un nouveau titre à la reconnaissance profonde que je lui dois.

SIGLA

P = Palimpsestus Taurinensis, saec. IV/V.
M = codex Laurentianus LI, 10, saec. XI.
μ = codices mutili e *M* orti, siue omnes siue nonnulli.
σ = codex Parisinus 14749.
b = codex S. Marci 255, saec. XV.
ψ = codex Laurentianus (Gadd.) XC, saec. XV.
A = codex Laurentianus XLVIII, 10, saec. XV.
π = codex Perusinus E 71, saec. XV.
φ = codex Laurentianus LII, I.
χ = codex Laurentianus XLVIII, 25.
Σ = m.2 in cod. Paris. 14749.
B = Excerpta Bartolomaei de Montepolitiano.
s = cod. Monacensis 15734, saec. XV.
t = cod. Laurentianus XLVIII, 12, saec. XV.
a = *st*.
α = $\Sigma b^2 \psi^2$.
ς = codices mixti siue deteriores, siue omnes siue nonnulli.

MARCUS TULLIUS CICÉRON
PLAIDOYER
POUR AULUS CLUENTIUS

I 1 J'ai observé, Juges, que le discours de l'accusateur était dans son ensemble divisé en deux parties : l'une, me semblait-il, reposait et fondait de grands espoirs sur l'hostilité déjà ancienne de l'opinion pour l'arrêt rendu par le tribunal de Junius (1) ; l'autre n'abordait que pour obéir à l'usage, peureusement, sans assurance, le sujet des accusations d'empoisonnement : et c'est pour elles que la loi a établi cette juridiction (2).

Aussi j'ai résolu de me conformer dans ma défense à cette même répartition de la matière entre hostilité de l'opinion et griefs déterminés ; je veux qu'il soit clair pour tous que j'ai désiré ne rien esquiver par mon silence, ne rien dissimuler par ma parole (3).

(1) Le *iudicium Iunianum* (expression qu'il me faut traduire un peu longuement) remonte à 74. Il y avait donc huit ans que l'opinion s'occupait de l'affaire. Cf. l'Introduction, p. 12 et suiv.

(2) Sur la portée réelle de la formule ainsi avancée par Cicéron, cf. la discussion dans l'Introduction, p. 26.

(3) Cicéron ne cessera de multiplier les expressions de son désir de tout éclairer pour les juges. On sait qu'après l'affaire il se vanta par contre *se tenebras offudisse iudicibus in causa Cluenti* (QUINT., II, 17, 21).

M. TVLLI CICERONIS
PRO A. CLVENTIO
ORATIO

I 1 Animaduerti, iudices, omnem accusatoris orationem in duas diuisam esse partis, quarum altera mihi niti et magno opere confidere uidebatur inuidia iam inueterata iudici Iuniani, altera tantum modo consuetudinis causa timide et diffidenter attingere rationem uenefici criminum, qua de re lege est haec quaestio constituta. Itaque mihi certum est hanc eandem distributionem inuidiae et criminum sic in defensione seruare ut omnes intellegant nihil me nec subterfugere uoluisse reticendo

Test. 1 Animaduerti... constituta QUINTIL. IV, 1, 36 || Animaduerti... partis QUINTIL. VIII, 6, 65 ; IX, 4, 68, 92 || Animaduerti iudices QUINTIL. IX, 4, 74 ; DIOM. (GL, I 467, 9 ; 468, 9) || Animaduerti... Iuniani MARIUS VICTORINUS (RL 198, 14) || Animaduerti... duas GRILLIUS p. 89, 12 ; MART. CAP. (RL 603, 24) || propter inueteratam ut ipse (Cic.) dicit infamiam QUINTIL. VI, 5, 9 || iudicii Iuniani QUINTIL. IX, 4, 101 || intelligant... dicendo IULIUS RUFINIANUS (RL, 42, 20) || nihil me fugere (*sic*)... obscura (*sic*) dicendo GRILL. p. 85, 17 ; MART. (RL 601, 25).

1 animaduerti : animum aduerti Σ*s* || partis *B*ψ[2]*a Quintil. bis :* partes *M*μ *Quintil. semel*, *Grill.*, *Victorin.* || altera mihi : alteram mihi Σ || magno opere : magnopere *Bs hic et alias* || uidebatur : uideatur *P* || iam *om. Victorin.* || Iuniani : *uidetur litura deletum in* Σ humani *B* || altera : alteram *P*Σ || rationem : orationem *P* || defensione : defensionem *P* || nihil me : me nihil *P*

2 Mais si je songe à la peine que j'ai à me donner pour traiter ces deux questions, l'une des parties, celle qui relève proprement de votre juridiction, de la procédure prévue par la loi pour les empoisonnements, me semble devoir être très brève et ne pas exiger de moi grand effort de parole ; mais l'autre, qui est étrangère au tribunal, qui conviendrait mieux à des réunions populaires menées dans un esprit de révolte qu'au calme et à la mesure de la justice, je vois nettement tout ce qu'elle va comporter pour les débats de difficultés et de peines.

3 Mais devant de telles difficultés, cette idée, Juges, me réconforte : c'est que, pour les griefs déterminés, votre habitude en nous écoutant est d'attendre du seul orateur qu'il les dissipe, d'estimer que vous n'avez pas à accorder à l'accusé pour le tirer d'affaire plus que ce que le défenseur pourra obtenir par ses réfutations et établir par son discours. Mais pour l'hostilité de l'opinion, votre devoir est de décider entre nous en considérant non pas ce que nous disons, mais ce que nous devrions dire. Car avec les griefs déterminés ce qui est en cause, ce sont les risques particuliers à Aulus Cluentius ; mais avec l'hostilité de l'opinion, c'est l'intérêt général. C'est pourquoi, en traitant l'une des parties, nous aurons à vous instruire, en traitant la seconde à vous supplier (1) ; dans l'une il faudra nous ménager votre attention, dans l'autre implorer votre protection (2). Il n'est personne en effet qui puisse tenir tête à une opinion hostile, s'il n'a votre concours, celui d'hommes si éminents.

(1) Cicéron traitera brièvement et en second lieu la première partie, qui lui paraît ici relever du *docere*, très longuement et en premier lieu celle qui ressortit au *commouere*.

(2) Pour le sens de *fides* ici, on peut comparer *Brutus*, 90 : « *Populi Romani fidem implorans.* »

nec obscurare dicendo. **2** Sed cum considero quo modo mihi in utraque re sit elaborandum, altera pars et ea quae propria est iudici uestri et legitimae uenefici quaestionis per mihi breuis et non magnae in dicendo contentionis fore uidetur, altera autem quae procul ab iudicio remota est, quae contionibus seditiose concitatis accommodatior est quam tranquillis moderatisque iudiciis, perspicio quantum in agendo difficultatis et quantum laboris sit habitura. **3** Sed in hac tanta difficultate illa me res tamen, iudices, consolatur quod uos de criminibus sic audire consuestis ut eorum omnem dissolutionem ab oratore quaeratis, ut non existimetis plus uos ad salutem reo largiri oportere quam quantum defensor purgandis criminibus consequi et dicendo probare potuerit. De inuidia autem sic inter nos disceptare debetis ut non quid dicatur a nobis sed quid oporteat dici consideretis. Agitur enim in criminibus A. Cluenti proprium periculum, in inuidia causa communis. Quam ob rem alteram partem causae sic agemus ut uos doceamus, alteram sic ut oremus ; in altera diligentia uestra nobis adiungenda est, in altera fides imploranda. Nemo est enim qui inuidiae sine uestro ac sine talium uirorum subsidio possit resistere. **4** Equidem quod ad me attinet,

Test. **2** quantum... habitura DIOM. (GL I 470, 23)
4 equidem... corrupti QUINTIL. IX, 2, 19

2 pars et *P* : pars est (*om.* est σ) Σ*M*μ*a* || legitimae uenefici : legitima benefici *P* || ab *P*Σ*bl* : a *M*σψ*s* || habitura ςμ *Diom.* : habitum *M*μ

3 in hac tanta Mμ*s*[2] : in hac *P*Σ*a* || consolatur : consulatur *P* || omnem : omnium *P* || autem *om.* *B* || nos *PBM*μ : uos μ*a*

4 Pour moi, en ce qui me concerne, je ne sais de quel côté me tourner : puis-je nier qu'il y a bien eu cette corruption scandaleuse d'un tribunal, puis-je nier qu'on a soulevé cette affaire dans les réunions publiques, qu'on l'a agitée devant les tribunaux, qu'on l'a évoquée au Sénat ? (1) Puis-je arracher des esprits une opinion si forte, si profondément enracinée, si invétérée ? (2) Ce n'est pas mon talent, c'est votre conscience, juges, qui se doit de venir en aide à l'innocence de mon client, en présence de ces bruits pernicieux, comme s'il s'agissait d'un incendie désastreux, de flammes prêtes à tous nous embraser.

II **5** En effet si ailleurs la vérité n'a que trop peu d'appuis, trop peu de force, ici c'est bien le lieu où l'hostilité de l'opinion doit être impuissante, si elle n'est pas fondée. Qu'elle soit souveraine dans les réunions publiques, mais qu'elle soit terrassée devant les tribunaux ; qu'elle l'emporte dans les idées et les propos des ignorants, mais que les gens avisés la chassent de leur esprit ; qu'elle ait de la violence dans ses premiers élans, mais une fois le temps écoulé, l'affaire instruite, qu'elle aille à son déclin, bref observons cette définition d'une justice équitable, telle que nos aïeux nous l'ont transmise : dans nos tribunaux frapper la faute sans prévention ; s'il n'y a point faute, dépouiller toute prévention.

6 C'est pourquoi, Juges, avant d'aborder l'affaire même, je vous présente ces requêtes : la première, —

(1) Les événements auxquels il n'est fait ici qu'une rapide allusion, seront mentionnés plus longuement § 79, 95, 103, 110 suiv., 127, 137 (réunions populaires tenues par le tribun Lucius Quinctius), § 136 (intervention du Sénat, non suivie d'effet).

(2) Quintilien et Aquila Romanus citent le passage comme un exemple de *dubitatio* (διαπόρησις).

quo me uertam nescio. Negem fuisse illam infamiam iudici corrupti ? negem esse illam rem agitatam in contionibus, iactatam in iudiciis, commemoratam in senatu ? euellam ex animis hominum tantam opinionem, tam penitus insitam, tam uetustam ? Non est nostri ingeni, uestri auxili est, iudices, huius innocentiae sic in hac calamitosa fama quasi in aliqua perniciosissima flamma atque in communi incendio subuenire. II **5** Etenim sicut aliis in locis parum firmamenti et parum uirium ueritas habet, sic in hoc loco falsa inuidia imbecilla esse debet. Dominetur in contionibus, iaceat in iudiciis ; ualeat in opinionibus ac sermonibus imperitorum, ab ingeniis prudentium repudietur ; uehementis habeat repentinos impetus, spatio interposito et causa cognita consenescat ; denique illa definitio iudiciorum aequorum quae nobis a maioribus tradita est retineatur, ut in iudiciis et sine inuidia culpa plectatur et sine culpa inuidia ponatur. **6** Quam ob rem a uobis, iudices, ante quam de ipsa causa dicere incipio, haec postulo, primum,

Test. **4** quo me uertam nescio QUINTIL. IX, 4, 75 || equidem quo me uertam iudices nescio MARTIANUS CAPELLA (RL 478, 8) || equidem quo me uertam, iudices, nescio. Negemus fuisse illam rem AQUILA ROMANUS (RL 25, 14) || quo me uertam nescio SCHEM. DIAN. (RL 75, 4) || non est... auxilii est QUINTIL. IX, 3, 81 || sic... flamma QUINTIL. IX, 3, 75.

5 Etenim... esse debet SCHEM. DIAN. (RL 76, 6) || dominetur... iaceat in iudiciis QUINTIL. IX, 2, 51 ; IX, 3, 81 ||ut et sine inuidia... ponatur QUINTIL. IX, 3, 85

4 nescio : iudices nescio *Mart. Cap.*, *Aquila Rom.* || negem : negemus *Aquila Rom.* || fuisse illam : illam *om. Quintil.* || esse *om.* σμ || in contionibus : in *om. Ps* || non est : non *Quintil.*

5 parum *om. Schem. dian.* || in iudiciis *om. Quintil.* || ponatur *M*μ *Quintil.* : puniatur $b^{2}\psi^{2}a$

il n'y en a pas de plus légitime —, c'est de ne pas apporter ici de jugement préconçu. Car nous laisserons échapper non seulement notre autorité, mais jusqu'à notre titre de juges, si nous ne décidons ici sur les faits mêmes des causes et si nous venons de chez nous pour trancher les procès, avec des arrêts tout faits ; ma seconde requête, c'est, si vous avez déjà retenu une opinion dans votre esprit, quand la réflexion l'ébranlera, que le discours la fera chanceler, qu'enfin la vérité l'extirpera, de ne pas résister, de la laisser fuir de votre pensée avec plaisir ou du moins avec sérénité, c'est encore, quand je parlerai de chaque point, que j'en montrerai l'inanité, de ne pas vous représenter en silence à vous-mêmes les idées contraires, mais d'attendre jusqu'à la fin, de souffrir que je suive le plan de mon discours (1), à ma péroraison et alors seulement, de me réclamer par la pensée ce que j'aurai pu oublier (2).

III 7 Que j'aborde, Juges, la défense d'une cause, où depuis déjà huit ans entiers ce qu'on entend dire vient de la partie adverse, une cause que l'opinion publique a déjà tacitement presque convaincue de faute et condamnée, il m'est aisé de le concevoir. Mais qu'une divinité veuille bien me ménager de votre part une audience bienveillante et j'arriverai certainement à vous faire comprendre qu'un homme ne doit craindre rien plus qu'une opinion hostile, que l'innocent, quand il s'est attiré l'hostilité de l'opinion, ne doit rien souhaiter autant qu'un tribunal épris de justice, car il n'y a que lui qui en fin de compte puisse mettre un terme et une conclusion à un décri qui n'est pas fondé. Aussi mon espoir

(1) Sur la manœuvre que prépare cette requête, cf. l'Introduction, p. 32.

(2) *Animo*, leçon des mss., est suspecté à tort. Cicéron en effet se place, dans ce passage, au point de vue de ce que les juges ont dans l'idée. Il les invite à différer jusqu'à sa péroraison le moment d'accueillir, s'il y a lieu, les pensées hostiles à Cluentius.

id quod aequissimum est, ut ne quid huc praeiudicati adferatis — etenim non modo auctoritatem sed etiam nomen iudicum amittemus, nisi hic ex ipsis causis iudicabimus, ac si ad causas iudicia iam facta domo deferemus ; — deinde si quam opinionem iam uestris mentibus comprehendistis, si eam ratio conuellet, si oratio labefactabit, si denique ueritas extorquebit, ne repugnetis eamque animis uestris aut libentibus aut aequis remittatis ; tum autem cum ego una quaque de re dicam et diluam, ne ipsi quae contraria sint taciti cogitationi uestrae subiciatis sed ad extremum exspectetis meque meum dicendi ordinem seruare patiamini ; cum peroraro, tum si quid erit praeteritum, animo requiratis. III **7** Ego me, iudices, ad eam causam accedere quae iam per annos octo continuos ex contraria parte audiatur atque ipsa opinione hominum tacita prope conuicta atque damnata sit facile intellego ; sed si qui mihi deus uestram ad me audiendum beniuolentiam conciliarit, efficiam profecto ut intellegatis nihil esse homini tam timendum quam inuidiam, nihil innocenti suscepta inuidia tam optandum quam aequum iudicium, quod in hoc uno denique falsae infamiae finis aliqui atque exitus reperiatur. Quam ob rem magna

Test. 6 meque... patiamini GRILL. p. 47, 21 ; MART. (GL, p. 599,9).

6 huc *Mσψ* : huic *Σbψ²a* || praeiudicati : praeiudicii *B* || ac si Mμ : si *b²ψ²a* || deferemus : referemus *Σa* || si eam : sic eam *M* || si oratio *Pαa* : sic ratio *M* si ratio μ || sint *PΣs* : sunt *Mμ om. t.* || sed ad Mμ : sed *Σa* || meque *P Grill.* : me *Σa* et me *Mμ* || perorabo tum Σ : peroratum *Mσ* peroraro μ peroraro tum *Pb²ψ²s* per... tum *t* peroratum fuerit (erit ψ) *b¹ψ¹*.
7 opinione : opinionibus *Σt* || si qui *PΣa* : si quis *Mμ*.

est grand, si je peux développer les faits de la cause et aborder tous les points dans mon discours, que ces lieux, que votre assemblée, qui dans leur esprit devaient imposer à Cluentius l'effroi et la terreur, vont ouvrir enfin aux malheurs d'un infortuné si longtemps ballotté le port et le refuge.

8 Bien que je trouve beaucoup à dire, avant de parler de la cause, sur les dangers où nous met tous l'hostilité des esprits, pourtant, afin de ne pas tenir par mes paroles votre attention plus longtemps en suspens, je vais en venir à l'accusation, en vous conjurant, Juges, par cette prière que je devrai, je le vois bien, vous faire plus d'une fois : écoutez-moi comme si cette heure était la première où cette cause était plaidée, ainsi qu'en fait elle est plaidée, non comme si souvent déjà elle l'avait été sans jamais avoir reçu bon accueil. L'heure présente est en effet la première où est donnée la possibilité de réfuter ces vieilles imputations (1). Jusqu'à ce jour l'esprit d'erreur, l'opinion haineuse se sont déchaînés en cette affaire. C'est pourquoi, quand je vais répondre brièvement et clairement à une accusation qui dure depuis des années, je vous prie, Juges, de m'écouter avec bienveillance et avec attention, ainsi que vous avez commencé de le faire (2).

IV 9 Aulus Cluentius, a, dit-on, acheté un tribunal pour faire condamner Statius Abbius (3), son ennemi mais un innocent. Je ferai voir, Juges, en premier lieu, puisque l'essence de cette horreur qui a soulevé l'opinion est qu'un innocent aurait succombé à l'argent, que jamais

(1) Cicéron reviendra plus longuement, après avoir obtenu ce qu'il demande ici, § 80-81 et § 93-94 sur le thème de l'opposition entre le temps passé et le moment présent.

(2) Cicéron aborde ici le premier point, mais avant d'entamer la narration § 12 il va indiquer la marche qu'il compte suivre, puis il prend § 10 une précaution psychologique à l'égard du jeune Oppianicus.

(3) Sur le nom exact du personnage, cf. Introd., p. 9, n. 1.

me spes tenet, si ea quae sunt in causa explicare atque omnia dicendo consequi potuero, hunc locum consessumque uestrum, quem illi horribilem A. Cluentio ac formidolosum fore putauerunt, eum tandem eius fortunae miserae multumque iactatae portum ac perfugium futurum. 8 Tametsi permulta sunt quae mihi, ante quam de causa dico, de communibus inuidiae periculis dicenda esse uideantur, tamen ne diutius oratione mea suspensa exspectatio uestra teneatur adgrediar ad crimen cum illa deprecatione, iudices, qua mihi saepius utendum esse intellego, sic ut me audiatis, quasi hoc tempore haec causa primum dicatur, sicuti dicitur, non quasi saepe iam dicta et numquam probata sit. Hodierno enim die primum ueteris istius criminis diluendi potestas est data, ante hoc tempus error in hac causa atque inuidia uersata est. Quam ob rem, dum multorum annorum accusationi breuiter dilucideque respondeo, quaeso ut me, iudices, sicuti facere instituistis, benigne attenteque audiatis.

IV 9 Corrupisse dicitur A. Cluentius iudicium pecunia, quo inimicum sunm innocentem, Statium Abbium, condemnaret. Ostendam, iudices, primum, quoniam caput illius atrocitatis atque inuidiae fuit innocentem pecunia

Test. 7 ego... continuos RUFIN. (RL, p. 49,20).
8 adgredior (*sic*) ad crimen ARUS. MESSIUS (GL VII 452, 24).
9 primum... Cluentium QUINTIL. IV, 5, 11

7 ea quae *M*μ : quae Σ*a* || tandem : tantundem Σ*B*
8 de causa : *om.* μσ || dico : dicam μσ *corr.* Σ || sicuti dicitur : sicuti dicatur Σ*a* || istius : ipsius Σ*a* || sicuti *M*μ : sicut Σ*a*
9 inimicum suum *M*μ : inimicum Σ*a* || Abbium *M*Σ *hic et alias* : Albium *uulg.* || caput illius *M*μ : illius caput Σ*a* || quoniam... circumuentum *om. Quintil.*

personne n'a été traduit en justice sous le poids d'accusations plus lourdes, de témoignages plus accablants (1) ; en second lieu que les juges mêmes qui l'ont condamné avaient porté sur lui par avance une sentence telle que non seulement les mêmes hommes, mais d'autres aussi, quels qu'ils fussent, ne pouvaient aucunement l'absoudre (2). Une fois ce point établi, alors je démontrerai cet autre, qui est, je m'en rends compte, le plus attendu : les tentatives pour acheter le tribunal ont été faites non par Cluentius, mais contre Cluentius (3). Je vous ferai comprendre en toute cette affaire ce que les faits eux-mêmes ont comporté, ce qu'une opinion égarée leur a ajouté, ce que son hostilité a forgé.

10 Donc le premier point, propre à expliquer que Cluentius devait avoir grande confiance en sa cause, c'est qu'il était venu (4) accuser en s'appuyant sur les imputations et les témoignages les plus certains. Ici, Juges, j'ai à vous exposer rapidement ces chefs d'accusation, qui ont fait condamner Abbius.

Je te demande, Oppianicus, de bien croire que je ne parle du cas de ton père qu'à contre-cœur, parce que j'y suis amené par mon devoir et mon rôle de défenseur. En effet si maintenant je ne puis te complaire, j'aurai dans l'avenir mille occasions pour le faire. Mais si aujourd'hui je ne satisfais pas Cluentius, je n'en aurai plus ensuite les moyens. En même temps quelqu'un doit-il hésiter à parler contre un mort qui a été condamné en faveur d'un vivant qui est encore indemne, quand celui contre qui on parle est affranchi désormais, par sa con-

(1) Ceci annonce les § 10-48.
(2) Cf. les § 49-58.
(3) Cf. les § 59-81.
(4) Le texte dit exactement : « qu'il était descendu ». *Descendere* se dit de celui qui se rend aux tribunaux, parce que ceux-ci se tenaient au Forum situé dans un bas-fond. Même métaphore pour le candidat aux élections qui se rend au Champ-de-Mars.

circumuentum, neminem umquam maioribus criminibus grauioribus testibus esse in iudicium uocatum ; deinde ea de eo praeiudicia esse facta ab ipsis iudicibus a quibus condemnatus est ut non modo ab isdem sed ne ab aliis quidem ullis absolui ullo modo posset. Cum haec docuero, tum illud ostendam quod maxime requiri intellego iudicium illud pecunia esse temptatum non a Cluentio sed contra Cluentium, faciamque ut intellegatis in tota illa causa quid res ipsa tulerit, quid error adfinxerit, quid inuidia conflarit.

10 Primum igitur illud est ex quo intellegi possit debuisse Cluentium magno opere causae confidere, quod certissimis criminibus et testibus fretus ad accusandum descenderit. Hoc loco faciendum mihi, iudices, est ut uobis breuiter illa quibus Abbius est condemnatus crimina exponam. Abs te peto, Oppianice, ut me inuitum de patris tui causa dicere existimes adductum fide atque officio defensionis. Etenim tibi si in praesentia satis facere non potuero, tamen multae mihi ad satis faciendum reliquo tempore facultates dabuntur ; Cluentio nisi nunc satis fecero, postea mihi satis faciendi potestas non erit. Simul et illud quis est qui dubitare debeat contra damnatum et mortuum pro incolumi et pro uiuo dicere ? cum illi in quem dicitur damnatio

9 unquam *om. Quintil.* || esse *om. Quintil.* || uocatum : uocatum quam Oppianicum *Quintil.* || ea de eo : eam de eo *Quintil.* || esse *om. Quintil.* || faciamque : faciam *B*μσ

10 magno opere : magnopere *M* || Abbius *M*Σ : Albius σψ Albinus *bs* || satis facere *om.* Σ*a* || et pro *Mb*²ψ*a* : et *b*¹σ || huic *M*μ : hic α*a* || dicitur *M*μ : dicimus Σ*a* || accedere *M*μ : accipere α*a* || molestia α*a* : dolore *M*μ || ac turpitudine *M*μ : et turpitudine Σ*a*

damnation, de tout risque d'ignominie, par sa mort de tout risque même de souffrance, quand celui au contraire, pour lequel on parle, ne peut subir d'échec sans ressentir en son cœur l'émotion et la peine les plus cruelles, sans essuyer dans sa vie le pire déshonneur et la pire infamie ?

11 Aussi bien, pour vous faire voir que Cluentius n'était pas animé par la passion d'un accusateur, par quelque désir de se faire valoir et de s'illustrer (1), mais par des injustices infâmes, par une guerre souterraine de chaque jour, par les dangers de mort qu'il avait sous les yeux, quand il a déféré à la justice le nom d'Oppianicus, j'irai chercher un peu plus loin en arrière le début de ma démonstration. Je vous prie, Juges, de ne pas m'en savoir mauvais gré. Car si vous connaissez les origines, il ne vous sera que plus aisé de comprendre les dernières conséquences.

V Le père de mon client, Juges, Aulus Cluentius Habitus était, non seulement dans le municipe de Larinum, sa patrie, mais dans toute la contrée et dans les alentours la personne qui par ses mérites, sa réputation, sa naissance occupait sans difficulté le premier rang. A sa mort, sous le consulat de Sulla et de Pompée (2), il a laissé un fils âgé de quinze ans, mon client, et d'autre part une fille déjà grande et en âge de se marier. Peu de temps après la mort de son père, celle-ci épousa son cousin, Aulus Aurius Melinus, un jeune homme qu'on tenait alors dans son pays pour distingué et noble au premier chef. **12** Cette union était des plus considérées, des mieux accordées quand soudain se manifesta la passion impie d'une femme sinistre, passion dont le déshonneur et même le crime nouèrent les liens. Sassia, mère de notre

(1) Accuser était pour un jeune homme un moyen d'attirer sur lui l'attention, mais un moyen qui risquait souvent d'être mal vu.

(2) L. Cornelius Sulla et Q. Pompeius Rufus, consuls en 88. Cluentius, né en 103, avait trente-sept ans au moment du plaidoyer.

omne ignominiae periculum iam abstulerit, mors uero etiam doloris ; huic autem pro quo dicitur nihil possit offensionis accedere sine acerbissimo animi sensu ac molestia et sine summo dedecore uitae ac turpitudine. **11** Atque ut intellegatis Cluentium non accusatorio animo, non ostentatione aliqua aut gloria adductum, sed nefariis iniuriis, cotidianis insidiis, proposito ante oculos uitae periculo nomen Oppianici detulisse, paulo longius exordium rei demonstrandae petam ; quod quaeso, iudices, ne moleste patiamini ; principiis enim cognitis multo facilius extrema intellegetis.

V A. Cluentius Habitus fuit, pater huiusce, iudices, homo non solum municipi Larinatis ex quo erat sed etiam regionis illius et uicinitatis uirtute, existimatione, nobilitate facile princeps. Is cum esset mortuus Sulla et Pompeio consulibus, reliquit hunc annos XV natum, grandem autem et nubilem filiam quae breui tempore post patris mortem nupsit A. Aurio Melino, consobrino suo, adulescenti in primis, ut tum habebatur, inter suos et honesto et nobili. **12** Cum essent eae nuptiae plenae dignitatis, plenae concordiae, repente est exorta mulieris importunae nefaria libido non solum dedecore uerum etiam scelere coniuncta. Nam Sassia, mater huius

Test. **11** paulo... intellegetis QUINTIL. IV, 1, 79 A. Cluentius... princeps QUINTIL. IV, 2, 130 (cf. IV, 2, 16 ; XI, 3, 162)
12 Nam si Asia (*sic*) huius mater Habiti ARUSIANUS MESSIUS (GL VII, 494, 2)

11 petam : repetam *Quintil.* || facile : *om. Ba Quintil.* || nubilem *σm² ex* nobilem *in mg* : nubilem *del.* Σ nobilem *BM*
12 eae *s* : hae (hec *b*) *Mμ* hee σ || me in omni causa Σ*a* : mei nominis causa *M* me nominis causa μ *om. Quintil.*

Habitus ... oui, je lui donnerai dans tout mon discours le nom de mère, bien qu'elle ait pour lui la haine et la cruauté d'un ennemi, je l'appellerai, dis-je, une mère, et à aucun moment elle ne m'entendra parler de sa scélératesse monstrueuse en laissant de côté le nom qu'elle doit à la nature : plus le nom de mère en effet dit à lui seul l'amour et l'affection, plus ce forfait extraordinaire d'une mère qui, depuis des années et aujourd'hui plus que jamais, aspire au meurtre de son fils vous paraîtra mériter de haine. Donc la mère d'Habitus, s'étant contre toute loi divine éprise de son gendre, ce jeune Melinus, d'abord, — ce ne fut pas longtemps — chercha tant bien que mal à réprimer son inclination (1) ; puis elle en vint à brûler d'une telle folie, à s'abandonner à des désirs si enflammés qu'il n'y eut ni honneur, ni pudeur (2) ni piété, ni tache infligée à sa famille, ni opinion publique, ni chagrin d'un fils, ni douleur d'une fille qui purent la détourner de sa passion. **13** Elle séduisit un cœur juvénile que la réflexion et la raison n'avaient pas encore affermi, en usant de tous les moyens auxquels cet âge peut se laisser prendre et apprivoiser. Sa fille, qui ne souffrait pas seulement de la douleur ordinaire aux femmes quand elles subissent les torts de pareils maris, mais qui ne pouvait supporter le concubinage infâme d'une mère, alors qu'elle estimait ne pouvoir même s'en plaindre sans commettre un crime, désirait laisser les autres dans l'ignorance de son grand malheur et c'est dans les bras,

(1) D'après le § 14 cela se place environ deux ans après le mariage de Melinus. Comme celui-ci a suivi de peu la mort de Cluentius le père en 88, on peut songer à 86 ou 85.

(2) Dans le groupe *non pudor, non pudicitia* le *Cluniacensis* avait omis le second terme. C'est un exemple des omissions signalées dans l'Introduction, p. 57. Cicéron aime joindre les deux mots : *Verr.*, III, 6 ; V, 34 ; *De leg.*, I, 50 ; *Phil.*, II, 15.

Habiti — mater enim a me in omni causa, tametsi in hunc hostili odio et crudelitate est, mater, inquam, appellabitur, neque umquam illa ita de suo scelere et immanitate audiet ut naturae nomen amittat; quo enim est ipsum nomen amantius indulgentiusque maternum, hoc illius matris quae multos iam annos et nunc cum maxime filium interfectum cupit singulare scelus maiore odio dignum esse ducetis. Ea igitur mater Habiti, Melini illius adulescentis, generi sui, contra quam fas erat amore capta primo, neque id ipsum diu, quoquo modo poterat in illa cupiditate continebatur; deinde ita flagrare coepit amentia, sic inflammata ferri libidine ut eam non pudor, non pudicitia, non pietas, non macula familiae, non hominum fama, non fili dolor, non filiae maeror a cupiditate reuocaret. **13** Animum adulescentis nondum consilio ac ratione firmatum pellexit eis omnibus rebus quibus illa aetas capi ac deleniri potest. Filia, quae non solum illo communi dolore muliebri in eius modi uiri iniuriis angeretur sed nefarium matris paelicatum ferre non posset de quo ne queri quidem se sine scelere posse arbitraretur, ceteros sui tanti mali

Test. 12 mater enim... adpellabitur QUINTIL. *Declamat. 388* (p. 441, 2 R.) || et filium et hunc cum maxime filium interfectum cupit BEDA (GL VII 267, 23)

13 sed nefarium... arbitraretur ARUSIANUS MESSIUS (GL VII, 504, 12)

12 est ipsum : ipsum *Mσ* || ducetis *Mμ* : iudicabitis ψ²s (?Σ) || continebatur : continebat *a* se continebat *Baiter* || non pudicitia *om.* Σ*Ba*

13 pellexit : plexit *M* perlexit σ || deleniri *M* : deliniri σμς || eis : us *M* his *sσ* || se sine scelere Σ*a Arusian.* : sine scelere se *Mμ* || posse *om. Arusian.*

dans le sein de ce frère très aimant qu'elle se consumait de chagrin et de larmes. **14** Mais voici un divorce brusqué qui semblait devoir remédier à tous les maux. Cluentia se sépare de Melinus ; après des torts si graves, ce ne fut pas contre sa volonté, mais c'était son mari et ce ne fut pas de gaieté de cœur. Mais alors cette mère si noble et si digne de gloire se mit aux yeux de tous à exulter de joie, à triompher d'allégresse, victorieuse de sa fille, mais non de sa passion. Aussi elle ne voulut pas que son honneur souffrît plus longtemps de soupçons obscurs. Ce lit nuptial (1), que deux ans auparavant elle avait dressé pour le mariage de sa fille, dans la même maison elle ordonna de le parer et de le dresser pour elle, après avoir chassé, expulsé sa fille (1). A ce mariage de la belle-mère avec le gendre, il n'y eut pas d'auspices (2), pas de garants (3), mais chez tous des paroles de mauvais augure. **VI 15** Forfait incroyable de cette femme, et, sauf ce cas unique, inouï dans le monde ! Passion sans frein ni retenue, audace extraordinaire ! Elle a pu ne pas craindre, à défaut de la puissance divine, de l'opinion des hommes, cette nuit même, ces flambeaux mêmes du mariage, ni le seuil de la chambre, ni le lit de sa fille, ni enfin les murs eux-mêmes, témoins des noces précédentes ! Elle a tout brisé, tout foulé aux pieds dans son désir et dans sa folie. La passion a triomphé de l'honneur, l'audace de la crainte,

(1) Le *lectus genialis*, lit d'apparat qui se dressait dans l'atrium en face de la porte, était comme le symbole du mariage.

(2) Selon le *De diuin.*, I, 28, qui y voit la preuve que les anciens, même dans la vie privée, ne faisaient rien sans prendre les auspices, les *auspices nuptiarum* figuraient avec le nom mais sans plus jouer aucun rôle, dans les cérémonies. Cf. PLAUTE, *Cas.*, 85 ; VARRON, ap. SERVIUS, *ad Aen.*, IV, 166 ; JUVÉNAL, X, 336.

(3) La femme, qui restait toujours *in manu* de son père, de ses frères ou de son mari, ne pouvait rien faire *sine auctore* selon TITE-LIVE, XXXIV, 2.

ignaros esse cupiebat ; in huius amantissimi sui fratris manibus et gremio maerore et lacrimis consenescebat. **14** Ecce autem subitum diuortium quod solacium malorum omnium fore uidebatur ! Discedit a Melino Cluentia ut in tantis iniuriis non inuita, ut a uiro non libenter. Tum uero illa egregia ac praeclara mater palam exsultare laetitia ac triumphare gaudio coepit, uictrix filiae non libidinis ; itaque diutius suspicionibus obscuris laedi famam suam noluit ; lectum illum genialem quem biennio ante filiae suae nubenti strauerat, in eadem domo sibi ornari et sterni expulsa atque exturbata filia iubet. Nubit genero socrus nullis auspicibus, nullis auctoribus, funestis ominibus omnium. VI **15** O mulieris scelus incredibile et praeter hanc unam in omni uita inauditum ! o libidinem effrenatam et indomitam ! o audaciam singularem ! nonne timuisse, si minus uim deorum hominumque famam, at illam ipsam noctem facesque illas nuptialis, non limen cubiculi, non cubile filiae, non parietes denique ipsos superiorum testis nuptiarum ? Perfregit ac prostrauit omnia cupiditate et furore ; uicit pudorem libido, timorem audacia,

Test. **14** nubit... omnium QUINTIL. IV, 2, 121 (*Inde* IULIUS VICTOR. (RL 427, 17) ; SCHOL. LUCANI II, 371 (*qui desinit in v. auspicibus, p. 62 Endt*) || nubit genero socrus QUINTIL. XI, 3, 162 ; ARUS. (GL VII, 495, 21) || nullis auspicibus COMMENT. LUCAN. 2, 371, p. 73 Us.

15 O mulieris... nuptiarum QUINTIL. IV, 2, 105 || uicit... amentia QUINTIL. IX, 3, 62, 77 ; DIOMEDES (GL I, 444, 8) uicit... audacia QUINTIL. IX, 3, 81

14 ut a *μa* : aut a Σ at a *M* μ || ac *Mσψ* : et *ba* || ac triumphare : ac *om. Ba* || itaque diutius : itaque *om. Σa* || ominibus : omnibus *Mμ*

15 hanc : causam (*post* unam *b*[1]) *add. αa* || nonne *aςμσ Quintil.* : non me *M* non μ || timuisse *Mμ Quintil.* : timuisti *αa* || et furore *Mμσ* : ac furore *a*

l'égarement de la raison. **16** Ce déshonneur commun désormais à toute sa famille, à sa parenté, à son nom fut ressenti douloureusement par son fils. Sa peine était accrue chaque jour par les plaintes de sa sœur, par des larmes qui ne tarissaient pas. Pourtant, devant des torts si graves, devant ce crime affreux d'une mère, il décida qu'il n'avait rien à faire de plus que de ne pas la traiter comme telle : il craignait que, s'il traitait en mère celle qu'il ne pouvait voir sans éprouver le plus grand chagrin, il ne passât non seulement pour la voir, mais pour lui donner l'approbation de son jugement (1). **17** Vous venez d'apprendre les origines de la brouille entre sa mère et lui. Quand vous aurez connu le reste, vous comprendrez l'intérêt qu'elles avaient pour la cause. Car cela ne m'échappe pas : une mère peut être ce qu'elle est, mais dans le procès d'un fils il ne convient guère de relever l'infamie de celle qui lui donna le jour. Je serais, Juges, bien mal préparé à me charger d'une affaire, si je méconnaissais un sentiment fixé et gravé chez les hommes dans le fond commun de leur âme, dans leur nature même (2), moi que l'on appelle à défendre les personnes en danger. Je comprends sans peine que les hommes, non contents de n'en rien dire, doivent supporter avec sérénité les torts de leurs parents. Mais j'estime qu'on ne doit supporter que ce qui peut l'être, ne taire que ce qu'il est possible de taire. **18** Aulus Cluentius au cours de son existence n'a pas eu d'infortune, pas affronté de danger mortel, pas redouté de malheur, qui n'aient eu entièrement sa mère pour auteur et pour origine. A l'heure présente il voudrait taire tous ces faits, et, à défaut de l'oubli,

(1) *Probare suo iudicio* avec un nom de personne comme complément, n'est pas « a curious expression » (FAUSSET) : cf. en effet *Pro Quinct.*, 76.

(2) L'expression a une nuance philosophique : cf. *De fin.*, 4, 55. Sur le *sensus communis* ou les *sensus communes* liés à la nature humaine, cf. *De or.* 3, 195 ; HOR., *Sat.*, I, 3, 66 ; SEN., *Ep.*, I, 5, 4.

rationem amentia. **16** Tulit hoc commune dedecus iam familiae, cognationis, nominis grauiter filius ; augebatur autem eius molestia cotidianis querimoniis et adsiduo fletu sororis ; statuit tamen nihil sibi in tantis iniuriis ac tanto scelere matris grauius esse faciendum quam ut illa matre ne uteretur, ne quam uidere sine summo animi dolore non poterat, ea si matre uteretur, non solum uidere uerum etiam probare suo iudicio putaretur.

17 Initium quod huic cum matre fuerit simultatis audistis. Pertinuisse hoc ad causam tum cum reliqua cognoueritis intellegetis. Nam illud me non praeterit, cuius modi cumque sit mater, tamen in iudicio fili de turpitudine parentis dici uix oportere. Non essem ad ullam causam idoneus, iudices, si hoc quod in communibus hominum sensibus atque in ipsa natura positum atque infixum est, id ego, qui ad hominum pericula defendenda adhiberer, non uiderem ; facile intellego non modo reticere homines parentum iniurias sed etiam animo aequo ferre oportere. Sed ego ea quae ferri possunt ferenda, quae taceri tacenda esse arbitror. **18** Nihil in uita uidit calamitatis A. Cluentius, nullum periculum mortis adiit, nihil mali timuit quod non totum a matre esset conflatum et profectum. Quae hoc tempore sileret omnia atque ea, si obliuione non posset, tamen

16 Tulit : non tulit *M*μ nam tulit μ || iam : *om.* Σ*a* || esse α*a* : *om.* *M*μ || illa matre *M*μ : illa Σ*a* || ne quam Σ*M*μ (nequam *M*) : nam qu(a)e *a* ne quae *Garatoni* || uerum Σψ²*a* : sed *M*μ

17 tum Σ*b*²*a* : tunc *M*μ || cuiusmodicumque *M*μ : cuiuscumque modi α*a* || sit mater Σ*a* : mater sit *M*μ || in ipsa : in *om.* Σ*a* || infixum Σ*a* : fixum *M*μσ praefixum μ || hominum σ*a* : omnium *b*²ψ² animum *M*ψ¹ animi ςμ amici ς || adhiberer *M*μ : adiungerer *b*²ψ²*a* adcingerer *Halm*

laisserait son silence les envelopper. Mais elle, elle a une conduite qui lui rend absolument impossible de rester muet plus longtemps. Ce procès même, les dangers qu'il court, leur accusation, toute la foule des témoins qui va déposer, tout a été à l'origine armé par sa mère, tout est à l'heure actuelle dressé par elle, pourvu de tous les moyens et de toutes les ressources qu'elle a (1). C'est elle enfin qui vient d'accourir de Larinum à Rome pour l'accabler. Nous avons devant nous une femme audacieuse, couverte d'or, cruelle. Elle dresse les accusateurs, elle équipe les témoins. Elle a plaisir à voir mon client sous ses sales haillons. Elle aspire à sa perte. Elle veut bien verser tout le sang de ses veines pourvu qu'elle ait vu d'abord répandre celui de son fils. Si vous ne découvrez clairement tout ce que je dis ici au cours du procès, estimez-nous léger de nous en prendre à elle. Mais si tout ce que je dis est aussi évident que révoltant, vous devrez excuser Cluentius de me laisser en parler. C'est moi qui serais sans excuse de n'en rien dire.

VII **19** Je vais maintenant exposer sommairement les griefs qui ont fait condamner Oppianicus ; je veux que vous puissiez découvrir la fermeté d'Aulus Cluentius et son système d'accusation. Et d'abord j'exposerai les motifs qu'il eut en accusant, pour vous faire voir qu'en cela même Aulus Cluentius a été contraint par la force des choses et par la nécessité. **20** C'est après avoir surpris sur le fait une tentative d'empoisonnement préparée contre lui par le mari de sa mère, Oppianicus, c'est alors que la vérité lui était connue non par une conjecture, mais par ses propres yeux, ses propres mains, alors qu'aucun doute ne pouvait subsister sur l'affaire, qu'il a accusé Oppianicus. Avec quelle suite, quelle application, je le

(1) Cf. *infra* § 191. Les témoins déposaient après, non avant les plaidoiries. Cf. *Pro Rosc. Amer.*, 82, 84, 102 ; *Pro Cael.*, 19, 20, 66.

taciturnitate sua tecta esse pateretur ; sed ea uero sic agit ut prorsus reticere nullo modo possit. Hoc enim ipsum iudicium, hoc periculum, illa accusatio, omnis testium copia quae futura est a matre initio est adornata, a matre hoc tempore instruitur atque omnibus eius opibus et copiis comparatur. Ipsa denique nuper Larino huius opprimendi causa Romam aduolauit ; praesto est mulier audax, pecuniosa, crudelis, instituit accusatores, instruit testis, squalore huius et sordibus laetatur, exitium exoptat, sanguinem suum profundere omnem cupit, dum modo profusum huius ante uideat. Haec nisi omnia perspexeritis in causa, temere a nobis illam appellari putatote ; sin autem erunt et aperta et nefaria, Cluentio ignoscere debebitis, quod haec a me dici patiatur ; mihi ignoscere non deberetis, si tacerem.

VII **19** Nunc iam summatim exponam quibus criminibus Oppianicus damnatus sit ut et constantiam A. Cluenti et rationem accusationis perspicere possitis. Ac primum causa accusandi quae fuerit ostendam ut id ipsum A. Cluentium ui ac necessitate coactum fecisse uideatis. **20** Cum manifesto uenenum deprehendisset quod uir matris Oppianicus ei parauisset, et res non coniectura sed oculis ac manibus teneretur, neque in causa ulla dubitatio posset esse, accusauit Oppianicum ;

18 sed ea uero *Mbσ* : sed uere b^2 sed uero *Σψa*ς || agit *Mσ* : agitur $Σψ^1$*s*ς angitur $b^2ψ^2$ || reticere : reticeri *a* (?Σ) || omnis : omnis illa *Madvig* || futura : frustra Σ || sin autem *Mμ* : sin *PΣa* || debebitis *P* : debetis *Mμa*

19 A. Cluenti : a Cluentio *Mμ*

20 ac manibus *Mbσ* : et man. *Σψa* || teneretur *Mμ* : retineretur $b^2ψ^2$*a* || posset : possit Σ

dirai tout à l'heure. Pour l'instant j'ai voulu que vous sachiez bien qu'il n'a eu pour accuser d'autre motif que d'écarter (1) par le seul moyen qu'il avait les dangers auxquels sa vie était exposée, les pièges tendus chaque jour à sa personne. Et afin que vous compreniez qu'Oppianicus s'est vu poursuivre d'imputations qui ôtaient à l'accusateur la crainte autant qu'à l'accusé l'espérance, je vous dirai en peu de mots ce que furent les griefs mis en avant dans ce procès. Il n'est aucun de vous, quand il les aura connus, qui sera surpris si, se défiant de l'état de ses affaires, Oppianicus a eu recours à Staienus et à l'argent.

21 Il y avait à Larinum une certaine Dinaea, belle-mère d'Oppianicus, qui avait pour fils Marcus et Numerius Aurius, Cnaeus Magius et pour fille Magia, mariée à Oppianicus. Marcus Aurius fut fait, tout jeune, prisonnier dans la guerre d'Italie devant Asculum (2) ; il tomba dans les mains d'un sénateur, Quintus Sergius, celui qui fut condamné pour assassinat (3). Il fut maintenu chez lui en esclavage. Numerius Aurius, son frère, de son côté vint à mourir et laissa pour héritier Cnaeus Magius, son frère. Puis Magia, l'épouse d'Oppianicus, mourut à son tour. Enfin ce fut le seul fils qui restait à Dinaea, Cnaeus Magius. Il institua pour son héritier le jeune Oppianicus dont j'ai parlé, fils de sa sœur, et prescrivit un partage

(1) La leçon de *M uitaret* est nettement à préférer ; Cicéron n'use jamais d'*euitare* dans ses discours.

(2) C'est à Asculum (aujourd'hui *Ascoli*), principale ville des *Piceni*, que commença la révolte des Italiens au cours de la Guerre Sociale. Elle fut prise en 89 par Q. Pompeius Strabo, père de Pompée, après une résistance acharnée.

(3) Zumpt conjecture qu'il aurait été condamné pour cela même (crime de *plagium*), en vertu d'une clause de la *lex Cornelia de sicariis et ueneficis*, à laquelle Apulée ferait allusion (*Métam.*, VIII, 24). Greenidge, *The legal procedure of Cicero's time*, Oxford, 1901, p. 426, émet des doutes à ce sujet.

quam constanter et quam diligenter postea dicam; nunc hoc scire uos uolui, nullam huic aliam accusandi causam fuisse nisi uti propositum uitae periculum et cotidianas capitis insidias hac una ratione uitaret. Atque ut intellegatis eis accusatum esse criminibus Oppianicum ut neque accusator timere neque reus sperare debuerit, pauca uobis illius iudici crimina exponam; quibus cognitis nemo uestrum mirabitur illum diffidentem rebus suis ad Staienum atque ad pecuniam confugisse.

21 Larinas quaedam fuit Dinaea, socrus Oppianici, quae filios habuit M. et N. Aurios et Cn. Magium et filiam Magiam nuptam Oppianico. M. Aurius adulescentulus bello Italico captus apud Asculum in Q. Sergi senatoris, eius qui inter sicarios damnatus est, manus incidit et apud eum fuit in ergastulo. N. autem Aurius, frater eius, mortuus est heredemque Cn. Magium fratrem suum reliquit. Postea Magia, uxor Oppianici, mortua est. Postremo unus qui reliquus erat Dinaeae filius Cn. Magius est mortuus. Is heredem fecit illum adulescentulum Oppianicum, sororis suae filium, eumque

Test. **20** diffidentem rebus suis Arusianus Messius (GL VII, 468, 6)

21 in Q. Sergi senatoris manus incidit et apud eum fuit in ergastulo Schol. Lucani II, 95, p. 46 Endt

20 uos uolui : uolui uos Σ*a* || uti *M*σψ : ut Σ*ba* || uitaret *M*μ : euitaret Σ*a* deuitaret *B* || iis *Man.* : his *M*μ*a* || debuerit *M*μ : potuerit Σ*a* || Staienum *P*Σ$b^2$$ψ^2$: Stalenum *M*μ Scaienum *a*

21 M. et N. Aurios *P* : M. et Numerium Aurios *M* M. Aurium et Numerium Aurium α *a* || Cn. : Numerium α *a ita mox* || fuit in ergastulo : in ergastulo fuit *P* || fratrem suum *M*μ : suum *om. Pa* || est mortuus : mortuus est Σ*ba* || heredem fecit *P*Σ*a* : fecit heredem *M*μ || adolescentulum Σb^2*s* : adolescentem *cett.*

entre lui et sa mère Dinaea. Sur ces entrefaites Dinaea vit venir un informateur qui, sans équivoque ni incertitude, lui fit savoir que son fils Marcus Aurius était en vie, qu'il était esclave dans le Pays Gaulois (1). **22** Cette mère qui avait perdu ses enfants, quand on lui fit luire l'espoir de retrouver le seul fils qui lui restait, réunit tous les parents et tous les intimes de son fils. Elle les adjura en pleurant de se charger de l'affaire, de rechercher le jeune homme, de lui rendre le seul enfant entre beaucoup que la fortune malgré tout avait voulu lui laisser. Elle avait entrepris ces démarches quand la maladie la surprit. Elle fit donc un testament dont le sens était qu'elle léguait à ce fils une somme de quatre cent mille sesterces (2) et qu'elle instituait pour héritier ce même Oppianicus dont j'ai parlé, son petit-fils. Elle mourut peu de jours après. Ses proches néanmoins qui avaient entrepris l'affaire de son vivant partirent après sa mort à la recherche de Marcus Aurius au Pays Gaulois, accompagnés du même informateur. VIII **23** Sur ces entrefaites Oppianicus avec cette scélératesse et cette audace extraordinaires que vous découvrirez en de multiples occasions, d'abord acheta l'informateur par l'entremise d'un homme du Pays Gaulois (3), son ami intime. Puis, sans grands frais, il fit disparaître et assassiner Marcus Aurius lui-même. Ceux qui étaient partis pour rechercher et retrouver leur

(1) On appelait ainsi une bande de territoire située le long de l'Adriatique entre Ariminum et Ancône. Les Gaulois Sénons s'y étaient établis autrefois.

(2) Les leçons des manuscrits sont ici très divergentes. Le *quadraginta* du *Cluniacensis* repose sans doute sur une confusion de cccc (*P*) et de xxxx. Quant à *M* il parait juxtaposer deux façons d'exprimer quatre cent mille (LIII étant une corruption de cccc).

(3) Il est plus naturel dans ce contexte de considérer *Gallicanus* comme désignant un habitant du Pays Gaulois que comme un nom propre qui serait celui du personnage.

partiri cum Dinaea matre iussit. Interim uenit index ad Dinaeam neque obscurus neque incertus qui nuntiaret ei filium eius, M. Aurium, uiuere et in agro Gallico esse in seruitute. **22** Mulier amissis liberis, cum unius fili reciperandi spes esset ostentata, omnis suos propinquos filique sui necessarios conuocauit et ab eis flens petiuit ut negotium susciperent, adulescentem inuestigarent, sibi restituerent eum filium quem tamen unum ex multis fortuna reliquum esse uoluisset. Haec cum agere instituisset, oppressa morbo est. Itaque testamentum fecit eius modi ut illi filio HS $\overline{\text{cccc}}$ [LIII milia] legaret, heredem institueret eundem illum Oppianicum, nepotem suum; atque eis diebus paucis est mortua. Propinqui tamen illi, quem ad modum uiua Dinaea instituerant, ita mortua illa ad inuestigandum M. Aurium cum eodem illo indice in agrum Gallicum profecti sunt. VIII **23** Interim Oppianicus ut erat, sicuti multis ex rebus reperietis, singulari scelere et audacia, per quendam Gallicanum, familiarem suum, primum illum indicem pecunia corrupit, deinde ipsum *M*. Aurium non magna iactura facta tollendum interficiendumque curauit. Illi autem qui erant ad propinquum inuesti-

Test. **21** uenit index ad Dinaeam matrem neque... esse in seruitute IULIANUS SEVERIANUS (RL 362, 16)

21 Interim uenit : interuenit *Σa*
22 filii reciperandi *Mμ* : reciperandi filii (fili P) *PΣa* || spes : spe Σ || eis *P* : his *Mμa* || ḥṣ $\overline{\text{cccc}}$LIII *M* : HS cccc *P* ccccLIII σ quadraginta *αa* HS ccccIↃↃↃↃ ς CD ς soccius ς || eis : iis *Garatoni* his *Mμa* || est mortua *Mμ* : mortua est *Σa* || M. *Σa* : *om. Mμ*
23 sicuti : sicut *Σa* || ex multis *P* || singulari : singularis *Mμ* || M. *Baiter* : *om. Mμa*

parent envoient à Larinum une lettre aux Aurius, parents du jeune homme et leurs alliés : leur recherche, disaient-ils, était difficile, parce que, ils le comprenaient, l'informateur avait été gagné par Oppianicus. Aulus Aurius, homme courageux et énergique, considéré dans son pays, apparenté de près au Marcus Aurius en question, donne lecture de cette lettre en public sur le forum devant de nombreux auditeurs, en présence même d'Oppianicus. Et d'une voix éclatante il proclame que, s'il vient à apprendre la mort de Marcus Aurius, il déférera aux tribunaux le nom d'Oppianicus. **24** Là-dessus peu de temps après ceux qui étaient partis pour le Pays Gaulois, font retour à Larinum. Ils apportent la nouvelle du meurtre de Marcus Aurius. Ce ne furent pas seulement les parents de ce dernier, ce furent tous les habitants de Larinum qui éprouvèrent un sentiment de haine pour Oppianicus et de pitié pour ce jeune homme. Aussi comme Marcus Aurius, celui qui l'avait fait savoir auparavant, s'était mis à poursuivre notre homme de ses cris et de ses menaces, il s'échappa de Larinum et se réfugia au camp du très illustre Quintus Metellus (1). **25** Après cette fuite qui attestait son crime et la conscience qu'il avait de sa faute, il n'a jamais osé se confier aux tribunaux, aux lois, s'exposer désarmé aux coups de ses ennemis. Mais à la faveur des violences et de la victoire de Lucius Sulla, il courut à Larinum au milieu de la terreur générale avec des hommes armés. Il fit disparaître les quattuorvirs qu'avaient élus les gens du municipe (2). Il déclara que

(1) Quintus Caecilius Metellus Pius, fils du Numidique, était venu d'Afrique où il s'était exilé pendant la présence de Cinna au pouvoir, rejoindre Sulla à Brundusium à son retour d'Orient en 83, afin de l'aider dans sa lutte contre les Marianites.

(2) A la tête des municipes étaient des *duumuiri*, des *quattuoruiri* (dont deux étaient *iure dicundo*, deux *aediles* ou *aedilicia potestate*). On peut penser que Larinum s'était prononcé pour les Marianites. Notre texte est le plus ancien qui cite des *quattuoruiri* (H. Rudolf, *Stadt und Staat im römischen Italien*, 1935, p. 94).

gandum et reciperandum profecti litteras Larinum ad Aurios, illius adulescentis propinquos suosque necessarios, mittunt sibi difficilem esse inuestigandi rationem, quod intellegerent indicem ab Oppianico esse corruptum. Quas litteras A. Aurius, uir fortis et experiens et domi nobilis et M. illius Auri perpropinquus, in foro palam multis audientibus, cum adesset Oppianicus, recitat et clarissima uoce se nomen Oppianici, si interfectum M. Aurium esse comperisset, delaturum esse testatur. **24** Interim breui tempore illi qui erant in agrum Gallicum profecti Larinum reuertuntur; interfectum esse M. Aurium renuntiant. Animi non solum propinquorum sed etiam omnium Larinatium odio Oppianici et illius adulescentis misericordia commouentur. Itaque cum A. Aurius is qui antea denuntiarat clamore hominem ac minis insequi coepisset, Larino profugit et se in castra clarissimi uiri, Q. Metelli, contulit. **25** Post illam autem fugam sceleris et conscientiae testem numquam se iudiciis, numquam legibus, numquam inermem inimicis committere ausus est sed per illam L. Sullae uim atque uictoriam Larinum in summo timore omnium cum armatis aduolauit; quattuoruiros quos municipes fecerant sustulit; se a Sulla et alios

23 reciperandum : recuperandum *M* || propinquos *M*μ : *om.* *P*Σ*a* || quod : cum Σ*b*²*a* || A. *M*σψ : M. *b om.* *P*Σ*a* || perpropinquus (-quos *P*) *PM*Σ ψ²*t* : propinquus μ*s* || multis *P*Σψ²*a* : *om.* *M*μ || esse *P*Σ*a* : *om.* *M*μ

24 interfectum : et interfectum Σψ²*a* || renuntiant *M*μ : nuntiant Σ*a* || A. Aurius is Σ : Maurius is *P* Aurius is *s* is *t* Aulus Aurius *M* A. Aurius μ

25 autem fugam Σ*a* : fugam autem *M*μ || inermem Σ*b*ψ*a* : inhermum *M*σ || inimicis : se inimicis Σ*a* || alios tres praeterea *M* *a* : praeterea tres μ

Sulla l'avait désigné lui ainsi que trois autres personnes, que le même Sulla lui avait commandé de faire proscrire et exécuter cet Aulus Aurius qui l'avait menacé de déférer son nom à la justice et de mettre sa personne en danger, un second Aulus Aurius et son fils Caius, ainsi que Sextus Vibius qui, dit-on, avait été son dépositaire des fonds pour corrompre l'informateur (1). Aussi, après l'assassinat impitoyable de ces hommes, les autres étaient plongés par lui dans une crainte extrême de se voir proscrits et mis à mort. Quand au cours de l'affaire et du procès ces faits furent dévoilés, quelqu'un ira-t-il croire qu'il aurait pu être acquitté ? IX Et encore ce n'est là que peu de chose : apprenez le reste et soyez surpris non qu'Oppianicus ait été un jour condamné, mais qu'il ait un certain temps pu rester indemne. **26** Voyez d'abord l'audace du personnage. Il conçut le désir d'épouser en justes noces Sassia, la mère d'Habitus, celle dont il avait fait périr le mari, Aulus Aurius. Il est malaisé de dire s'il y avait plus d'impudence chez lui qui faisait cette proposition ou plus de cruauté chez cette femme, si elle l'épousait ; mais, quoi qu'il en soit, apprenez à connaître la noblesse et la fermeté de leurs sentiments à tous deux. **27** Oppianicus recherche la main de Sassia ; il la poursuit de toutes ses forces ; elle, pour sa part, ne s'étonne pas de l'audace, ne méprise pas l'impudence, enfin ne recule pas devant cette maison d'Oppianicus tout inondée du sang de son mari, mais elle répondit qu'il avait trois fils (2) et que pour cette raison elle répugnait à ce mariage. Oppianicus, qui s'était mis à convoiter la fortune de Sassia, crut devoir chercher dans sa maison de quoi

(1) *Sequester* désignait d'abord celui entre les mains de qui on remettait un objet de possession contestée, puis celui qui recevait l'argent du corrupteur pour la personne à corrompre : la confiance mutuelle ne régnait naturellement pas entre eux !

(2) Les deux dont il va être question et Oppianicus le jeune.

tres praeterea factos esse dixit et ab eodem sibi esse imperatum ut *A.* Aurium illum qui sibi delationem nominis et capitis periculum ostentarat, et alterum *A.* Aurium et eius C. filium et Sex. Vibium quo sequestre in illo indice corrumpendo dicebatur esse usus, proscribendos interficiendosque curaret. Itaque illis crudelissime interfectis non mediocri ab eo ceteri proscriptionis et mortis metu terrebantur. His rebus in causa iudicioque patefactis quis est qui illum absolui potuisse arbitretur ? IX Atque haec parua sunt ; cognoscite reliqua ut non aliquando condemnatum esse Oppianicum sed aliquamdiu incolumem fuisse miremini.

26 Primum uidete hominis audaciam. Sassiam in matrimonium ducere, Habiti matrem — illam cuius uirum A. Aurium occiderat — concupiuit. Vtrum impudentior hic qui postulet, an crudelior illa, si nubat, difficile dictu est ; sed tamen utriusque humanitatem constantiamque cognoscite. **27** Petit Oppianicus ut sibi Sassia nubat et id magno opere contendit. Illa autem non admiratur audaciam, non impudentiam aspernatur, non denique illam Oppianici domum uiri sui sanguine redundantem reformidat, sed quod haberet tres ille filios, idcirco se ab eis nuptiis abhorrere respondit. Oppianicus, qui pecuniam Sassiae concupi-

25 A. *Halm* : *om.* *Mμa* || alterum A. *Mommsen* : alterum *Mμa* || C. *Mσ* : L. *Ba* || Vibium *Σa* : Virium *Mμ* Iubium ς || ceteri : ceteris *M* || terrebantur : terebantur *M* tenebantur *a* || quis : qui *Mμ* || arbitretur *Weiske* : arbitraretur *Mμa*

26 A. : Aulum *Mσ* *om.* *Σa* || dictu : dictum *M* ||

27 Sassia : assia *M* || domum *Σψ* : dextram *σ* *om.* *Mμ* || tres ille *Mμ* : ille tres *Σa*

parer à l'obstacle qu'on opposait à son mariage. Donc, alors qu'il avait de Novia un fils en bas âge, qu'un autre fils, né de Papia, était élevé chez sa mère à Teanum-en-Apulie, bourg éloigné de dix-huit mille pas de Larinum (1). il fait venir brusquement sans donner de raison l'enfant de Teanum. Jusque-là il n'avait coutume de le faire que pour les jeux publics ou aux jours de fête. La pauvre mère, qui n'avait aucun mauvais soupçon, le laisse partir. Le jour même où de son côté il avait simulé un départ pour Tarente, l'enfant qu'on avait vu en public vivant à onze heures (2), mourut avant la nuit et fut incinéré le lendemain avant le lever du jour. **28** Et encore la mère a-t-elle connu son grand malheur par la rumeur publique avant d'en être informée par quelqu'un de la maison d'Oppianicus. Elle, quand elle apprit à la fois qu'on lui avait ravi son fils et l'honneur de lui rendre les derniers devoirs, à l'instant, épuisée de chagrin, elle partit pour Larinum et y fit procéder à nouveau à des funérailles pour son fils qu'on avait déjà enseveli. Dix jours ne s'étaient pas écoulés encore qu'on met à mort le second fils, l'enfant en bas âge (3). Et alors aussitôt Sassia épouse Oppianicus, le cœur en fête maintenant et ranimé du plus bel espoir : ce n'était point pour surprendre chez celle que l'on avait séduite non avec les cadeaux du

(1) Teanum-en-Apulie (auj. *Passo di Cività*) ainsi nommé pour le distinguer de Teanum Sidicinum (auj. *Teano*), dans le nord de la Campanie, se trouvait au sud-est de Larinum, sur la rive droite du Frento (auj. *Fortore*). Cf. Hans Philipp, in *P. W.*, V, col. 96.

(2) Onze heures, c'est-à-dire selon la saison entre trois et cinq heures de l'après-midi.

(3) Cicéron n'indique pas pourquoi Sassia et Oppianicus ont laissé vivre le troisième fils, celui qui aujourd'hui intente l'accusation contre Cluentius et qui apparemment ne devait pas croire à ces histoires sur la mort de ses frères.

uisset, domo sibi quaerendum remedium existimauit ad eam moram quae nuptiis adferebatur. Nam cum haberet ex Nouia infantem filium, alter autem eius filius Papia natus Teani Apuli, quod abest ab Larino XVIII milia passuum, apud matrem educaretur, arcessit subito sine causa puerum Teano, quod facere nisi ludis publicis aut festis diebus antea non solebat. Mater nihil mali misera suspicans mittit. Ille se Tarentum proficisci cum simulasset, eo ipso die puer, cum hora undecima in publico ualens uisus esset, ante noctem mortuus et postridie ante quam luceret combustus est. **28** Atque hunc tantum maerorem matri prius hominum rumor quam quisquam ex Oppianici familia nuntiauit. Illa cum uno tempore audisset sibi non solum filium sed etiam exsequiarum munus ereptum, Larinum confestim exanimata uenit et ibi de integro funus iam sepulto filio fecit. Dies nondum decem intercesserant cum ille alter filius infans necatur. Itaque nubit Oppianico continuo Sassia laetanti iam animo et spe optima confirmato, nec mirum quae se non

Test. **27** in eo quod est ab Larino XVIII milia passuum ARUSIANUS MESSIUS (GL VII, 455, 27) || post (*sic*) noctem... combustus est FORTUNATIANUS (RL 123, 20)
28 funus... facit ARUSIANUS MESSIUS (GL VII, 455, 2)

27 Nouia infantem Σ*a* : nouim ne ante *M* nomine ante σ || Papia : Pappia Σ*a* || Teani Apuli : te aniapuli *M*μ Teano $Bb^2\psi^2a$ *Arus.* : Teani *Baiter* || ab *M Arus.* : a μ*a* || XVIII : decem et octo *M* || passuum : passum *M* || arcessit : accessit *M* accersit Σ*a*ς || nihil mali misera *M*μ : misera nihil mali Σ*a* || c. h. u. i. p. u. : h. u. c. u. i. p. *a*
28 fecit : facit *Arusianus* || optima *M*μ : optime Σ*a* || confirmato *M*μ : confirmata b^2ςμ

mariage, mais avec les funérailles des fils. Ainsi tandis que les autres sont à l'ordinaire poussés à désirer l'argent parce qu'ils ont des enfants, lui, parce qu'il voulait l'argent, trouva plaisir à perdre ses enfants. X **29** Je me rends compte, Juges, qu'avec votre cœur d'hommes, mon bref rappel de ces crimes monstrueux vous a violemment émus. Mais alors à votre avis, quels sentiments ont donc pu ressentir ceux qui n'ont pas eu seulement à entendre parler de ces faits, mais bien à en juger ? Vous, vous entendez parler de quelqu'un dont vous n'êtes pas les juges, que vous ne voyez pas, que vous ne pouvez haïr désormais, de quelqu'un qui a payé son tribut aux lois et à la nature, que les lois ont frappé d'exil, la nature de mort ; si l'on vous en parle, ce n'est pas son ennemi, ce n'est pas en présence de témoins, si l'on vous en parle, c'est moi qui dis en peu de mots et sèchement ce qui pourrait être dit avec tous les moyens de l'éloquence. Eux, ils entendaient parler de celui à l'égard de qui, juges assermentés (1), ils avaient à rendre un verdict, de celui dont ils voyaient devant eux les traits impies et chargés de crime, de celui qu'ils avaient pris en haine pour son audace, de celui qu'ils estimaient digne de tous les châtiments ; ils entendaient parler les accusateurs, ils entendaient les déclarations de nombreux témoins, ils entendaient sur chaque fait parler longuement avec autorité un grand orateur, Publius Cannutius (2). **30** Et quelqu'un qui saurait cela, pourrait se figurer qu'Oppianicus a été une innocente victime qu'un jugement a

(1) Sur le serment des juges, cf. *Pro Rosc. Amer.*, 8 ; *Verr.*, *Act. I*, 32 ; I, 9 ; V, 19.

(2) Cf. *Brutus*, 205 : « *Sulpici orationes quae feruntur eas post mortem eius scripsisse P. Cannutius, aequalis meus, homo extra nostrum ordinem meo iudicio disertissimus.* » Nous n'avons conservé de lui qu'une seule phrase, grâce à PRISCIEN (*G. L.*, II, 381) : « *Turpe est propter uenustatem uestimentorum admirari, et propter turpissime actam uitam non contemni.* » Il est vanté aussi § 50.

nuptialibus donis sed filiorum funeribus esse delenitam uideret. Ita, quod ceteri propter liberos pecuniae cupidiores solent esse, ille propter pecuniam liberos amittere iucundum esse duxit. X **29** Sentio, iudices, uos pro uestra humanitate his tantis sceleribus breuiter a me demonstratis uehementer esse commotos. Quo tandem igitur animo fuisse illos arbitramini quibus his de rebus non modo audiendum fuit uerum etiam iudicandum ? Vos auditis de eo in quem iudices non estis, de eo quem non uidetis, de eo quem odisse iam non potestis, de eo qui et naturae et legibus satis fecit, quem leges exsilio, natura morte multauit, auditis non ab inimico, auditis sine testibus, auditis cum ea quae copiosissime dici possunt breuiter a me strictimque dicuntur. Illi audiebant de eo de quo iurati sententias ferre debebant, de eo cuius praesentis nefarium et consceleratum uoltum intuebantur, de eo quem omnes oderant propter audaciam, de eo quem omni supplicio dignum esse ducebant ; audiebant ab accusatoribus, audiebant uerba multorum testium, audiebant cum una quaque de re a P. Cannutio, homine eloquentissimo, grauiter et diu diceretur. **30** Et est quisquam qui, cum haec cognouerit, suspicari possit Oppianicum iudicio oppressum et circumuentum esse innocentem ?

Aceruatim iam reliqua, iudices, dicam ut ad ea quae

28 esse *αa* : *om.* *Mμ* || Ita quod *Mσb²ψa* : itaque *Σb¹* || solent esse : esse solent *Σa*

29 sine testibus : non sine testibus *b²ψ²s* || a me : *om.* *Σa* || eo de quo : eo... quo *B* eo quo *a* || omnes *αa* : *om.* *Mμ* || Cannutio *Σa* : Cannuntio *Mμ*

30 possit : posset *Σa* || iam reliqua *Mμ* : reliqua iam *ΣBs*

circonvenue et accablée ? De ce qui me reste à dire, Juges, je parlerai en gros, afin d'en venir à ce qui touche de plus près ma cause et qui a plus de lien avec elle. Mais vous, je vous prie de bien retenir que mon but n'est pas d'accuser Oppianicus après sa mort, mais que, voulant vous persuader que mon client n'a pas corrompu le tribunal, j'établis ma défense sur ce principe et ce fondement : on a condamné en Oppianicus le pire scélérat, le pire criminel. C'est lui qui avait donné lui-même à sa femme Cluentia (1), tante de notre Habitus, une coupe, quand elle, en train de boire, cria qu'elle mourait dans des souffrances atroces : sa vie s'arrêta avec ses paroles, car elle mourut au milieu même de ces propos et de ces clameurs. S'ajoutant à cette mort si soudaine et à ces cris d'une mourante, il y eut de surcroît sur le cadavre tous les symptômes et les signes habituels d'un empoisonnement. Et c'est par le poison encore qu'il fit périr son frère Caius Oppianicus. XI **31** Mais ce n'est pas assez ; bien qu'il ne soit dans le meurtre d'un frère aucun forfait qui semble omis, cependant pour arriver à cet acte impie, il s'en est ouvert auparavant l'accès par d'autres forfaits. Auria (2), femme de son frère, était enceinte et le terme semblait approcher. Il la fit périr par le poison pour tuer à la fois cette femme et l'enfant qui avait été conçu de son frère. Puis il s'en prit à ce frère. Trop tard celui-ci, quand il avait déjà bu la coupe mortelle (3), cria

(1) Ainsi Oppianicus, mari de Sassia, mère d'Habitus, aura épousé successivement les deux belles-sœurs. Cluentia a été la première de ses nombreuses femmes, cf. l'Introduction, p. 9. Elle est naturellement distincte de la Cluentia, épouse d'Aurius Melinus, le second mari de Sassia.

(2) Cette Auria est à distinguer de l'Auria, fille de Sassia, qui épousera son neveu Oppianicus, fils de l'ennemi de Cluentius.

(3) *Poculo mortis* est une expression qui peut surprendre. Cicéron dit ailleurs (*Tusc.*, I, 71) : *poculo mortifero.*

propiora huiusce causae et adiunctiora sunt perueniam. Vos, quaeso, memoria teneatis non mihi hoc esse propositum ut accusem Oppianicum mortuum sed, cum hoc persuadere uobis uelim, iudicium ab hoc non esse corruptum, hoc uti initio ac fundamento defensionis, Oppianicum, hominem sceleratissimum et nocentissimum, esse damnatum. Qui uxori suae Cluentiae, quae amita huius Habiti fuit, cum ipse poculum dedisset, subito illa in media potione exclamauit se maximo cum dolore emori nec diutius uixit quam locuta est; nam in ipso sermone hoc et uociferatione mortua est. Et ad hanc mortem tam repentinam uocesque morientis omnia praeterea quae solent esse indicia et uestigia ueneni in illius mortuae corpore fuerunt. Eodemque ueneno C. Oppianicum fratrem necauit. XI **31** Neque est hoc satis; tametsi in ipso fraterno parricidio nullum scelus praetermissum uidetur, tamen ut ad hoc nefarium facinus accederet aditum sibi aliis sceleribus ante muniuit. Nam cum esset grauida Auria, fratris uxor, et iam appropinquare partus uideretur, mulierem ueneno interfecit ut una cum illa illud quod erat ex fratre conceptum necaretur. Post fratrem adgressus est; qui sero iam exhausto illo poculo mortis, cum et de suo et

Test. **30** accepto poculo subito in media potione exclamauit AGROECIUS (GL VII, 116, 20)

30 propiora *Mσb*[2] : propriora *ΣBb*[1]*ψa* || huiusce *Σa* : huius *Mμ* huiusce causae *om. B* || mortuum : mortuum hominem *a* || fuit : fuisset *Σa* || maximo : maxime *Mμ* || emori *Σa* : mori *Mμ* || tam *om. Σa* || uocesque *Mσbψ*[2]*a* : uocemque *ψ* || ueneni in : in *om. Mμσ*

31 Auria : uiria *M* uiua *B* iulia *a* || uideretur *Mμ* : putaretur *σa* || cum illa illud *scripsi* : cum illa *σ* illa *Mb* illud *Σψa*

à son assassinat et à celui de sa femme, il eut le désir de modifier son testament, mais il succomba au moment même où il exprimait cette volonté. Ainsi il fit périr la femme pour que l'enfant qui naîtrait d'elle ne lui enlevât pas l'héritage de son frère ; et il priva de la vie les enfants de son frère, avant que ceux-ci aient pu recevoir de la nature le jour qui leur revenait : de cette façon tous pouvaient comprendre que rien n'était à l'abri de ses coups, rien n'était inviolable pour celui à l'audace de qui la protection même du corps maternel n'avait pu dérober les enfants de son frère. **32** Je me souviens que pendant mon séjour en Asie (1) une femme de Milet, pour avoir reçu des héritiers subrogés (2) une somme d'argent et s'être fait avorter en conséquence par des produits médicaux, fut condamnée de la peine capitale : rien n'était plus juste, puisqu'elle avait anéanti les espoirs d'un père, le souvenir d'un nom, le soutien d'une race, l'héritier d'une famille, un citoyen destiné à la république. Combien Oppianicus, pour une faute semblable, mérite un plus grand châtiment, s'il est bien vrai que cette femme en attentant sur son corps n'a fait que se torturer elle-même, alors que lui par les mêmes actes a infligé la mort et les tortures à la personne d'autrui ! Les autres, semble-t-il, ne peuvent sur un seul être commettre plus d'un parricide : il s'est trouvé en Oppianicus quelqu'un qui pouvait tuer plusieurs personnes en une seule (3). XII **33** Aussi

(1) Il s'agit du célèbre voyage de jeunesse, fait en 79 (*Brutus*, 314-316). Cf. M. Gelzer, in *P. W.*, VII A, col. 838.

(2) *L'heres secundus* héritait si l'héritier désigné en premier lieu venait à disparaître. Il pouvait y voir un héritier *substitutus tertio, quarto, ... gradu*.

(3) Tout le passage par son emphase subtile et précieuse, rappelle la manière de la jeunesse, notamment dans le *Pro Quinctio* et le *Pro Roscio Amerino*.

de uxoris interitu clamaret testamentumque mutare cuperet, in ipsa significatione huius uoluntatis est mortuus. Ita mulierem ne partu eius ab hereditate fraterna excluderetur necauit; fratris autem liberos prius uita priuauit quam illi hanc a natura propriam lucem accipere potuerunt; ut omnes intellegerent nihil ei clausum, nihil sanctum esse posse a cuius audacia fratris liberos ne materni quidem corporis custodia tegere potuisset. **32** Memoria teneo Milesiam quandam mulierem, cum essem in Asia, quod ab heredibus secundis accepta pecunia partum sibi ipsa medicamentis abegisset, rei capitalis esse damnatam; neque iniuria quae spem parentis, memoriam nominis, subsidium generis, heredem familiae, designatum rei publicae ciuem sustulisset. Quanto est Oppianicus in eadem iniuria maiore supplicio dignus! si quidem illa, cum suo corpori uim attulisset, se ipsa cruciauit, hic autem idem illud effecit per alieni corporis mortem atque cruciatum. Ceteri non uidentur in singulis hominibus multa parricidia suscipere posse, Oppianicus inuentus est qui in uno corpore pluris necaret. XII **33** Itaque cum hanc eius consuetudinem audaciamque cognosset auun-

Test. **32** (Cicero) pro Cl. cum exposuisset Milesiam quandam a secundis heredibus pro abortu pecuniam accepisse : « Quanto est, inquit, Oppianicus in eadem iniuria... cruciatum » QUINTIL. VIII, 4, 11

31 a nat. : ab nat. *M*μ || propriam *om.* Σ*a* || ei : eis *M* || a Σ*a* : *om.* *M*μ || custodia... potuisset *M*μ : custodiae... potuissent Σ*Ba*
32 secundis : *om.* Σ*Ba* *contra Quintil.* || neque *M*μ : nec Σ*a* || mortem : uim *Quintil.* || plures *PM*μ : multos Σψ²*a*
33 cognosset *P* : cognoscet *M* cognosceret μ*a*

l'oncle de ce jeune Oppianicus, Cnaeus Magius, qui savait les procédés habituels et l'audace du personnage, atteint d'une grave maladie et instituant pour héritier ce fils de sa sœur, fit venir ses amis et en présence de sa mère Dinaea, demanda à sa femme si elle était bien enceinte. Celle-ci ayant répondu qu'elle l'était, il la pria d'aller après sa mort chez Dinaea qui était alors sa belle-mère habiter jusqu'à son accouchement et d'apporter tous ses soins à veiller sur l'être qu'elle avait conçu pour le mettre au monde sain et sauf. Aussi par son testament il lui lègue une forte somme d'argent qui lui reviendrait de son fils, s'il lui en naissait un ; il ne lui lègue rien que lui verserait l'héritier subrogé (1). **34** Vous voyez les soupçons qu'il avait sur Oppianicus ; le jugement qu'il portait sur lui s'aperçoit clairement : au moment où il prenait son fils pour héritier, il ne l'a pas inscrit comme tuteur pour les enfants. Apprenez ce qu'a fait Oppianicus, pour comprendre que ce Magius à sa mort n'avait pas vu loin devant lui. Cette somme d'argent qui avait été léguée à la femme du fait de son fils, s'il lui en naissait un, Oppianicus, qui ne la lui devait pas, la lui versa sur-le-champ, si ce peut être appelé versement d'un legs et non prix d'un avortement. Elle, une fois reçu ce paiement, sans compter nombre de cadeaux qu'on énumérait alors d'après les livres d'Oppianicus (2), vaincue par sa cupidité, vendit au scélérat cet espoir qui lui avait été confié par son époux et qu'elle portait en son sein. **35** Maintenant il semble qu'on ne puisse rien ajouter à ce crime : attendez la fin. Cette femme qui, d'après les objurgations de son mari, dans les dix mois de cette grossesse n'aurait dû connaître d'autre maison que celle de sa belle-mère,

(1) Tout legs devait être versé à son bénéficiaire par l'héritier. L'héritier subrogé est le neveu du testateur, Oppianicus le jeune. Le testateur veut donc intéresser Oppianicus le père à la vie de son propre fils à naître.

(2) Sur cet emploi de *tabulae*, cf. Greenidge, *op. laud.*, p. 493.

culus illius adulescentis Oppianici, Cn. Magius, isque, cum graui morbo adfectus esset, heredem illum sororis suae filium faceret, amicis adhibitis praesente matre sua Dinaea uxorem suam interrogauit essetne praegnas. Quae cum se esse respondisset, ab ea petiuit ut se mortuo apud Dinaeam — quae tum ei mulieri socrus erat — quoad pareret habitaret diligentiamque adhiberet ut id quod conceperat seruare et saluum parere posset. Itaque ei testamento legat grandem pecuniam a filio si qui natus esset ; ab secundo herede nil legat. **34** Quid de Oppianico suspicatus sit uidetis ; quid iudicarit obscurum non est. Nam cuius filium faceret heredem, eum tutorem liberis non adscripsit. Quid Oppianicus fecerit cognoscite ut illum Magium intellegatis non longe animo prospexisse morientem. Quae pecunia mulieri legata erat a filio, si qui natus esset, eam praesentem Oppianicus non debitam mulieri soluit, si haec solutio legatorum et non merces abortionis appellanda est. Quo illa pretio accepto multisque praeterea muneribus quae tum ex tabulis Oppianici recitabantur spem illam quam in aluo commendatam a uiro continebat uicta auaritia sceleri Oppianici uendidit. **35** Nihil posse iam ad hanc improbitatem addi uidetur ; attendite exitum. Quae mulier obtestatione uiri decem illis mensibus ne domum quidem ullam nisi socrus suae

33 Cn. : Numerius *αa* || isque cum *P* : is qui *αt* (h)isque *Mμs* || esset et *codd.* : et *del. Halm* || amicis adhibitis *Mμa* : adhibitis amicis *P* || praegnas *M* : praegnans *cet.* || quoad pareret : quod adpareret *Mμ* || seruare et *P* : seruaret ut *Mμa* || posset : possit *Σs* || esset : erit *αa* || ab : a *Σb*¹ || iudicarit : iudicauerit *Σψ*²*a*

34 cuius *PΣa* : cum eius *Mμ* || non longe *αa* : longe *Mμ* || esset : erit *αa* || tum *Mμ* : cum *Σa*

cette femme, quatre mois après la mort de ce mari, a épousé Oppianicus en personne (1). Cette union ne fut pas de longue durée et de fait les liens en avaient été scellés non par la sainteté du mariage, mais par la communauté du crime. XIII **36** Et le meurtre d'Asuvius (2) de Larinum, jeune homme très riche, comme il était connu en ce temps-là, car l'événement était tout récent ! Comme il en était question dans les conversations de tous ! Il y avait à Larinum un certain Avillius, d'une corruption irrémédiable, d'une indigence totale, mais doué d'une sorte de talent pour exciter les passions des tout jeunes gens. Par ses flatteries et ses complaisances il s'insinua fort avant dans l'intimité d'Asuvius et Oppianicus aussitôt se prit à espérer que cet Avillius serait comme une machine de guerre qu'on approche des murs et que par lui il pourrait capturer la jeunesse d'Asuvius, prendre d'assaut ses biens patrimoniaux. Le plan fut imaginé à Larinum, l'exécution transportée à Rome. Ils crurent en effet que si cette intrigue pouvait être amorcée plus facilement dans la solitude, la réalisation en serait plus aisée au milieu de la foule. Asuvius partit pour Rome avec Avillius ; Oppianicus arriva sur leurs pas. Ensuite leur vie à Rome, leurs festins, leurs scandales, l'immensité

(1) La durée normale du deuil était de dix mois. Cf. OVIDE, *Fastes*, I, 35-36 :

« *Per totidem* (scil. *decem*) *menses a funere coniugis uxor*
sustinet in uidua tristia signa domo. »

Cette durée de dix mois doit être mise évidemment en rapport avec les dix mois assignés à la grossesse (cf. PH. FABIA, *Revue des études anciennes*, XXXIII, 1931, p. 33 et suiv.).

(2) Asuvius est la forme donnée par *M* dans presque toutes les mentions de ce nom (cf. l'apparat). Elle est confirmée par l'*Asui* de *P*, qui a au nominatif *Asuuius* et par le *Cluniacensis* pour le nominatif. Le génitif *Ascii* du *Cluniacensis* est une corruption manifeste d'*Asui*. Il eût convenu peut-être d'écrire *Asuuius* au nominatif et *Asui* au génitif.

nosse debuit, haec quinto mense post uiri mortem ipsi Oppianico nupsit. Quae nuptiae non diuturnae fuerunt ; erant enim non matrimoni dignitate sed sceleris societate coniunctae.

XIII **36** Quid ? illa caedes Asuui Larinatis, adulescentis pecuniosi, quam clara tum recenti re fuit, quam omnium sermone celebrata ! Fuit Auillius quidam Larinas perdita nequitia et summa egestate, arte quadam praeditus ad libidines adulescentulorum excitandas accommodata. Qui ut se blanditiis et adsentationibus in Asuui consuetudinem penitus immersit, Oppianicus continuo sperare coepit hoc se Auillio tamquam aliqua machina admota capere Asuui adulescentiam et fortunas eius patrias expugnare posse. Ratio excogitata Larini est, res translata Romam ; inire enim consilium facilius in solitudine, perficere rem eius modi commodius in turba posse arbitrati sunt. Asuuius cum Auillio Romam est profectus. Hos uestigiis Oppianicus consecutus est. Iam ut Romae uixerint, quibus conuiuiis, quibus flagitiis, quantis et quam profusis sumptibus

Test. **36** arte quadam... accommodatum ARUSIANUS MESSIUS (GL VII 452, 27)

35 enim : eum *M*

36 Asuui : Asui *P* Asini *M* || Larinatis : Larinitatis *P* || recenti re fuit *P* : rercenti (recenti $b^1\psi^1$) fuit *M*μ fuit recenti α*a* || quam : et quam *P* || omnium *M*σ : in omnium ψ^2*a* (?Σ) omni b^1 omni omnium b^2 || Auillius *Pa* : Auilius *M*σ || Larinas *M*μ : Larino *P*Σ*a* || ad : a *M* || excitandas : exercitandas *P* || accommodata *P ut uid.* : accommodatus *M*μ*a* || Asuuii *M* : Asui *P* Ascii Σ || Auillio Σ : Auilio *M*σ || Asuuii *M* : Asui *P* Ascii Σ*a* || Romam : Romae Σ*Bs* || inire $Pb^2\psi$: iniri $Mb^1\sigma$ *a* || enim : eum *M* || consilium : id consilium *P* || rem *P*Σ*a* : *om. M (aliquid uidetur erasum)* μσ || posse se *Mommsen* || Asuuius *PM*Σ*a* : Asiuius σ || consecutus : secutus *B*ασ

et la prodigalité de leurs dépenses, avec Oppianicus non seulement pour confident mais pour convive et pour auxiliaire, il serait long pour moi de le conter, quand surtout j'ai hâte de passer à autre chose. Apprenez le dénouement de cette amitié simulée. **37** Un jour où le jeune homme se trouvait chez certaine femme légère, y passait toute la nuit, s'y attardait le lendemain, Avillius d'après le plan arrêté feint d'être malade et de vouloir faire son testament. Oppianicus lui amène, pour sceller les tablettes (1), des gens qui ne connaissaient Asuvius pas plus qu'Avillius. Il l'appelle du nom d'Asuvius et lui-même il scelle le testament au nom d'Asuvius, puis se retire. Sur-le-champ Avillius retrouve la santé. Pour Asuvius, peu de temps après on l'amena soi-disant dans un parc, en réalité dans des sablières (2) situées hors de la Porte Esquiline et on l'y met à mort. **38** Comme il se faisait attendre un jour, puis deux, qu'on ne le trouvait pas aux endroits où d'après ses habitudes on le recherchait, qu'Oppianicus allait répétant sur la place de Larinum que ses amis et lui avaient scellé naguère son testament, les affranchis d'Asuvius et quelques-uns de ses amis, parce qu'il était établi que, le jour où on l'avait vu pour la dernière fois, Avillius s'était trouvé avec lui et avait été vu par beaucoup de gens, se jettent sur lui et le traînent aux pieds de Quintus Manilius qui à cette époque était triumvir (3). Alors sur-le-champ, bien qu'il n'y eût ni témoins, ni dénonciateur, terrifié par le remords d'un crime récent, il expose tout comme je viens de le dire et il avoue qu'Asuvius avait été tué par lui sur les

(1) On le faisait pour prévenir toute altération. Selon les *Institutes* les *obsignatores* devaient être sept citoyens romains.

(2) Par *harenaria* on entendait des carrières pour l'extraction du sable volcanique appelé pouzzolane, telles les catacombes.

(3) Les *IIIuiri capitales* (dits encore *nocturni*) sont souvent appelés *IIIuiri* tout court. L'expression montre qu'ils disposaient d'un tribunal (au sens d'estrade). Cf. Greenidge, p. 343.

non modo conscio sed etiam conuiua et adiutore Oppianico longum est dicere mihi, praesertim ad alia properanti ; exitum huius adsimulatae familiaritatis cognoscite. **37** Cum esset adulescens apud mulierculam quandam atque ibi pernoctaret et ibi diem posterum commoraretur, Auillius, ut erat constitutum, simulat se aegrotare et testamentum facere uelle. Oppianicus obsignatores ad eum qui neque Asuuium neque Auillium nossent adducit et illum Asuuium appellat ipse ; testamento Asuui nomine obsignato disceditur. Auillius ilico conualescit ; Asuuius autem breui illo tempore, quasi in hortulos iret, in harenarias quasdam extra portam Esquilinam perductus occiditur. **38** Qui cum unum iam et alterum diem desideraretur neque in eis locis ubi ex consuetudine quaerebatur inueniretur, et Oppianicus in foro Larinatium dictitaret nuper se et suos amicos testamentum eius obsignasse, liberti Asuui et non nulli amici, quod eo die quo postremum Asuuius uisus erat Auillium cum eo fuisse et a multis uisum esse constabat, in eum inuadunt et hominem ante pedes Q. Manilii qui tum erat triumuir constituunt. Atque illic continuo nullo teste, nullo indice recentis malefici conscientia perterritus omnia, ut a me paulo ante dicta sunt, exponit Asuuiumque a sese consilio

Test. **38** qui cum una re (unam *cod. Garatoni*) et alteram diem desideraretur ARUSIANUS MESSIUS (GL VII, 506, 1)

37 ibi *Mμa* : ubi *P* || et ibi diem *Mbψ* : et ibidem σ ibidem Σ ibi diem *Pa* || Auillium : alium *M*

38 eis : his *Mμa* || eo die quo : eodem quo *Mμ an* eodem die quo ? || Manilii *Mμ* : Manli(ii) *PΣa* || constituunt : consistuunt *M* consistunt μς || illic Σ*a* : ille *Mμ* || a sese Σψ^{2}*a* : a se *Mμ* *(littera inter a et se superaddita, incertum utrum b an s, in M)*

plans d'Oppianicus. **39** Manilius fait tirer hors de sa maison Oppianicus qui cherchait à s'y cacher. D'un autre côté on s'assure d'Avillius le dénonciateur. Mais ici pourquoi demandez-vous le reste ? Vous avez connu pour la plupart Manilius. Dès son enfance il n'avait jamais eu une pensée pour l'honneur, pour la pratique de la vertu, ni pour aucun des fruits qui naissent d'une bonne réputation. Mais de plaisantin effronté et malhonnête qu'il était, à la faveur des discordes civiles (1) il était arrivé, grâce aux suffrages populaires, à siéger près de cette colonne (2) où l'avaient conduit souvent les cris insultants de la multitude. Aussi il transige alors avec Oppianicus ; il reçoit de l'argent ; il abandonne une affaire déjà introduite et fort claire. Au temps du procès d'Oppianicus, ce crime contre Asuvius était prouvé entre autres nombreux témoignages par les révélations d'Avillius, où parmi les gens mis en cause il était constant qu'il y avait d'abord le nom d'Oppianicus, de cet homme que vous prétendez un malheureux innocent, accablé sous un jugement non fondé. XIV **40** Et ta grand'mère, Oppianicus, Dinaea dont tu es, toi, l'héritier, n'est-ce pas un fait reconnu de tous que ton père l'a mise à mort ? Un jour où il lui avait amené son médecin, à la valeur déjà éprouvée, aux nombreuses victoires, grâce à qui il avait fait périr une foule de gens, la dame s'écrie qu'elle ne veut pas du tout être soignée par celui dont les traitements avaient fait disparaître tous les siens. Alors brusquement il va trouver certain citoyen d'Ancône, Lucius Clodius, gué-

(1) Ces discordes civiles sont, plutôt que celles de la guerre entre Sulla, Marius et les Marianites, celles de l'époque troublée qui a suivi la mort de Sulla.

(2) Il s'agit de la *columna Maenia* qui se dressait aux abords Sud du Forum (cf. *Pro Sest.*, 124). Les *triumuiri capitales* siégeaient près d'elle pour exercer leur juridiction en matière criminelle.

Oppianici interfectum fatetur. **39** Extrahitur domo latitans Oppianicus a Manilio ; index Auillius ex altera parte coram tenetur. Hic iam quid reliqua quaeritis ? Manilium plerique noratis ; non ille honorem a pueritia, non studia uirtutis, non ullum existimationis bonae fructum umquam cogitarat, sed ex petulanti atque improbo scurra in discordiis ciuitatis ad eam columnam ad quam multorum saepe conuiciis perductus erat tum suffragiis populi peruenerat. Itaque tum rem cum Oppianico transigit, pecuniam ab eo accipit, causam et susceptam et tam manifestam relinquit. Ac tum in Oppianici causa crimen hoc Asuuianum cum testibus multis tum uero indicio Auilii comprobabatur ; in quo inter adlegatos Oppianici nomen primum esse constabat, eius quem uos miserum atque innocentem falso iudicio circumuentum esse dicitis.

XIV **40** Quid ? auiam tuam, Oppianice, Dinaeam cui tu es heres, pater tuus non manifesto necauit ? Ad quam cum adduxisset medicum illum suum iam cognitum et saepe uictorem per quem interfecerat plurimos mulier exclamat se ab eo nullo modo uelle curari quo curante suos omnis perdidisset. Tum repente Anconitanum quendam, L. Clodium, pharmacopolam circum-

39 iam quid *M*μ : quid iam Σ*a* || sed ex : ex *a* || tum : cum Σ*a* || rem cum *M*μ : tum cum α*a* cum *B* || et tam manifestam α*a* : et manif. *M*μ || relinquit : reliquit Σ*a* || Asuuianum *M*μ : Avillianum ασ || indicio (indiciis s^2 *in ras.*) Auilii *M*μ : illius Auillii Σ*t* || comprobabatur *M*μσ : comprobatur α*a* || inter (ad inter b^1) adlegatos *M*μ : ad (*om.* ad ψ^2) inter allegatum $b^2\psi^2$ adlegatos Σ alligatum || heres : heredes *M* ||

40 suos omnes *M*μ : omues suos α*a* || pharmacopolam : pharmacopulam *M*μ

risseur de place publique, que le hasard avait en ces temps amené à Larinum ; il conclut avec lui un marché pour deux mille sesterces, ce qui fut au moment du procès établi par ses propres registres. Lucius Clodius, en homme pressé que nombre de places publiques attendaient, dès qu'il eut été introduit, mena l'affaire à bien ; à la première potion il supprima la dame et ne s'attarda pas une minute de plus à Larinum. **41** Cette même Dinaea faisait son testament, quand Oppianicus, qui avait été son gendre (1), s'empara des tablettes et, du doigt, y effaça des legs. Il l'avait fait en plusieurs endroits. Aussi, la dame morte, pour que les ratures ne pussent le dénoncer, il transcrivit le testament sur d'autres tablettes et il le scella de sceaux falsifiés (2). Je passe à dessein bien des faits. Car je crains de paraître déjà en avoir trop dit. Vous pourtant, vous devrez penser qu'il fut aussi égal à lui-même dans le reste de son existence. Qu'il ait falsifié à Larinum les registres officiels du cens, les décurions l'ont jugé unanimement (3). Personne ne concluait plus avec lui de convention ni d'affaire. Personne, parmi tant de parents et d'alliés, ne l'inscrivit jamais comme tuteur pour ses enfants. A personne il ne semblait mériter qu'on allât à lui, qu'on l'abordât, qu'on lui parlât, qu'on l'invitât à sa table. Tous l'avaient en mépris, en horreur, tous le

(1) Comme mari de Magia, cf. § 21, 22.

(2) Il tombait sous le coup de la *lex Cornelia de falsis* (Paul, *Sent.*, V, 25).

(3) A partir d'une certaine date, les censeurs envoyèrent des délégués procéder hors de Rome au recensement des citoyens (T. Liv, XXIX, 37, 5). La *lex Iulia Municipalis* de 45 conférera dans chaque municipe au magistrat suprême le soin d'opérer selon la formule établie à Rome par les censeurs (cf. Mommsen, *Droit public*, tr. fr., t. IV, p. 45 et suiv). Oppianicus aura eu entre les mains les registres lors de sa magistrature.

foranum qui casu tum Larinum uenisset adgreditur et cum eo HS duo milia, id quod ipsius tabulis tum est demonstratum, transigit. L. Clodius, cum properaret, cui fora multa restarent, simul atque introductus est rem confecit ; prima potione mulierem sustulit neque postea Larini punctum est temporis commoratus.
41 Eadem hac Dinaea testamentum faciente, cum tabulas prendisset Oppianicus, qui gener eius fuisset, digito legata deleuit et, cum id multis locis fecisset, post mortem eius ne lituris coargui posset testamentum in alias tabulas transcriptum signis adulterinis obsignauit. Multa praetereo consulto ; etenim uereor ne haec ipsa nimium multa esse uideantur. Vos tamen eum similem sui fuisse in ceteris quoque uitae partibus existimare debebitis. Illum tabulas publicas Larini censorias corrupisse decuriones uniuersi iudicauerunt ; cum illo iam nemo rationem, nemo rem ullam contrahebat ; nemo illum ex tam multis cognatis et adfinibus tutorem umquam liberis suis scripsit, nemo illum aditu, nemo congressione, nemo sermone, nemo conuiuio dignum iudicabat ; omnes aspernabantur, omnes abhorrebant

Test. **41** illum tabulas... litteris suis scripsit QUINTIL. IX, 3, 38 || nemo illum aditu, nemo conuiuio... aspernabantur ARUSIANUS MESSIUS (GL VII, 457, 10) || nemo illum conuiuio... fugiebant ARUSIANUS M. (GL VII, 452, 14)

40 circum foranum *Mμσ* : foranum (-eum *B*) *ΣBa* || HS *M* : *om αBa* || duo milia *αBa* : ōōōō *Mσ* || ipsius tabulis tum est *Mς* : tum *om.* ΣBb^1a est ipsius tab. tum $b^2\psi$ || cum $\Sigma\psi^2a$: qui *Mμ* || prima : una *B*.

41 prendisset *Mσ* : prendidisset *Σa* predidisset *B* prehendisset *μ* || gener eius : gener huius *Σa* || posset : possit *ΣBa* || eum similem sui (*om.* sui $b^1\sigma$) *Mμ* : similem sui eum *Σa* || debebitis *Mμ* : debetis Σ || iam nemo *Mμ* : nemo iam *Σa* nemo *Quintil.* || iudicabat : iudicauit *Σa*

fuyaient comme une bête, un fléau monstrueux et malfaisant. **42** Pourtant cet homme avec toute son audace, son impiété, sa scélératesse, Habitus, Juges, ne l'aurait jamais accusé si en s'en abstenant il n'avait pas exposé sa vie. Oppianicus était son ennemi : il l'était, mais c'était son beau-père. Sa mère était cruelle et acharnée contre lui : pourtant c'était sa mère. Bref nul n'était autant que Cluentius éloigné du rôle d'un accusateur tant par son caractère que par ses désirs et par les principes de sa vie. Mais comme il se trouvait dans une situation où il lui fallait ou bien intenter une juste et pieuse accusation ou bien mourir d'une mort amère et indigne, il a mieux aimé accuser de quelque manière que ce fût que de cette manière périr. **43** Et pour que vous puissiez voir clairement qu'il en est ainsi, je vous exposerai un crime d'Oppianicus qui fut reconnu et pris sur le fait ; il vous fera comprendre tout à la fois que fatalement l'un a dû accuser, l'autre être condamné. XV Il y avait à Larinum sous le nom de « Martiaux » des serviteurs officiels de Mars, consacrés à ce dieu par un usage antique et par les coutumes religieuses du pays. Le nombre en était vraiment considérable : telle est en Sicile la foule des « Servants de Vénus » et tels à Larinum ces hommes figuraient dans la domesticité de Mars (1). Oppianicus soudain se mit à prétendre qu'ils étaient tous de condition libre et citoyens romains. Les décurions de Larinum et tous les habitants du municipe prirent mal cette affirmation. Aussi demandèrent-ils à Habitus de se charger

(1) Les *Venerei*, dont il est question dans les *Verrines*, étaient attachés au sanctuaire de l'Aphrodite du Mont Eryx. Ils s'occupaient d'en administrer et d'en cultiver les domaines. Nous ne savons rien des *Martiales*. Oppianicus profitait pour revendiquer pour eux le statut de citoyens de la confusion qu'avait pu amener la réorganisation des municipes par Sulla, suivie de la réaction après la mort de celui-ci.

omnes ut aliquam immanem ac perniciosam bestiam pestemque fugiebant. **42** Hunc tamen hominem tam audacem, tam nefarium, tam nocentem numquam accusasset Habitus, iudices, si id praetermittere saluo capite suo potuisset. Erat huic inimicus Oppianicus, erat, sed tamen erat uitricus ; crudelis et huic infesta mater, attamen mater ; postremo nihil tam remotum ab accusatione quam Cluentius et natura et uoluntate et instituta ratione uitae. Sed cum esset haec ei proposita condicio ut aut iuste pieque accusaret aut acerbe indigneque moreretur, accusare quoquo modo posset quam illo modo emori maluit.

43 Atque ut hoc ita esse perspicere possitis exponam uobis Oppianici facinus manifesto compertum atque deprensum ; ex quo simul utrumque, et huic accusare et illi condemnari, necesse fuisse intellegetis. XV Martiales quidam Larini appellabantur, ministri publici Martis atque ei deo ueteribus institutis religionibusque Larinatium consecrati. Quorum cum satis magnus numerus esset, cumque item ut in Sicilia permulti Venerii sunt, sic illi Larini in Martis familia numerarentur, repente Oppianicus eos omnis liberos esse ciuisque Romanos coepit defendere. Grauiter id decuriones Larinatium cunctique municipes tulerunt. Itaque ab Habito petiuerunt ut eam causam susciperet publi-

42 saluo capite suo *Mμ* : suo saluo capite *Σa* || attamen *Mμ* : at *Σa* || ei propos. *Σbs* : impropos. (*sic*) *M* illi propos. *ψμ* ei *om.* *l*[1]*σ*

43 deprensum : deprehensum *M* || illi *Σb*[2]*a* : illum *Mμ* || ei deo *Mμ* : ideo *ΣBs* adeo *t* || publiceque : — que *om.* *M μσ*

de leur cause et de la défendre au nom de leur communauté. Habitus s'était tenu à l'écart de toutes ces sortes d'affaires ; pourtant étant donné la situation et l'ancienneté de sa famille, étant donné qu'il se jugeait mis au monde non pas seulement pour servir ses propres intérêts, mais ceux de ses concitoyens et de tous ses parents (1), il ne voulut pas se dérober à un désir si vif des Larinates unanimes. **44** Comme il s'était chargé de la cause et qu'il l'avait portée à Rome, c'était chaque jour de grandes querelles qui s'élevaient entre Oppianicus et lui, par la passion que tous deux mettaient à se défendre. Oppianicus avait de lui-même un fond monstrueux et cruel ; la mère d'Habitus, dans sa haine et son hostilité pour son fils, enflammait encore la rage de son mari. Ils estimaient qu'ils avaient un grand intérêt à l'écarter de l'affaire des Martiaux. Il y avait encore un autre motif plus important, qui touchait beaucoup l'esprit d'Oppianicus, personnage entre tous avide et audacieux. **45** Habitus jusqu'à l'époque de ce procès n'avait jamais fait de testament. Il ne pouvait en effet se résoudre ni à rien léguer à une mère de ce caractère ni à omettre tout à fait le nom de celle qui lui avait donné le jour. Oppianicus le savait et ce n'était pas un secret ; il comprenait que, si Habitus mourait, tous ses biens reviendraient à sa mère. Plus tard lui-même, si elle s'était enrichie de cette fortune, il tirerait de son assassinat plus de profit, et ce serait, si elle n'avait plus son fils, avec des risques plus faibles. Apprenez comment, enflammé par ces pensées, il a tenté d'empoisonner Habi-

(1) Cicéron se réfère ici à un passage de la *Lettre IX* de Platon (à Archytas). Il le citera de nouveau *Pro Murena*, 83, *De fin.*, II, 45, *De off.*, I, 22. Ce texte semble comme une devise que l'*homo platonicus* qu'était Cicéron selon le mot de son frère Quintus avait adoptée ; il joue un grand rôle dans la façon de formuler son patriotisme.

ceque defenderet. Habitus cum se ab omni eius modi negotio remouisset, tamen pro loco, pro antiquitate generis sui, pro eo quod se non suis solum commodis sed etiam suorum municipum ceterorumque necessariorum natum esse arbitrabatur, tantae uoluntati uniuersorum Larinatium deesse noluit. **44** Suscepta causa Romamque delata magnae cotidie contentiones inter Habitum et Oppianicum ex utriusque studio defensionis excitabantur. Erat ipse immani acerbaque natura Oppianicus ; incendebat eius amentiam infesta atque inimica filio mater Habiti. Magni autem illi sua interesse arbitrabantur hunc a causa Martialium demoueri. Suberat etiam alia causa maior quae Oppianici, hominis auarissimi atque audacissimi, mentem maxime commouebat. **45** Nam Habitus usque ad illius iudici tempus nullum testamentum umquam fecerat ; neque enim legare quicquam eius modi matri poterat in animum inducere neque testamento nomen omnino praetermittere parentis. Id cum Oppianicus sciret — neque enim erat obscurum — intellegebat Habito mortuo bona eius omnia ad matrem esse uentura ; quae ab sese postea aucta pecunia maiore praemio, orbata filio minore periculo necaretur. Itaque his rebus incensus qua

Test. **45** quanquam quicquam eius modi matri poterat in animum inducere Arusianus Messius (*v.* inducite in animum) (GL VII, 479, 8).

43 suis solum *M*μ : solum suis ψ solum Σ*a* || tantae *M*μ antea Σ*a*

44 hunc a causa : huic accusa *M* huic accusationem σ || demoueri *R. Klotz* : demouere *M*μ remoueri α*a*

45 enim *M*μ : *om.* Σ*Ba* || quicquam *Arus.* : *om. BM*μ*a* || eius modi : huius modi *B* || in *Arus.* : *om. M*μ*a*

tus. XVI **46** Il y avait, originaires du municipe d'Aletrium (1), deux jumeaux, Caius et Lucius Fabricius, qui se ressemblaient autant de caractère que de figure. Ils étaient bien différents par contre de leurs concitoyens. Personne de vous, je pense, n'ignore le mérite éclatant de ces derniers, ce qu'ils apportent presque partout dans leur conduite d'équilibre, d'harmonie et de mesure. Oppianicus a toujours traité ces Fabricius en amis intimes. Vous savez à peu près tous quelle force il y a pour sceller une amitié dans la ressemblance des penchants et des caractères. Comme ces personnages suivaient dans leur vie cette maxime qu'il n'y a point de profit honteux, comme ils étaient à l'origine de toutes les actions coupables, de tous les moyens d'épier et de circonvenir les jeunes gens, comme ils étaient bien connus de tous pour leurs vices et leur malhonnêteté, Oppianicus, je l'ai dit, s'était depuis bien des années étudié à gagner leur intimité. **47** C'est dans ces conditions qu'il décida de se servir de Caius Fabricius (car Lucius était mort) pour tendre un piège à Habitus. Habitus à cette époque était d'une santé chancelante et il avait un médecin de quelque réputation, et d'une valeur éprouvée, nommé Cléophantus. Fabricius essaya, par l'espoir d'une récompense, d'amener Diogène, esclave de ce médecin, à donner du poison à Habitus. L'esclave, qui n'était point un sot, mais qui, l'événement le montra, était honnête et incorruptible, ne repoussa pas avec dédain les propos de Fabricius :

(1) Aletrium (non Alatrium) était situé dans le pays des Herniques, à quelques milles au nord de la Voie Latine. Ses remparts qui subsistent encore offrent un exemple typique de l'appareil polygonal. Arpinum est situé environ à 16 milles au sud-est d'Aletrium. Aussi Cicéron pourra-t-il parler de ses liens de voisinage avec les Alétrinates. (Cf. Hülsen, in *P. W.*, I, col. 1372).

ratione Habitum ueneno tollere conatus sit cognoscite. **46** C. et L. Fabricii fratres gemini fuerunt ex municipio Aletrinati, homines inter se cum forma tum moribus similes, municipum autem suorum dissimillimi; in quibus quantus splendor sit, quam prope aequabilis, quam fere omnium constans et moderata ratio uitae nemo uestrum, ut mea fert opinio, ignorat. His Fabriciis semper usus est Oppianicus familiarissime. Iam hoc fere scitis omnes quantam uim habeat ad coniungendas amicitias studiorum ac naturae similitudo. Cum illi ita uiuerent ut nullum quaestum turpem esse arbitrarentur, cum omnis ab eis fraus, omnes insidiae circumscriptionesque adulescentium nascerentur, cumque essent uitiis atque improbitate omnibus noti, studiose, ut dixi, ad eorum se familiaritatem multis iam ante annis Oppianicus applicarat. **47** Itaque tum sic statuit, per C. Fabricium — nam L. erat mortuus — insidias Habito comparare. Erat illo tempore infirma ualetudine Habitus. Vtebatur autem medico non ignobili sed spectato homine, Cleophanto; cuius seruum Diogenem Fabricius ad uenenum Habito dandum spe et pretio sollicitare coepit. Seruus non incallidus sed, ut ipsa res declarauit, frugi atque integer sermonem Fabrici non

Test. **46** ex municipio Aletrinati Priscian. (GL II, 348, 20)

46 Aletrinati *Priscian.* : Allerinati Σ Aletrinate *M*σψ[1] Larinati *b*ψ[2]*a* || usus est *M*μ : est usus Σ*a* || turpem esse *M*μ : esse turpem Σ*a* || iis *a* : his *BM*μ || studiose Σ*aM ut uid.* : studio μ || Oppianicus : Oppianicum *M*

47 Habitus : Auitus *B* || non ignobili α*a* : ignobili *M*μ || Diogenem : Diogenen *M (semper) t* || sed ut *M*μ : et ut Σψ[2]*a* || ipsa res *M*μ : res ipsa *a* || declarauit : declarat *B*

il rapporta l'affaire à son maître. Cléophantus de son côté s'entretint avec Habitus, lequel aussitôt se confia au sénateur Marcus Baebius (1), qui était son ami très intime. Vous vous rappelez, je pense, cet homme sûr, réfléchi, consciencieux. Il fut d'avis qu'Habitus achetât Diogène à Cléophantus afin que sa dénonciation permit soit d'établir les faits, soit d'en reconnaître la fausseté. Bref on achète Diogène ; en peu de jours on se procure du poison ; nombre de gens de bien étant venus secrètement assister à la scène, on saisit dans les mains de Scamander, affranchi des Fabricius, la somme d'argent qu'on donnait scellée pour l'affaire. **48** Dieux immortels ! (2) ces faits une fois connus, quelqu'un dira-t-il qu'Oppianicus a été circonvenu ? XVII Un homme plus audacieux, plus coupable, convaincu d'un crime plus manifeste a-t-il jamais comparu devant un tribunal ? Quel talent, quelle éloquence, quelle défense imaginée par qui l'on voudra auraient pu faire face à ce seul chef d'accusation ? Et en même temps y a-t-il quelqu'un pour mettre en doute que, ce fait connu, pris sur le vif, Cluentius devait s'exposer à la mort ou se charger d'une accusation ? **49** Je pense, Juges, avoir démontré amplement que les griefs de l'accusation dirigée contre Oppianicus ne laissaient décemment pas de place à un acquittement. Apprenez maintenant que, quand on l'a assigné, l'affaire avait été jugée une et même deux fois et qu'il a comparu déjà condamné.

(1) Ce personnage nous est inconnu d'autre part. (Cf. KLEBS, in *P. W.*, II, col. 2730, l. 20). J'ai adopté pour son nom la forme donnée par le *Cluniacensis* (Cf. § 53).

(2) Cicéron commente brièvement le récit qu'il vient de faire. Il a justifié Cluentius de s'être fait l'accusateur de son beau-père (cf. ses réflexions du § 42) : Cluentius n'a pas pris les devants, mais n'a agi en fait que pour se défendre.

est aspernatus ; rem ad dominum detulit ; Cleophantus autem cum Habito est conlocutus. Habitus statim cum M. Baebio senatore, familiarissimo suo, communicauit ; qui qua fide, qua prudentia, qua dignitate fuerit meminisse uos arbitror. Ei placuit ut Diogenem Habitus emeret a Cleophanto, quo facilius aut comprehenderetur res eius indicio aut falsa esse cognosceretur. Ne multis, Diogenes emitur, uenenum diebus paucis comparatur ; multi uiri boni cum ex occulto interuenissent, pecunia obsignata quae ob eam rem dabatur in manibus Scamandri, liberti Fabriciorum, deprehenditur. **48** Pro di immortales ! Oppianicum quisquam his rebus cognitis circumuentum esse dicet ? XVII Quis umquam audacior, quis nocentior, quis apertior in iudicium adductus est ? Quod ingenium, quae facultas dicendi, quae a quoquam excogitata defensio huic uni crimini potuit obsistere ? Simul et illud quis est qui dubitet quin hac re comperta manifestoque deprehensa aut obeunda mors Cluentio aut suscipienda accusatio fuerit ?

49 Satis esse arbitror demonstratum, iudices, eis criminibus accusatum esse Oppianicum uti honeste absolui nullo modo potuerit. Cognoscite nunc ita reum citatum esse illum ut re semel atque iterum praeiudicata condemnatus in iudicium uenerit. Nam Cluentius,

47 collocutus Σ*a* : locutus *M*μ || Baebio (Be-) α*a* : Baebrio *M*μ Bebrio μ || dignitate *M*μ : diligentia α*a* || multis *M*μ : multa Σ*a* || comparatur α*a* : *om.* *M*μ || interuenissent : interuenisse Σ || pecunia *a* : pecuniaque *M*μ || ob eam Σ*a*μ : abea M ad eam μσ
48 esse dicet (diceret *t*) Σ*a* : dicit esse *M*μ || manifestoque : manifesteque Σ*a*
49 eis : iis *M* his *a*μς || uti Σ*a* : ut *M*μ || uenerit *M*μ : ueniret Σ*a*

Cluentius, Juges, a déféré d'abord à la justice le nom de celui entre les mains de qui il avait saisi le poison : c'était l'affranchi des Fabricius, Scamander. Le tribunal était sans prévention (1). Point de corruption à soupçonner. C'était une affaire toute simple, un fait établi, un chef d'accusation unique qu'on apportait à la justice. Dans cette situation Caius Fabricius, dont j'ai parlé auparavant, vit que la condamnation de son affranchi ferait peser une menace sur lui-même. Il me savait avec les Alétrinates des liens de voisinage et des rapports étroits avec la plupart d'entre eux ; il les amena donc chez moi dans ma maison en grand nombre. Ils pensaient du personnage ce qu'il fallait bien en penser. Pourtant, parce qu'il était du même municipe, ils estimaient qu'ils se devaient de le défendre par tous les moyens en leur pouvoir et ils me pressaient de le faire, de me charger de la cause de Scamander, cause qui mettait en jeu toute l'affaire de son patron. **50** Moi, qui ne pouvais rien refuser à de tels hommes, qui avaient pour moi tant d'affection, qui n'imaginais pas le crime aussi grand et aussi manifeste pas plus que ne le faisaient ceux qui me recommandaient alors cette cause, je leur promis de déférer en tout à leurs désirs. XVIII On commença à instruire l'affaire. On cita Scamander comme accusé (2). L'accusateur était Publius Cannutius (3), homme, s'il en fut, plein de talent et entraîné à la parole. Or son accusation contre Scamander tenait

(1) *Integer* ne saurait ici signifier « intègre ». Dans la suite ce même tribunal de Junius, Cicéron ne pourra le nier, se laissera au moins en partie acheter. Cf. l'Introduction, p. 12. On ne saurait donc avec Fausset rapprocher *Pro Sestio*, 106, où *integer* a même sens que *incorruptus*. Peterson entend avec raison « unprejudiced ».

(2) La *citatio* adressée aux parties ainsi qu'aux *iudices* marque le début de la procédure devant ces derniers. Cf. Greenidge, *op. laud.*, p. 473.

(3) Sur Cannutius, cf. *supra*, § 29.

iudices, primum nomen eius detulit cuius in manibus uenenum deprenderat. Is erat libertus Fabriciorum, Scamander. Integrum consilium, iudici corrupti nulla suspicio ; simplex in iudicium causa, certa res, unum crimen adlatum est. Hic tum *C.* Fabricius, is de quo ante dixi, qui liberto damnato sibi illud impendere periculum uideret, quod mihi cum Aletrinatibus uicinitatem et cum plerisque eorum magnum usum esse sciebat, frequentis eos ad me domum adduxit. Qui quamquam de homine sic ut necesse erat existimabant, tamen quod erat ex eodem municipio, suae dignitatis esse arbitrabantur eum quibus rebus possent defendere, idque a me ut facerem et ut causam Scamandri susciperem petebant, in qua causa patroni omne periculum continebatur. **50** Ego, qui neque illis talibus uiris ac tam amantibus mei rem possem ullam negare neque illud crimen tantum ac tam manifestum esse arbitrarer, sicut ne illi quidem ipsi qui mihi tum illam causam commendabant arbitrabantur, pollicitus eis sum me omnia quae uellent esse facturum.

XVIII Res agi coepta est ; citatus est Scamander reus. Accusabat P. Cannutius, homo in primis ingeniosus et in dicendo exercitatus ; accusabat autem ille quidem Scamandrum uerbis tribus, uenenum esse

Test. **49** *in fine* : *Cf.* QUINTIL. XI, 1, 74

49 deprenderat : deprehenderat *M* ‖ tum C. *Baiter* : tum *M* tamen *bσ* cum causa Σ cum Cψ²*s* cum causa C. *t* ‖ Aletrinatibus *Mμ* : Alecrinatibus (?) *M* in *marg.* a lacrinatibus Σ ‖ frequentis : frequentes *M* ‖ possent *Mμ* : possint Σ*a*

50 ne illi : nec illi *Mμ* ‖ quidem ipsi *Mμ* : ipsi quidem Σ*a* ‖ eis μ : his *Mμ* *om.* Σ*a* ‖ ille quidem Σ*a* : ille *Mμ*

en deux mots : « On a saisi le poison » ; la harangue dans son ensemble dirigeait tous ses traits contre Oppianicus. On révélait les motifs de l'attentat ; on rappelait l'intimité d'Oppianicus avec les Fabricius, on mettait en lumière la vie, l'audace du personnage ; enfin toute l'accusation, exposée d'une manière variée et solide, s'acheva en concluant par la tentative d'empoisonnement prise sur le fait. **51** Quand je me suis levé alors pour répondre, quelle inquiétude, dieux immortels, était la mienne, quels soucis j'avais dans l'esprit, quelle appréhension ! J'éprouve toujours beaucoup de crainte quand je vais soumettre à des juges non seulement mon talent, mais ma valeur morale, le sens que j'ai de mes devoirs (1). Je crains de paraître prendre un engagement que je ne saurais tenir, ce qui est le propre de l'impudence, ou bien ne pas tenir ce que je pourrais, ce qui ressortit à un défaut de conscience ou à un manque d'application. Mais ce jour-là, je fus ému au point de tout redouter : si je ne disais rien, j'allais paraître l'homme le plus incapable d'ouvrir la bouche, si je parlais longuement en une affaire de cette nature, le plus éhonté des orateurs. XIX Je finis par me ressaisir, et je décidai qu'il fallait parler avec courage, que les gens louaient d'ordinaire l'âge où j'étais (2) dès lors qu'en une cause peu solide on n'avait pas abandonné un client en péril. Je fis donc ainsi ; je fus si combatif, je déployai si bien tous mes efforts, je m'abritai autant que je le pus derrière tous les expédients et tous les recours en usage dans les procès si heureusement que j'obtins ce résultat, je le dirai timidement, d'empêcher quiconque de penser que cette cause avait été trahie par son défenseur. **52** Mais avais-je saisi quelque arme, aussitôt

(1) Cf. la *Diuin. in Caecilium*, 41 : « ... *ita deos mihi uelim propitios, ut, cum illius temporis mihi uenit in mentem, quo die, citato reo, mihi dicendum sit, non solum commoueor animo, sed etiam toto corpore perhorresco.* » Cf. *Pro Deiot.*, I.

(2) Cicéron avait alors trente-trois ans.

deprehensum. Omnia tela totius accusationis in Oppianicum coniciebantur, aperiebatur causa insidiarum, Fabriciorum familiaritas commemorabatur, hominis uita et audacia proferebatur, denique omnis accusatio uarie grauiterque tractata ad extremum manifesta ueneni deprehensione conclusa est. **51** Hic ego tum ad respondendum surrexi qua cura, di immortales ! qua sollicitudine animi, quo timore ! Semper equidem magno cum metu incipio dicere ; quotienscumque dico, totiens mihi uideor in iudicium uenire non ingeni solum sed etiam uirtutis atque offici, ne aut id profiteri uidear quod non possim implere, quod est impudentiae, aut id non efficere quod possim, quod est aut perfidiae aut neglegentiae. Tum uero ita sum perturbatus ut omnia timerem, si nihil dixissem ne infantissimus, si multa in eius modi causa dixissem ne impudentissimus existimarer. XIX Conlegi me aliquando et ita constitui, fortiter esse agendum ; illi aetati qua tum eram solere laudi dari, etiam si in minus firmis causis hominum periculis non defuissem. Itaque feci ; sic pugnaui, sic omni ratione contendi, sic ad omnia confugi, quantum ego adsequi potui, remedia ac perfugia causarum ut hoc quod timide dicam consecutus sim, ne quis illi causae patronum defuisse arbitraretur. **52** Sed ut quidquid ego apprehenderam,

50 coniciebantur *M*μ : constituebantur Σ*a*
51 tum *M*Σ*s* : cum *b*²σψ tamen *b*¹ ‖ possim implere *M*μ : possim α*Ba* ‖ impudentia (*sic*) *M*σ : imprudentiae Σ*Bb*¹*a* ‖ id non *M*μ : non id Σ*Ba* ‖ conlegi Σ : collegi *M*σ ‖ laudi dari *Mb*² : laudari (-e *b*¹) Σ*b*¹ψ ‖ consecutus sim : consecutus sum Σ
52 apprehenderam (adp-*M*) *M*μ : reprehenderam α*s*

l'accusateur me la faisait tomber des mains. Avais-je demandé s'il y avait une inimitié entre Scamander et Habitus, il avouait que ncn, mais ajoutait qu'Oppianicus, dont l'autre était l'instrument, avait été le pire ennemi de mon client de ce jour et l'était encore (1). Avais-je développé cette idée, que la mort d'Habitus n'aurait procuré à Scamander aucun profit, il le concédait, mais il disait que tous les biens d'Habitus seraient dévolus à la femme d'Oppianicus, un homme entraîné au massacre de ses épouses. Quand j'avais recouru à ce moyen de défense qui, dans les causes des affranchis, a toujours passé pour le plus honorable et que j'avais montré Scamander jugé favorablement par son patron, il le reconnaissait, mais il me demandait de qui le patron lui-même était jugé favorablement. **53** Quand je m'étais assez longuement attardé à soutenir que par le moyen de Diogène un piège avait été dressé à Scamander, qu'ils étaient convenus d'autre chose, que Diogène apporterait un remède, non du poison, que cela pouvait arriver à n'importe qui, il demandait pourquoi il était venu dans un endroit de ce genre, si retiré, pourquoi seul, pourquoi avec de l'argent scellé. Enfin sur ce point ma cause pliait sous les témoignages des hommes les plus honorables. Marcus Baebius disait que Diogène avait été acheté sur son conseil, qu'on avait arrêté en sa présence Scamander avec le poison et l'argent. Publius Quintilius Varus (2), de qui la conscience est si scrupuleuse, l'autorité si haute, disait que Cleophantus s'était entretenu avec lui des manœuvres dirigées contre Habitus et de la tentative de corrompre

(1) Le récit de Cicéron suggérerait ici l'idée d'un débat avec des interventions successives de la partie adverse plutôt que celle d'un discours continu.

(2) Personnage inconnu. On a supposé qu'il pourrait être le P. Quintilius mentionné *Pro Quinct.*, 54 comme assesseur de l'Aquilius, devant qui Quinctius est jugé.

statim accusator extorquebat e manibus. Si quaesieram quae inimicitiae Scamandro cum Habito, fatebatur nullas fuisse, sed Oppianicum cuius ille minister fuisset huic inimicissimum fuisse atque esse dicebat. Sin autem illud egeram, nullum ad Scamandrum morte Habiti uenturum emolumentum fuisse, concedebat, sed ad uxorem Oppianici, hominis in uxoribus necandis exercitati, omnia bona Habiti uentura esse dicebat. Cum illa defensione usus essem quae in libertinorum causis honestissima semper existimata est, Scamandrum patrono esse probatum, fatebatur, sed quaerebat cui probatus esset ipse patronus. **53** Cum ego pluribus verbis in eo commoratus essem, Scamandro factas insidias esse per Diogenem constitutumque inter eos de alia re fuisse ut medicamentum, non uenenum Diogenes adferret, hoc cuiuis usu uenire posse, quaerebat cur in eius modi locum tam abditum, cur solus, cur cum obsignata pecunia uenisset. Denique hoc loco causa testibus honestissimis hominibus premebatur. M. Baebius de suo consilio Diogenem emptum, se praesente Scamandrum cum ueneno pecuniaque deprehensum esse dicebat. P. Quinti*li*us Varus, homo summa religione et summa auctoritate praeditus, de insidiis quae fierent Habito et de sollicitatione Diogenis recenti

52 quaesieram *M*μ : quaesiueram Σ*a* || quae *a*μσ : *om.* *M* an μ an quae ς || fatebatur : fatebantur *M*μ || esse d. *M*μ : fuisse d. Σ*a*
53 factas insidias *M*μ : insidias factas Σ*a* || de alia *M*μ : alia de Σ*a* || cuiuis usu (—us *s*) μ*s* : cui usu *M* (*spatio III vel IV litterarum inter cui et usu uacuo relicto*) quo uisus Σ quouis usu *t* || posse *M*μ : posset α*a* || Bebius Σ*a* : Baeuius *M*μ || de Σ*a* : *om.* *M*μ || Quintilius *C. Stephanus* : Quintius (*uel* Quinct-) *M*μ*a*

Diogène, alors que l'événement était tout récent. **54** Or dans ce procès où nous semblions être le défenseur de Scamander, celui-ci était bien de nom l'accusé, mais de fait, par les dangers courus, par toute l'accusation, c'était Oppianicus. Et il ne le laissait pas dans l'ombre ; il ne pouvait d'aucune manière le dissimuler. Il était là à tout instant, il se tenait auprès de l'accusé, il usait dans ce combat de tous ses efforts et de tout son crédit, enfin, ce qui fit le plus grand tort à cette cause, il était assis à cette place même, comme si c'était lui qui fût l'accusé. Les yeux de tous les juges se tournaient non vers Scamander, mais vers Oppianicus. Ses craintes, son émotion, son regard inquiet et mal assuré, la couleur de son visage qui changeait sans cesse rendaient ce qu'on ne faisait auparavant que soupçonner manifeste et évident. **XX 55** Quand vint le moment de la délibération, Caius Junius, le président, demanda à l'accusé, d'après la loi Cornelia alors en vigueur, s'il voulait sur son cas un vote public ou secret (1). Sur l'avis d'Oppianicus, parce qu'il disait que Junius était un ami d'Habitus, il fut répondu qu'on voulait un vote secret. On entra en délibération. Toutes les voix sauf une, que Staienus disait être la sienne, dès la première action (2) condamnèrent Scamander. Qui donc alors ne voyait pas dans la condamnation de Scamander un jugement rendu sur Oppianicus ? Qu'est-ce que cette condamnation décidait, si ce n'est que l'on s'était procuré du poison pour le donner à Habitus ? Y eut-il enfin le plus léger soupçon qui atteignit Scamander ou qui pou-

(1) Une *lex Cassia* en 137 avait établi le vote secret *(per tabellas)*, dans les procès criminels. On doit supposer, d'après notre texte, que Sulla inspira une *lex Cornelia* laissant le choix libre entre le vote public et le vote secret.

(2) Il n'y avait « seconde action » que quand une majorité des juges avait rendu un verdict *non liquet*. Pour les procès *de repetundis*, depuis la *lex Seruilia* de 104, une « seconde action » était au contraire de règle.

re secum Cleophantum locutum esse dicebat. **54** Atque in illo iudicio cum Scamandrum nos defendere uideremur, uerbo ille reus erat, re quidem uera et periculo et tota accusatione Oppianicus. Neque id obscure ferebat nec dissimulare ullo modo poterat ; aderat frequens, aduocabat, omni studio gratiaque pugnabat ; postremo — id quod maximo malo illi causae fuit — hoc ipso in loco, quasi reus ipse esset, sedebat. Oculi omnium iudicum non in Scamandrum sed in Oppianicum coniciebantur ; timor eius, perturbatio, suspensus incertusque uoltus, crebra coloris mutatio, quae erant antea suspiciosa, haec aperta ac manifesta faciebant. XX **55** Cum in consilium iri oporteret, quaesiuit ab reo C. Iunius quaesitor ex lege illa Cornelia quae tum erat clam an palam de se sententiam ferri uellet. De Oppianici sententia responsum est, quod is Habiti familiarem Iunium esse dicebat, clam uelle ferri. Itum est in consilium. Omnibus sententiis praeter unam quam suam Staienus esse dicebat Scamander prima actione condemnatus est. Quis tum erat omnium qui Scamandro condemnato non iudicium de Oppianico factum esse arbitraretur ? quid est illa damnatione iudicatum, nisi uenenum id quod Habito daretur esse quaesitum ? Quae porro tenuissima suspicio conlata in Scamandrum est aut

53 secum Cleophantum *M*μ : se cum Cleophanto *a* (?Σ) ‖ locutum *M*μ*t* : collocutum *b*²*s*

54 et tota *M*μ : tota Σ*a* ‖ ac *M*μ : et Σ*a* ‖ faciebant : faciebat *M*μσ

55 C. Iunius *M*μ : Q. Iunius *b*²ψ*a* qui uuius Σ‖ uellet : ualet *M* ‖ Staienus Σ*a* (-nius Σ²) : Stalenus *M*μσ *sic fere semper* Scalenus μ ‖ quae porro *M*Σμ (*sup. lin. in* Σ que orum porro) : quae horum porro *b*²ψ²*s*

vait l'atteindre et qui fit croire qu'il avait conçu de lui-même le désir d'assassiner Habitus ? **56** Eh bien ! Après ce jugement, alors qu'Oppianicus était déjà condamné en fait et dans l'opinion de tous, s'il ne l'était pas encore par la loi et la proclamation du verdict, Habitus pourtant n'a point intenté aussitôt une accusation contre Oppianicus. Il a voulu savoir si les juges n'avaient de sévérité que pour ceux qu'ils avaient reconnu avoir détenu le poison en mains propres ou s'ils décidaient que le dessein et la connaissance de pareils forfaits méritaient le châtiment. Aussi ce fut Caius Fabricius, complice de ce crime, croyait-il, en raison de son intimité avec Oppianicus, qu'il accusa aussitôt après, et il obtint que l'affaire passât en premier lieu à cause de ses rapports avec l'autre (1). Mais alors Fabricius non seulement n'amena plus chez moi mes voisins et mes amis d'Aletrium mais ne put dorénavant lui-même trouver chez eux ni défenseurs, ni témoins de moralité. **57** En effet assumer avant le jugement la défense de la cause d'un homme, qui ne nous était pas étranger, si suspecte qu'elle fût, nous semblait un acte d'humanité, mais tenter d'ébranler un jugement rendu sur elle eût été de l'effronterie. C'est pourquoi alors, contraint par sa détresse et la nécessité, étant donné la nature de l'affaire, il eut recours aux frères Caepasius (2), hommes remuants et disposés à compter comme un honneur et un bienfait toute occasion qu'on leur donnait de prendre la parole. XXI Vraiment il y a bien de l'injustice dans cette situation : pour les maladies du corps, plus elles sont délicates, plus on recourt à un médecin habile et réputé ; dans un procès capital, plus la cause est délicate, plus on se sert d'avocats médiocres et sans

(1) Sur cet ordre assigné aux affaires, cf. § 59 et 94.

(2). Cf *Brutus*, 242 : « *Eodem tempore C. et L. Caepasii fratres fuerunt, qui multa opera ignoti homines et repentini quaestores celeriter facti sunt oppidano quodam et incondito genere dicendi.* »

conferri potuit ut is sua sponte necare uoluisse Habitum putaretur ?

56 Atque hoc tum iudicio facto et Oppianico re et existimatione iam, lege et pronuntiatione nondum condemnato tamen Habitus Oppianicum reum statim non fecit. Voluit cognoscere utrum iudices in eos solos essent seueri quos uenenum habuisse ipsos comperissent, an etiam consilia conscientiasque eius modi facinorum supplicio dignas iudicarent. Itaque C. Fabricium quem propter familiaritatem Oppianici conscium illi facinori fuisse arbitrabatur reum statim fecit, utique ei locus primus constitueretur propter causae coniunctionem impetrauit. Hic tum Fabricius non modo ad me meos uicinos et amicos Aletrinatis non adduxit sed ipse eis neque defensoribus uti postea neque laudatoribus potuit. **57** Rem enim integram hominis non alieni quamuis suspiciosam defendere humanitatis esse putabamus, iudicatam labefactare conari impudentiae. Itaque tum ille inopia et necessitate coactus in causa eius modi ad Caepasios fratres confugit, homines industrios atque eo animo ut quaecumque dicendi potestas esset data in honore atque in beneficio ponerent. XXI Iam hoc prope iniquissime comparatum est quod in morbis corporis, ut quisque est difficillimus, ita medicus nobilissimus atque optimus quaeritur, in periculis capitis, ut quaeque difficillima est, ita deterrimus obscurissimusque

56 Aletrinates : Larinates $b\psi^2a$ || sed : se $M\mu$
57 Caepasios : Caepacinos Σ

renom. Mais peut-être la raison en est-elle que les médecins n'ont à fournir que leur science, les orateurs ont à y ajouter leur appui moral. **58** On cite l'accusé. On ouvre les débats. Cannutius accuse en peu de mots comme pour une affaire jugée. L'aîné des Caepasius commence sa réponse par un préambule long et tiré par les cheveux. Au début on écoute son discours avec attention. Oppianicus, qui déjà se décourageait et se sentait accablé, redressait la tête. Fabricius de son côté était dans la joie. Il ne comprenait pas que ce qui touchait l'esprit des juges, ce n'était pas l'éloquence de Caepasius, c'était l'effronterie de sa défense. Quand il se mit à parler de l'affaire, il ajoutait lui-même comme de nouveaux coups à ceux que la cause comportait déjà. Bien qu'il le fît sans malice, il y avait des moments où il semblait non pas défendre, mais être de connivence avec l'accusation (1). Aussi tandis qu'il croyait faire un discours très habile, que dans les ressources les plus cachées de son art il était allé chercher ces paroles imposantes : « Considérez, Juges, la fortune des humains, considérez l'incertitude et la diversité de leurs vicissitudes, considérez l'âge de Caius Fabricius... », après avoir répété ce « Considérez... » en guise d'ornement oratoire, il se retourna en effet pour considérer. Mais Caius Fabricius, tête basse, avait quitté son banc. **59** Alors les juges de rire, le défenseur de se fâcher et de se plaindre qu'on lui enlevait ses moyens et qu'il ne pouvait plus utiliser le reste de ce beau développement : « Considérez, Juges... ». Peu s'en fallut qu'on ne le vît courir après Fabricius, le saisir à la gorge et le ramener à son banc, pour pouvoir achever ce qui lui restait à dire.

(1) *Praeuaricari accusationi* a surpris, n'étant pas usité ailleurs et le *Cluniacensis* ne semble pas avoir eu *accusationi*. Mais *praeu.* se dit de l'accusateur qui est de connivence avec la défense (cf. § 87). Le mot étant ici étendu au défenseur par analogie, *accusationi* est nécessaire par cela même. Est-ce un datif d'intérêt ? Ou plutôt est-il en rapport avec le préverbe *prae-* ?

patronus adhibetur. Nisi forte hoc caus*a*e est quod medici nihil praeter artificium, oratores etiam auctoritatem praestare debent. **58** Citatur reus, agitur causa ; paucis uerbis accusat ut de re iudicata Cannutius ; incipit longo et alte petito prooemio respondere maior Caepasius. Primo attente auditur eius oratio. Erigebat animum iam demissum et oppressum Oppianicus ; gaudebat ipse Fabricius ; non intellegebat animos iudicum non illius eloquentia sed defensionis impudentia commoueri. Postea quam de re coepit dicere, ad ea quae erant in causa addebat etiam ipse noua quaedam uolnera ut, quamquam sedulo faciebat, tamen interdum non defendere sed praeuaricari accusationi uideretur. Itaque cum callidissime se dicere putaret et cum illa uerba grauissima ex intimo artificio deprompsisset : « Respicite, iudices, hominum fortunas, respicite dubios uariosque casus, respicite C. Fabrici senectutem » — cum hoc « respicite » ornandae orationis causa saepe dixisset, respexit ipse. At C. Fabricius a subselliis demisso capite discesserat. **59** Hic iudices ridere, stomachari atque acerbe ferre patronus causam sibi eripi et se cetera de illo loco « Respicite, iudices » non posse dicere ; nec quicquam propius est factum quam ut

Test. **58** Itaque cum... discesserat Quintil. VI, 3, 40 || Respicite, iudices... discesserat Rufinianus (RL 39, 17).

57 nisi... debent *αa* : *om. Mμ, edd. ante Angelium* || hoc causae *Lambinus* : hoc causa *αa* haec causa *Naugerius*

58 demissum ς : dimissum *Mμ* || coepit dicere Σμ : coepit *om. M* dicere coepit σ || ut... uideretur *a* (?Σ) : hoc... uidebatur *Mμ* || accusationi *Mμa* : *om.* Σ *del. Lambinus* || dicere putaret : putaret dicere *Quintil.* || respicite dubios... casus *om. Quintil., Rufin.*

59 nec quicquam : nequicquam *M*

C'est dans ces conditions que Fabricius fut condamné, d'abord, ce qui est le plus grave, par la sentence qu'il rendait lui-même, ensuite par l'autorité de la loi et le vote des juges. XXII Avons-nous désormais à parler plus longtemps de la personne et du cas d'Oppianicus ? On l'accuse devant les mêmes juges, alors que deux arrêts antérieurs (1) l'avaient déjà condamné ; or ces mêmes juges, qui, en condamnant les Fabricius (2), avaient tranché son cas, lui assignèrent le premier tour (3). L'accusation comporta les griefs les plus graves, ceux que j'ai brièvement indiqués, et beaucoup en outre que tous je laisse maintenant de côté. L'accusation fut présentée devant ceux qui avaient condamné Scamander, instrument d'Oppianicus, et Fabricius, complice de l'attentat (4). **60** Au nom des dieux immortels, ce qui doit nous surprendre davantage, est-ce qu'il ait été condamné ou qu'il ait osé seulement répondre ? En effet qu'auraient pu faire ces juges ? Même si les Fabricius qu'ils avaient condamnés étaient innocents, il leur a bien fallu pour Oppianicus rester d'accord avec eux-mêmes et ne pas démentir leurs décisions antérieures. Comment auraient-ils pu révoquer eux-mêmes ces arrêts qui étaient les leurs, quand on voit les autres se préoccuper en jugeant de ne pas aller contre les arrêts d'autrui ? Eux qui avaient condamné l'affranchi de Fabricius, parce qu'il avait été l'instrument du crime, son patron parce qu'il en avait été le complice, auraient

(1) Pour le sens de *praeiudicium*, cf. § 9.

(2) Il ne saurait être question des deux jumeaux Fabricius, puisque Lucius était mort. On explique le pluriel comme englobant Caius Fabricius et son affranchi Scamander, donc les deux *praeiudicia*.

(3) En lui donnant la première place au rôle des affaires, les juges reconnaissaient implicitement la gravité de celle-ci.

(4) Le point délicat est celui-ci que Fabricius et Scamander ont été les instruments d'Oppianicus.

illum persequeretur et collo obtorto ad subsellia reduceret ut reliqua posset perorare. Ita tum Fabricius primum suo iudicio, quod est grauissimum, deinde legis ui et sententiis iudicum est condemnatus.

XXII Quid est quod iam de Oppianici persona causaque plura dicamus ? Apud eosdem iudices reus est factus, cum his duobus praeiudiciis iam damnatus esset ; ab isdem autem iudicibus qui Fabriciorum damnatione de Oppianico iudicarant locus ei primus est constitutus. Accusatus est criminibus grauissimis, et eis quae a me breuiter dicta sunt et praeterea multis quae ego omnia nunc omitto ; accusatus est apud eos qui Scamandrum ministrum Oppianici, C. Fabricium conscium malefici condemnarant. **60** Vtrum per deos immortalis ! magis est mirandum quod is condemnatus est, an quod omnino respondere ausus est ? Quid enim illi iudices facere potuerunt ? qui si innocentis Fabricios condemnassent, tamen in Oppianico sibi constare et superioribus consistere iudiciis debuerunt. An uero illi sua per se ipsi iudicia rescinderent, cum ceteri soleant in iudicando ne ab aliorum iudiciis discrepent prouidere ? et illi qui Fabrici libertum, quia minister in maleficio fuerat, patronum, quia conscius, condemnassent, ipsum

59 Ita Σ*b*²*a* : iam *M*μ || persona causaque α*a* : causa *M*μ || his Mμ : is Σ || praeiudiciis : praeiudicibus *B* || eis quae : iisque *M*μσ || *ante* breuiter *legitur in M* : « bene b uiter ut cum omnia pene dixe multa adhuc sibi reseruasse uideatur », *quae glossae uerba etiam in* μ σ *in textum recepta sunt* || nunc omitto *M*μ : nunc *post* ego Σ *ante* ego *s om. t* || C. Fabricium α*a* : Fabricium *M*μ

60 consistere *M*μ : consentire α*a* || rescinderent (-unt *b*¹) *M*μ perscinderent (-unt *s*) *a* || illi qui *b* : iniqui *M* ii qui ψ*a* num qu hi qui ς || conscius : conscius esset Σψ²*a*

pu acquitter l'instigateur, le machinateur même du forfait ? Et ceux qui dans les deux cas précédents, où il n'y avait pas d'arrêt antérieur, avaient condamné sur les seuls faits de la cause, auraient absous celui qui était venu devant eux déjà condamné deux fois ? **61** Oh ! alors les tribunaux sénatoriaux de ce temps-là, frappés non plus d'un décri mal fondé (1), mais d'une honte aussi légitime qu'éclatante, submergés sous l'opprobre et l'infamie n'auraient plus rien laissé à dire à leurs défenseurs. Et qu'auraient en effet bien pu répondre ces juges, si quelqu'un leur avait demandé : « Vous avez condamné Scamander : pour quel crime ? — C'est, dites-vous, parce qu'il avait voulu faire empoisonner Habitus par l'esclave de son médecin. — Que cherchait Scamander dans la mort d'Habitus ? — Rien, mais il était l'auxiliaire d'Oppianicus. — Vous avez condamné aussi Caius Fabricius : pourquoi ? — Parce qu'il n'était pas probable que, familier très intime d'Oppianicus, ayant eu son affranchi pris sur le fait dans une action criminelle, il eût été étranger à cette machination. » Si dans ces conditions ils avaient acquitté Oppianicus lui-même, condamné deux fois par leurs propres arrêts, qui aurait pu supporter une telle infamie de la justice, une telle incohérence dans les choses jugées, un tel arbitraire chez les juges ? **62** Que si vous voyez bien, ce que tout mon discours a maintenant mis en lumière, que l'accusé devait fatalement être condamné dans ce procès, surtout par les mêmes juges qui avaient rendu deux sentences préalables, vous voyez fatalement du même coup qu'il n'a pu y avoir pour l'accusateur de motif qui l'incitât à corrompre le tribunal.

(1) Cicéron pense ici à la campagne d'agitation menée par le tribun Quinctius (cf. § 79, 93) contre la justice sénatoriale. Les *Verrines* ne firent que prendre leur place dans le courant hostile qui amena en 70 le vote de la *lex Aurelia* (cf. l'allusion de Cicéron lui-même dans *Verr.*, I, 2).

principem atque architectum sceleris absoluerent ? et qui ceteros nullo praeiudicio facto tamen ex ipsa causa condemnassent, hunc quem bis iam condemnatum acceperant liberarent ? **61** Tum uero illa iudicia senatoria non falsa inuidia sed uera atque insigni turpitudine notata atque operta dedecore et infamia defensioni locum nullum reliquissent. Quid enim tandem illi iudices responderent, si qui ab eis quaereret : « Condemnastis Scamandrum, quo crimine ? » « Nempe quod Habitum per seruum medici ueneno necare uoluisset. » « Quid Habiti morte Scamander consequebatur ? » « Nihil, sed administer erat Oppianici. » « Et condemnastis C. Fabricium, quid ita ? » « Quia, cum ipse familiarissime Oppianico usus, libertus autem eius in maleficio deprehensus esset, illum expertem eius consili fuisse non probabatur. » Si igitur ipsum Oppianicum bis suis iudiciis condemnatum absoluissent, quis tantam turpitudinem iudiciorum, quis tantam inconstantiam rerum iudicatarum, quis tantam libidinem iudicum ferre potuisset ?

62 Quod si hoc uidetis quod iam hac omni oratione patefactum est, illo iudicio reum condemnari, praesertim ab isdem iudicibus qui duo praeiudicia fecissent, necesse fuisse, simul illud uideatis necesse est, nullam accusatori causam esse potuisse cur iudicium uellet

60 bis iam condemnatum Σa : iam bis condemn. *b* bis condemn. iam $M\sigma\psi$

61 operta : operata $M\mu$ || eis : his $M\sigma$ || et condemnastis αa : condemnastis $M\mu$ ||

62 oratione : ratione Σ || accusatori : accusatoris Σa || causam esse $M\mu$: esse causam Σa

XXIII Je te le demande en effet, Titus Attius, et je laisse maintenant de côté tout autre argument, estimerais-tu que les Fabricius eux aussi ont été des innocents condamnés ? Dirais-tu par hasard que ces sentences elles aussi avaient été obtenues par la corruption de l'argent, quand on y a vu l'un acquitté par le seul Staienus, l'autre allant jusqu'à se condamner lui-même ? Eh bien ! s'ils étaient coupables, de quelle action criminelle ? Leur a-t-on reproché autre chose que d'avoir cherché du poison pour faire périr Habitus ? Dans ces affaires, de quoi a-t-il été question si ce n'est de cet attentat préparé contre Habitus par Oppianicus avec le concours des Fabricius ? Juges, vous ne trouverez rien, je le dis bien, rien d'autre. Il y a le souvenir qui persiste. Il y a des registres officiels (1). Si je mens, confonds-moi ; fais lire les dépositions des témoins ; fais voir ce qui dans le procès de ces personnages, en dehors de ce poison d'Oppianicus, leur a été reproché, non seulement sous forme de grief précis, mais aussi en guise d'insinuation malveillante. **63** Il y a encore beaucoup à dire sur la nécessité où l'on était de rendre un tel arrêt. Mais je vais aller, Juges, au devant de votre attente. Car vous avez beau m'écouter si bien que jamais personne ne fut, je pense, écouté avec plus de bienveillance, plus d'attention, néanmoins il y a un bon moment que, sans rien me dire, votre attente m'appelle ailleurs, qu'elle semble m'opposer ces mots : « Eh quoi ! Tu nies qu'il y a eu corruption en ce procès ? » Je ne le nie pas. Ce que je soutiens, c'est que mon client n'a pas été le corrupteur. « Qui donc l'a été ? » Voici mon opinion. En premier lieu, s'il y avait eu incertitude sur l'issue éventuelle de ce procès, il serait malgré

(1) Ce passage (cf. aussi le § 99) a le grand intérêt de nous montrer qu'on conservait dans les *tabulae publicae* un compte-rendu des débats dans les procès criminels ; il contenait notamment les témoignages (Greenidge, *op. laud.*, p. 487, n. 5).

corrumpere. XXIII Quaero enim abs te, T. Atti, relictis iam ceteris argumentis omnibus, num Fabricios quoque innocentis condemnatos existimes, num etiam illa iudicia pecunia corrupta esse dicas, quibus in iudiciis alter a Staieno solo absolutus est, alter etiam ipse se condemnauit. Age, si nocentes, cuius malefici ? num quid praeter uenenum quaesitum quo Habitus necaretur obiectum est ? num quid aliud in illis iudiciis uersatum est praeter hasce insidias Habito ab Oppianico per Fabricios factas ? Nihil, nihil, inquam, aliud, iudices, reperietis. Exstat memoria, sunt tabulae publicae ; redargue me, si mentior ; testium dicta recita, doce in illorum iudiciis quid praeter hoc uenenum Oppianici non modo in criminis sed in male dicti loco sit obiectum. **63** Multa dici possunt qua re ita necesse fuerit iudicari, sed ego occurram exspectationi uestrae, iudices. Nam etsi a uobis sic audior ut numquam benignius neque attentius quemquam auditum putem, tamen uocat me alio iam dudum tacita uestra exspectatio quae mihi obloqui uidetur : « Quid ergo ? negasne illud iudicium esse corruptum ? » Non nego, sed ab hoc corruptum non esse confirmo. « A quo igitur est corruptum ? » Opinor, primum, si incertum fuisset quisnam exitus illius iudici futurus

Test. **63** iudicium esse corruptum QUINTIL. IX, 2, 51

62 abs te $M\mu$: de te Σs || T. : Tit (?) M || quibus in αa : quibus $M\mu$ || Staieno : Stageno M Scaieno a || age si nocentes $M\mu$: ages innocentis Σa || Fabricios $M\mu$: Fabricium Σa || inquam $M\sigma a$: unquam $b\psi$ || exstat memoria Σa : exstant (-stat M) memoriae $M\mu$ || loco $M\mu$: locum Σa

63 etsi αa : si $M\mu$ || esse corruptum $M\mu$ *Quintil.* : corruptum esse Σa

tout plus vraisemblable que le corrupteur a été celui qui avait eu peur d'être condamné lui-même plutôt que celui qui avait redouté de voir l'autre acquitté. En second lieu, alors que personne ne pouvait douter de la sentence qui devait nécessairement être rendue, le corrupteur était du moins celui qui avait eu peur d'être condamné lui même plutôt que celui qui avait tous les motifs d'avoir foi en la sienne. Enfin c'était au moins celui qui devant les mêmes juges avait subi deux échecs plutôt que celui qui deux fois leur avait fait approuver son parti. **64** Il y a en tout cas un point que personne, si malveillant soit-on pour Cluentius, ne se refusera à m'accorder : c'est que, s'il est manifeste que ce tribunal a été acheté, ce fut par Habitus ou bien par Oppianicus. Si je montre que ce n'est point par Habitus, je prouve que c'est par Oppianicus ; si je fais voir que c'est par Oppianicus, je décharge Habitus (1). C'est pourquoi, bien que j'aie assez montré que mon client n'avait point de motif pour corrompre, d'où l'on voit qu'Oppianicus est le corrupteur, veuillez pourtant étudier séparément le cas de ce dernier. XXIV Oh ! je n'irai pas recourir à ces arguments qui sont du plus grand poids : que le corrupteur a été celui qui courait un danger, celui qui avait peur, celui qui ne voyait pas ailleurs l'espoir de son salut, celui qui en tout temps avait montré une audace singulière. De tels arguments abondent ; mais comme je tiens un fait qui n'est pas douteux, qui est évident et manifeste, il n'est pas néces-

(1) Quintilien (*Inst. Oral.*, V, 10, 68) cite ce passage comme exemple de dilemme. Il devait être fameux à ce titre. Car il est l'aboutissement de toute la manœuvre de l'avocat, telle que nous l'analysons dans l'Introduction, p. 29. Mais nous avons dit combien il était sophistique puisqu'il y avait eu double corruption et que, si Oppianicus s'était rendu coupable, Cluentius n'était pas innocent.

esset, ueri similius tamen esset eum potius corrupisse qui metuisset ne ipse condemnaretur quam illum qui ueritus esset ne alter absolueretur ; deinde, cum esset nemini dubium quid iudicari necesse esset, eum certe potius qui sibi ali*qu*a ratione diffideret quam eum qui omni ratione confideret ; postremo certe potius illum qui bis apud eos iudices offendisset quam eum qui bis iis causam probauisset. **64** Vnum quidem certe nemo erit tam inimicus Cluentio qui mihi non concedat, si constet corruptum illud esse iudicium, aut ab Habito aut ab Oppianico esse corruptum ; si doceo non ab Habito, uinco ab Oppianico ; si ostendo ab Oppianico, purgo Habitum. Qua re, etsi satis docui rationem nullam huic corrumpendi iudici fuisse, ex quo intellegitur ab Oppianico esse corruptum, tamen de illo ipso separatim cognoscite. XXIV Atque ego illa non argumentabor quae sunt grauia uehementer, eum corrupisse qui in periculo fuerit, eum qui metuerit, eum qui spem salutis in alia ratione non habuerit, eum qui semper singulari fuerit audacia. Multa sunt eius modi ; uerum cum habeam rem non dubiam sed apertam atque manifestam, enumeratio singulorum argumentorum non est neces-

Test. **64** Vnum quidem... purgo Habitum QVINTIL. V, 10, 68 ‖ Vnum quidem nemo... Cluentio IVLIVS RVFINIANVS (RL 42, 25)

63 nemini *Mμ* : non *Σa* ‖ aliqua *edd.* : alia *Mμa* ‖ bis iis (his σ) causam *Mσ* : bis causam iis (his *b*) *bψ* bis causam *Σa*
64 inimicus *αa Quintil.*, *Rufin.* : iniquus *Mμ* ‖ esse iudicium *Mμ Quintil.* : iudicium esse *Σa* ‖ ostendo ab Oppianico : ab Oppianico *om.* *Σb²a* ‖ corrumpendi iudicii *b²ψ²a* : iudicii *om.* *Mμ* ‖ habeam : habes *Σa*

saire d'énumérer un à un les arguments. **65** Je dis que Statius Abbius a donné au juge Caius Aelius Staienus une somme d'argent considérable pour corrompre le tribunal. Y a-t-il quelqu'un pour dire non ? Je m'adresse à toi, Oppianicus, à toi, Titus Attius, à vous dont l'un déplore cette condamnation par son éloquence, l'autre sans mot dire par sa piété de fils. Osez nier qu'Oppianicus a donné de l'argent au juge Staienus ; niez, niez, dis-je, je vous cède mon tour (1). Pourquoi restez-vous silencieux ? Serait-ce que vous ne pouvez nier ce que vous avez réclamé, reconnu, emporté ? De quel front enfin rappelez-vous la corruption du tribunal, quand vous reconnaissez que de votre côté une somme d'argent a été donnée à un juge avant la sentence et après la sentence lui a été retirée ? **66** Comment donc les faits se sont-ils passés ? Je remonterai, Juges, un peu plus haut en arrière, et tout ce qui est resté caché dans une longue obscurité, je vous le montrerai si bien qu'il vous semblera le voir de vos yeux. Mais vous, je vous en prie, écoutez-moi pour ce qui me reste à dire avec l'attention que vous m'avez témoignée jusqu'ici. Soyez assurés qu'aucune de mes paroles ne sera indigne de cette assemblée, de ce silence, indigne de votre empressement et de votre audience. Donc, dès qu'Oppianicus commença de soupçonner ce qui le menaçait par l'accusation dirigée contre Scamander, il s'appliqua aussitôt à se gagner l'amitié d'un personnage besogneux, entreprenant, entraîné à la corruption des tribunaux et qui se trouvait alors être juge, Staienus. Une première fois, quand Scamander fut accusé, il avait réussi par ses dons, ses cadeaux, ses présents à avoir en lui un appui plus passionné que ne le

(1) *Meo loco* désigne le tour de parole revenant à chacune des parties. Cf. *Pro Rosc. Amer.*, 73. Nous voyons par ce passage que la partie adverse ne pouvait interrompre pour contredire, que si l'orateur le lui permettait. *Meo* est également la leçon de *M.*

saria. **65** Dico C. Aelio Staieno iudici pecuniam grandem Statium Abbium ad corrumpendum iudicium dedisse. Num quis negat ? Te appello, Oppianice, te, T. Atti, quorum alter eloquentia damnationem illam, alter tacita pietate deplorat ; audete negare ab Oppianico Staieno iudici pecuniam datam, negate, negate, inquam, meo loco. Quid tacetis ? an negare non potestis quod repetistis, quod confessi estis, quod abstulistis ? Quo tandem igitur ore mentionem corrupti iudici facitis, cum ab ista parte iudici pecuniam ante iudicium datam, post iudicium ereptam esse fateamini **66** Quonam igitur haec modo gesta sunt ? Repetam paulo altius, iudices, et omnia quae in diuturna obscuritate latuerunt sic aperiam ut ea cernere oculis uideamini. Vos quaeso, ut adhuc me attente audistis, item quae reliqua sunt audiatis ; profecto nihil a me dicetur quod non dignum hoc conuentu et silentio, dignum uestris studiis atque auribus esse uideatur.

Nam ut primum Oppianicus ex eo quod Scamander reus erat factus quid sibi impenderet coepit suspicari, statim se ad hominis egentis, audacis, in iudiciis corrumpendis exercitati, tum autem iudicis, Staieni familiaritatem applicauit. Ac primum Scamandro reo tantum donis datis muneribusque perfecerat ut eo fautore

65 D:co : Dic *M*σ || C. Aelio : Caelio *M*μσ || Staieno Σ*a* : Stageno *M* Stagneno σ Satageno *uel* Scaleno *alii* || appello, Oppianice *M*μ : Oppianice, appello Σ*a* || T. : Tite *M om.* Σ*a* || meo *M*Σ*b*[2]*a* : in eo μσ || an Σ*a* : at *M*μ || ante iudicium : ante iudicum *M*
66 attente audistis : attendistis (—itis *B*) Σ*B* || item *M*μ : ut item Σ*Ba* || dicetur : dicatur Σ || applicauit *M*μ : se applicauit α*a* || donis datis muneribusque *M*μ : datis muneribus Σ*a* datis *deleu. Peterson, Clark, Fruechtel, at uide Schoenberger, p.* 99 || fautore α*a* : autore *M* (*ubi* f *erasi uestigia deprehendas*) auctore μ

demandait la conscience d'un juge. 67 Mais ensuite, quand Scamander n'eut pour l'absoudre que l'opinion du seul Staienus, que le patron de Scamander n'eut pour son acquittement pas même la sienne propre, il estima qu'il fallait des remèdes plus énergiques pour assurer son salut. Alors il commença à chercher pour sa tête et ses intérêts un secours en Staienus, l'homme qui lui paraissait avoir le plus d'intelligence pour imaginer, le plus d'impudence pour oser, le plus d'énergie pour exécuter. (Il avait en effet jusqu'à un certain point ces qualités et il feignait de les avoir à un degré plus élevé encore). XXV Or, Juges, vous ne l'ignorez pas, les bêtes même, quand la faim les en fait souvenir, retournent d'ordinaire à l'endroit où elles ont une fois trouvé leur pâture. 68 Ce Staienus, deux ans auparavant, s'était chargé de l'affaire des biens de Safinius à Atella (1). Il avait déclaré qu'avec six cent mille deniers il corromprait le tribunal. Les ayant reçus du pupille, il les détourna. La sentence rendue, il ne les restitua ni à Safinius ni aux acquéreurs des biens. Après avoir dépensé cet argent, sans en rien réserver, je ne dis pas pour satisfaire ses fantaisies, mais même ses besoins, il décida qu'il lui fallait revenir au même genre de butin et aux détournements judiciaires. Voyant donc Oppianicus déjà perdu et étranglé par les deux jugements préalables, il le redressa du sol où il gisait par les promesses qu'il lui fit et il lui interdit du

(1) Cf. encore sur cette affaire le § 99. Atella est ici plutôt le nom de la ville que le cognomen de Safinius (en ce dernier sens Ramsay, Peterson). On suppose que Safinius, le pupille en question avait vu ses biens frauduleusement détournés et vendus par ses tuteurs et qu'il en poursuivait la récupération. Il aurait recouru à Staienus pour acheter ses juges. A dire vrai, dans cette hypothèse, on voit bien pourquoi Staienus, détournant l'argent, évite de le rendre ; on comprend moins bien les mots : « ... ni aux acquéreurs de biens ».

uteretur cupidiore quam fides iudicis postulabat. **67** Post autem cum esset Scamander unius Staieni, patronus autem Scamandri ne sua quidem sententia liberatus, acrioribus saluti suae remediis subueniendum putauit. Tum a Staieno, sicut ab homine ad excogitandum acutissimo, ad audendum impudentissimo, ad efficiendum acerrimo — haec enim ille et aliqua ex parte habebat et maiore ex parte se habere simulabat — auxilium capiti et fortunis suis petere coepit. XXV Iam hoc non ignoratis, iudices, ut etiam bestiae fame monitae plerumque ad eum locum ubi pastae aliquando sint reuertantur. **68** Staienus ille biennio ante cum causam bonorum Safini Atellae recepisset, sescentis milibus nummum se iudicium corrupturum esse dixerat. Quae cum accepisset a pupillo, suppressit iudicioque facto nec Safinio nec bonorum emptoribus reddidit. Quam cum pecuniam profudisset et sibi nihil non modo ad cupiditates suas sed ne ad necessitatem quidem reliquisset, statuit ad easdem esse sibi praedas ac suppressiones iudicialis reuertendum. Itaque cum Oppianicum iam perditum et duobus iugulatum praeiudiciis uideret, promissis eum suis excitauit abiectum et simul saluti

Test. **67** ut etiam bestiae... reuertuntur (*sic*) AMM. MARCELL. XIV, 2, 2

68 sexcentis... dixerat ARUSIANUS MESSIUS (GL VII 460, 11)

67 esset *Mμ* : erat *Σa* || Staieni *Mμσ* : Staieni sententia absolutus *Σμ* || tum a *Mμ* : tum ab *Σa* || et fortunis *Mμ* : ac fortunis *Σa* || hoc non $\sigma b^2\psi^2 a$: hoc $Mb^1\psi^1$ || monitae *αa Amm. Marcell.* : dominante *Mμ* || pastae aliquando sint *Mμ* : pastae sunt aliquando *Σa* aliquando pastae sunt *Amm. Marc.* || reuertantur : reuescantur Σ

68 cum *Ascens.* (2) : quam *Mμa* || eum suis *Mμ* : suis eum *Σa*

coup de désespérer de son salut. Oppianicus se mit à supplier le personnage, pour qu'il lui dévoilât les moyens de corrompre un tribunal. **69** Mais lui, ainsi qu'on l'a appris par la suite d'Oppianicus lui-même, déclara que personne dans la cité si ce n'est lui ne pouvait arriver à ce résultat. D'abord il fit le difficile, parce qu'il était, disait-il, candidat à l'édilité en concurrence avec des hommes de grande noblesse et qu'il redoutait de se faire mal voir et de heurter l'opinion. Ensuite il se laissa convaincre (1). Il demanda au début une somme d'argent très forte ; puis il en vint à ce qu'il était possible de se procurer et il fit porter chez lui dans sa maison six cent quarante mille sesterces. Dès que la somme fut chez lui, le coquin se familiarisa vite avec cette idée et cette réflexion que rien ne serait plus profitable à ses intérêts qu'une condamnation d'Oppianicus. S'il était acquitté, il faudrait ou bien distribuer la somme d'argent entre les juges ou bien la lui rendre. S'il était condamné, personne ne la lui réclamerait. **70** Aussi imagine-t-il un détour extraordinaire. Mais ces faits véritables, Juges, que j'expose, seront crus de vous plus facilement si vous voulez vous représenter après les années écoulées la vie et le caractère de Caius Staienus. Car c'est d'après l'opinion qu'on a des mœurs de chacun qu'on peut apprécier ce qu'il a fait ou ce qu'il n'a pas fait. XXVI Parce qu'il était besogneux, dépensier, entreprenant, rusé, enclin aux perfidies, parce que chez lui, en des lieux de misère et

(1) L'édilité comportait des charges dispendieuses, et ses projets électoraux pouvaient inciter Staienus à rechercher de l'argent. Sa carrière politique fut brisée par cette affaire : cf. *Brutus*, 241 : « ... *C. Staienus ... feruido quodam et petulanti et furioso genere dicendi : quod quia multis gratum erat et probabatur, ascendisset ad honores, nisi in facinore manifesto deprehensus poenas legibus et iudicio dedisset.* »

desperare uetuit. Oppianicus autem orare hominem coepit ut sibi rationem ostenderet iudici corrumpendi. **69** Ille autem, quem ad modum ex ipso Oppianico postea est auditum, negauit quemquam esse in ciuitate praeter se qui id efficere posset. Sed primo grauari coepit, quod aedilitatem se petere cum hominibus nobilissimis et inuidiam atque offensionem timere dicebat. Post exoratus initio permagnam pecuniam poposcit, deinde ad id peruenit quod confici potuit; sestertia sescenta quadraginta milia deferri ad se domum iussit. Quae pecunia simul atque ad eum delata est, homo impurissimus statim coepit in eius modi mente et cogitatione uersari, nihil esse suis rationibus utilius quam Oppianicum condemnari; illo absoluto pecuniam illam aut iudicibus dispertiendam aut ipsi esse reddendam; damnato repetiturum esse neminem. **70** Itaque rem excogitat singularem. Atque haec, iudices, quae uere dicuntur a nobis facilius credetis, si cum animis uestris longo interuallo recordari C. Staieni uitam et naturam uolueritis; nam perinde ut opinio est de cuiusque moribus, ita quid ab eo factum et non factum sit existimari potest. XXVI Cum esset egens, sumptuosus, audax, callidus, perfidiosus, et cum domi suae

Test. **70** Cum esset egens... mentem suam cepit IVLIVS SEVERIANVS (RL 361, 21) *cuius codd. uerba* et cum... uideret *omiserunt praeter F in quo additum est* : et cum domi suae miserrimus et inanissimus tantum nummorum positum uideret

68 Oppianicus autem Σψ²*a* : Oppianicus *M*μ
69 posset *Ernesti cod. Oxoniensem secutus* : possit *codd.* || sestertia sescenta quadraginta milia (*om.* milia ψ*t*) *M*μ*t* : xxxx Σ*s* HS DCXL *Clark*
70 uere *M*μ : uera Σ*a* || et non *M*μ : aut non Σ*a*

de dénument extrêmes (1) il voyait déposée une telle somme de deniers, il se prit à envisager toutes les scélératesses et toutes les tromperies : « Je les donnerais aux juges ? Mais alors, à moi, que m'en reviendra-t-il ? si ce n'est des risques et de l'infamie ? Ne saurais-je rien imaginer qui rende inévitable la condamnation d'Oppianicus ? Et enfin — car tout peut bien arriver — si quelque hasard d'aventure le tire d'affaire, ne faudra-t-il pas restituer ? Donc, se dit-il, bousculons celui qui chancelle, jetons à terre celui qui est perdu. 71 Il s'arrête au parti de promettre de l'argent à quelques-uns des juges les moins scrupuleux et de le retenir ensuite : ainsi, comme les gens sérieux rendraient spontanément un arrêt sévère, en frustrant ceux qui avaient moins de caractère il exciterait leur ressentiment contre Oppianicus. Et de cette manière, en homme qui faisait tout à contre-temps et à l'envers, il commence par le Bulbus (2). Le personnage était d'humeur sombre ; il bâillait de n'avoir rien gagné depuis longtemps. Il l'excite doucement : « Hé toi !, lui dit-il, tu ne m'aides pas en quelque chose, Bulbus, pour que nous ne servions pas gratuitement la république ? » Mais lui, sitôt qu'il eut entendu « Pas gratuitement » : « Je te suivrai, dit-il, où tu voudras, mais que m'apportes-tu ? » Staienus lui promet alors quarante mille sesterces si Oppianicus est acquitté et il le prie de s'aboucher avec ceux qu'il fréquentait volontiers. De surcroît lui-même, le fricoteur de toute

(1) Le texte des meilleurs manuscrits peut sans doute être gardé. Parmi les diverses corrections proposées, celle d'Ernesti de *locis* en *loculis* est séduisante.

(2) Toute cette page est farcie de calembours impossibles ou malaisés à rendre en traduction. *Bulbus* veut dire oignon. L'usage n'était sans doute pas d'en manger au début du repas : voilà pourquoi Staienus fait « tout à contretemps et à l'envers ».

miserrimis in locis et inanissimis tantum nummorum positum uideret, ad omnem malitiam et fraudem uersare mentem suam coepit. « Dem ego iudicibus ? mihi igitur ipsi praeter periculum et infamiam quid quaeretur ? Nihil excogitem quam ob rem Oppianico damnari necesse sit ? Quid tandem ? — nihil enim est quod fieri non possit — si quis eum forte casus ex periculo eripuerit, nonne reddendum est ? Praecipitantem igitur impellamus » inquit « et perditum prosternamus ». **71** Capit hoc consilium ut pecuniam quibusdam iudicibus leuissimis polliceatur, deinde eam postea supprimat ut, quoniam grauis homines sua sponte seuere iudicaturos putabat, eos qui leuiores erant destitutione iratos Oppianico redderet. Itaque, ut erat semper praeposterus atque peruersus, initium facit a Bulbo et eum, quod iam diu nihil quaesierat, tristem atque oscitantem leuiter impellit. « Quid tu ? » inquit « ecquid me adiuuas, Bulbe, ne gratiis rei publicae seruiamus ? » Ille uero simul atque hoc audiuit « ne gratiis » : « Quo uoles » inquit « sequar ; sed quid adfers ? » Tum ei quadraginta milia, si esset absolutus Oppianicus, pollicetur et eum ut ceteros appellet quibuscum loqui consuesset rogat

Test. **70** dem iudicibus ? Mihi igitur nihil quaeretur IULIUS RUFINIANUS (RL 44, 5)

70 miserrimis *Mb²σψs* : miserrimus *b¹t Iulii Seueriani cod. F.* || inanissimis : inanissimus *Iulii Seueriani cod. F* || ad : in *Seuerianus* || mentem suam *Mμ* : suam mentem *αa* || Dem ego *scripsi* : deme *Mμ* eodem Σ ego (eo ego *s*) dem *b²ψ²a* demne *uulg.* || iudicibus Σ *Iul. Rufin.* : iud *M* iudices σ || igitur ipsi *Mμ* : ipsi igitur Σ*a* || Oppianico *Mμ* : Oppianicum Σ*a* || quid Σ*b¹a* : qui *cett.* || fieri non *Mμ* : non fieri Σ*a*

71 consilium *Mμ* : consilii Σψ²*a* || iudicibus : in iudicibus *M* || iudicaturos : iudicaturus *M* || quo uoles : quod uoles Σ*a*

l'affaire arrose notre Oignon (Bulbus) d'une goutte de jus (de Gutta) (1). 72 Aussi parut-il de la plus exquise douceur à ceux qui avaient pris dans ses propos un avant-goût d'espoir. Un jour, deux jours s'étaient écoulés et l'affaire ne paraissait pas bien sûre ; on s'étonnait de ne pas voir de dépositaire qui garantirait les fonds (2). Alors Bulbus, le visage souriant, interpelle notre homme d'une voix aussi caressante qu'il le peut : « Hé toi ! dit-il, Paetus (Staienus en effet s'était attribué de lui-même ce prénom emprunté aux portraits de famille des Aelius, craignant, s'il s'était fait « Ligure », qu'on ne vît là le nom de son peuple plutôt que celui de sa famille) (3), on me demande ce dont tu m'as parlé : où est l'argent ? » Lui, ce maître fripon (4), nourri dans les rapines judiciaires, qui couvait déjà de ses espoirs et de son cœur l'argent qu'il avait serré, fronce les sourcils (rappelez-vous sa physionomie, ses airs étudiés et hypocrites) lui, tout pétri de fourberie et de mensonge, lui qui avait assaisonné ces vices qu'il tenait de la nature avec je ne sais quel talent et quel art de malice, assure bel et bien qu'il a été trahi par Oppianicus et il ajoute en guise de preuve qu'il sera pour la condamnation dans ce vote que tous allaient avoir à

(1) Staienus est *conditor* de toute l'affaire : *conditor* (de *condere*) est le fondateur ; *conditor* (de *condire*), celui qui assaisonne. *Gutta* aurait ici le sens (NETTLESHIP, *Journal of Philology*, XIII, 25, p. 75) de σταχτή qui désigne une huile parfumée de myrrhe.

(2) Sur *sequester*, cf. *supra*, § 25.

(3) Cf. *Brutus*, 241 : « *Et C. Staienus qui se ipse adoptauerat et de Staieno Aelium fecerat ...* » Il y avait dans la gens Aelia divers *cognomina* en usage. Staienus en choisit un, Paetus qui ne prêtait pas à équivoque comme l'eût fait un autre, Ligus : les Ligures passaient, selon Caton l'ancien, pour illettrés et menteurs.

(4) AULU-GELLE donne *sycophanta* comme équivalent de *planus*. (Cf. HOR., *Epist.*, I, 17, 58 ; PETR., 82).

atque etiam ipse conditor totius negoti Guttam aspergit huic Bulbo. **72** Itaque minime amarus eis uisus est qui aliquid ex eius sermone speculae degustarant. Vnus et alter dies intercesserat cum res parum certa uidebatur ; sequester et confirmator pecuniae desiderabatur. Tum appellat hilari uoltu hominem Bulbus ut blandissime potest : « Quid tu » inquit « Paete ? » — hoc enim sibi Staienus cognomen ex imaginibus Aeliorum delegerat ne, si se Ligurem fecisset, nationis magis suae quam generis uti cognomine uideretur — « qua de re mecum locutus es, quaerunt a me ubi sit pecunia. » Hic ille planus improbissimus quaestu iudiciario pastus, qui illi pecuniae quam condiderat spe iam atque animo incubaret, contrahit frontem — recordamini faciem atque illos eius fictos simulatosque uoltus — et, qui esset totus ex fraude et mendacio factus quique ea uitia quae ab natura habebat etiam studio atque artificio quodam malitiae condiuisset, pulchre adseuerat se ab Oppianico destitutum atque hoc addit testimoni, sua illum sententia, cum palam omnes laturi essent, condemnatum iri.

Test. **71** guttam aspargit (*sic*) huic Bulbo ARUSIANUS MESSIUS, (GL VII, 511, 7)

72 iste planus improbissimus PORPHYRIO, *ad Hor. ep. I, 17, 55. Cf.* AUL. GELL., XVI, 7, 10 : planum pro sycophanta M. Cicero in oratione scriptum reliquit, quam pro Cl. dixit

72 amarus *Mμ* : auarus Σ*a* ‖ iis *b²a* : is *Mμ* ‖ speculae *αa* : spe gulae *Mμ* ‖ degustarant *a* : degustarat Σ *Mbψ* (*om.* σ) ‖ hilari *Mμ* : hilaro *a* ‖ blandissime *Mμ* : placidissime *a* ‖ Paete *a* : Pacete *Mμ* facete *b²ψ²* ‖ ille : iste *Porphyr.* ‖ planus *Mσ Gellius* : plane (plane Σ) Σς planius *ba* ‖ incubaret : incubarat Σ*b¹* ‖ *post* uoltus *codd. habent* queritur se ab Oppianico destitutum, *a Peterson deletum* ‖ ab natura Σ*Mψt* : a natura *bσs* ‖ se : sese *a* ‖ destitutum : destinatum *M* ‖ cum : quam *μb²* ‖ palam omnes : palamonis *M*

rendre publiquement. XXVII **73** Dans les conversations le bruit s'était répandu qu'entre les juges, au cours de la délibération, on avait parlé d'argent ; la chose n'était pas restée aussi secrète qu'elle aurait dû l'être ; elle n'était pas connue aussi clairement qu'il l'eût fallu dans l'intérêt de la république. Au milieu de cette incertitude et de ces soupçons de tous, Cannutius, homme averti, qui avait senti à je ne sais quelle odeur de suspicion que Staienus avait été corrompu, mais qui ne croyait pas l'intrigue encore achevée, décida de faire entendre le « Ils ont parlé » (1). Oppianicus sur le moment n'en ressentit pas une grande crainte : il croyait que Staienus avait tout réglé. **74** Il y avait trente-deux juges qui allaient délibérer ; avec seize suffrages on pouvait obtenir l'acquittement (2). Six cent quarante mille sesterces, répartis entre les juges, à raison de quarante mille par tête, devaient permettre d'obtenir un nombre tel que Staienus lui-même n'ajouterait que comme un dix-septième suffrage pour tout parfaire et dans l'espoir d'une récompense plus grande. Le hasard voulut même, parce que l'affaire avait été précipitée, que Staienus lui-même ne fût pas là. Il était devant un juge à plaider je ne sais quelle cause. Habitus n'en était pas fâché. Cannutius pas davantage, mais bien Oppianicus et son avocat Lucius Quinctius. Ce dernier qui était alors tribun de la plèbe fit un beau charivari à Caius Junius, président du tribunal, pour qu'on ne délibérât point sans Staienus ; et comme il lui semblait qu'on mettait à dessein quelque négligence à le mander par les appariteurs, lui-même quitta le tribunal public pour se rendre

(1) Cf. Pseudo-Asconius, *in Verr.*, I, 56 : « *Moris ueterum fuit, cum satis uisum esset fluxisse uerborum, hanc sibi necessitatem finiendae orationis imponere, ut dicerent ad ultimum : Dixi. Quod etiam ab utraque parte oratione consumpta ut in consilium dimitterentur, praeco solebat pronuntiare : Dixerunt.* » Cannutius, sans user de son droit de réponse et pour déconcerter l'adversaire se substituerait donc ici au *praeco*.

(2) Cf. Cic. *Fam.*, VIII, 8, 3 ; Plut., *Marius*, 5.

XXVII **73** Manarat sermo in consilio pecuniae quandam mentionem inter iudices esse uersatam. Res neque tam fuerat occulta quam erat occultanda, neque tam erat aperta quam rei publicae causa aperienda. In ea obscuritate ac dubitatione omnium Cannutio, perito homini, qui quodam odore suspicionis Staienum corruptum esse sensisset neque dum rem perfectam arbitraretur, placuit repente pronuntiare : DIXERVNT. Hic tum Oppianicus non magno opere pertimuit ; rem a Staieno perfectam esse arbitrabatur. **74** In consilium erant ituri iudices XXXII. Sententiis XVI absolutio confici poterat. HS $\overline{\text{DCXL}}$ quadragenis milibus nummum in singulos iudices distributis, eum numerum sententiarum conficere debebant ut ad cumulum spe maiorum praemiorum ipsius Staieni sententia septima decima accederet. Atque etiam casu tum, quod illud repente erat factum, Staienus ipse non aderat ; causam nescio quam apud iudicem defendebat. Facile hoc Habitus patiebatur, facile Cannutius, at non Oppianicus neque patronus eius L. Quinctius ; qui, cum esset illo tempore tribunus plebis, conuicium C. Iunio iudici quaestionis maximum fecit ut ne sine illo in consilium iretur ; cumque id ei per uiatores consulto neglegentius agi uideretur, ipse e

Test. **74** milibus quadragenis nummum PRISCIANUS (GL II 307, 18)

73 pronuntiare : pronuntiari *μ*
74 XXXII : triginta et duo *Mσ* || XVI : decem et sex *Mσ* || HS *MσΣs* : *om. multi* || $\overline{\text{DCXL}}$ *σ* : $\overline{\text{DC}}$LX *M* || quadragenis milibus *scripsi* : milibus quadragenis *Prisc.* quadragena milia *Mμσ* XXXX milibus *Σbψa* || nummum *Mμσ Prisc.* : *om. Σ Clark* || distributis *αs Prisc.* : distributa *Mμσ* || quod : quodam *Σa* || Quinctius : Quintius *PMsσ* || illo *P* : Aelio *Σt* Staieno *cett.*

au tribunal privé où était Staienus (1). Fort de ses pouvoirs (2) il ordonna de lever séance et il l'amena lui-même à son banc. **75** On se lève pour délibérer, après qu'Oppianicus, usant de la faculté qu'on avait alors (3), eut dit qu'il voulait un vote public : il fallait que Staienus pût savoir ce qui serait dû à chacun. Les juges avaient des caractères différents ; un petit nombre était des gens vénaux, mais tous étaient mécontents. C'était comme au Champ de Mars, où ceux qui ont l'habitude de se faire payer sont les plus hostiles aux candidats dont ils estiment qu'on a retenu l'argent : les juges de cette espèce étaient arrivés alors hostiles à l'accusé. Les autres l'estimaient certainement coupable ; mais ils attendaient le vote de ceux qu'ils croyaient corrompus pour déterminer, d'après ce vote, qui apparaîtrait comme le corrupteur. XXVIII Or ne voilà-t-il pas un tirage au sort qui fait que Bulbus, Staienus et Gutta sont les premiers à donner leur avis. L'attente de tous était à son comble : quel vote allait être celui de ces juges vénaux et sans caractère ? Mais voici que tous, sans une hésitation, condamnent. **76** Alors dans les esprits il se glissa un doute, une manière de soupçon sur ce qui avait bien pu se passer. Puis les hommes réfléchis, juges de la vieille école, qui ne pouvaient absoudre un coupable avéré, mais qui ne voulaient pas condamner dès la première action (4) quelqu'un que l'on pouvait imaginer victime d'une corruption, tant que le fait n'aurait pas été élucidé, déclarèrent qu'ils n'étaient pas suffisamment éclairés (5). D'autre part quelques hommes

(1) Le préteur désigne l'arbitre *(iudex)* dans une affaire civile.

(2) Les tribuns de la plèbe n'ont pas droit d'*intercessio* contre une *quaestio perpetua* (Cic., *In Vat.*, 33). Mais ils exercent un droit de *prohibitio* que Sulla lui-même ne leur ôta pas. (Mommsen, *Droit public*, tr. fr., t. III, 1893, p. 355.

(3) Cf. *supra*, p. 191, n. 1.

(4) Cf. *supra*, p. 191, n. 2.

(5) Ils déposèrent donc dans l'urne des tablettes avec *N L (Non liquet)*.

publico iudicio ad priuatum Staieni iudicium profectus est et illud pro potestate dimitti iussit; Staienum ipse ad subsellia adduxit. **75** Consurgitur in consilium, cum sententias Oppianicus, quae tum erat potestas, palam ferri uelle dixisset ut Staienus scire posset quid cuique deberetur. Varia iudicum genera; nummarii pauci sed omnes irati. Vt qui accipere in campo consuerunt eis candidatis quorum nummos suppressos esse putant inimicissimi solent esse, sic eius modi iudices infesti tum reo uenerant; ceteri nocentissimum esse arbitrabantur, sed exspectabant sententias eorum quos corruptos esse putabant ut ex eis constituerent a quo iudicium corruptum uideretur. XXVIII. Ecce tibi eius modi sortitio ut in primis Bulbo et Staieno et Guttae esset iudicandum! Summa omnium exspectatio quidnam sententiae ferrent leues ac nummarii iudices. Atque illi omnes sine ulla dubitatione condemnant. **76** Hic tum iniectus est hominibus scrupulus et quaedam dubitatio quidnam esset actum. Deinde homines sapientes ex uetere illa disciplina iudiciorum, qui neque absoluere hominem nocentissimum possent neque eum de quo esset orta suspicio pecunia oppugnatum re illa incognita primo condemnare uellent, NON LIQVERE dixerunt. Non nulli autem seueri homines qui hoc statuerunt,

Test. 75 Vt qui... reo uenerant QVINTIL. V, 11, 22

75 posset : possit *Σa* || quid : quod *Σa* || deberetur *Mμ* : deberet *Σa* || exspectabant *PΣa* : spectabant (spera-ψ[1])*Mμ* || corruptos esse *P* : corruptos *Mμa Cf. Havet, Manuel* § 335 || eis : his *Mμσ* || ut : fuit ut *αa*

76 actum : factum *αa* || ex *Mμa* : et ex *P* || homines qui *PΣa* : homines *Mμ*

sévères estimèrent que chacun ne devait avoir égard qu'à sa conscience : si d'autres ne rendaient un jugement conforme à la vérité que pour avoir reçu de l'argent, eux pourtant n'en devaient pas moins, croyaient-ils, rester fidèles à leurs arrêts précédents. Ils condamnèrent donc. Il y en eut cinq en tout et pour tout, pour acquitter Oppianicus, votre bel innocent, par irréflexion ou par pitié ou par l'effet de quelque soupçon ou par désir de plaire. **77** Oppianicus condamné, aussitôt Lucius Quinctius, un démagogue s'il en fut, qui avait l'habitude de recueillir et de gonfler tous les souffles des rumeurs et des réunions publiques, jugea l'occasion venue d'accroître sa situation grâce à l'impopularité des sénateurs, parce qu'il croyait que les jugements rendus par leur ordre n'étaient plus désormais bien vus du peuple. Il tient successivement deux réunions passionnées et violentes (1). Ce tribun clamait qu'on avait reçu de l'argent pour condamner un accusé innocent ; il disait que les intérêts de tous étaient en jeu, qu'il n'y avait plus de justice ; quand on avait un ennemi couvert d'or, on ne pouvait plus se sauver (2). Les gens qui ignoraient tout de l'affaire, qui n'avaient jamais vu Oppianicus, qui le prenaient pour un excellent homme, plein de délicatesse, victime de l'argent, tout enflammés de suspicion commencèrent à mettre la question sur le tapis, à réclamer qu'on leur déférât tout ce procès. **78** C'est à ce moment précis que Staienus convoqué par Oppianicus vint de nuit dans la maison de Titus Annius, homme des plus honorables (3), mon ami et mon intime. Pour le reste, tout le monde le sait : comment Oppianicus s'expliqua avec lui sur l'argent,

(1) Sur l'agitation de Quinctius, § 2, 95, 103, 110 sq., 127, 137.

(2) Cf. *Verr.*, I, 1 : « *Inueterauit iam opinio ... his iudiciis quae nunc sunt pecuniosum hominem, quamuis sit nocens, neminem posse damnari.* »

(3) Inconnu.

quo quisque animo quid faceret spectari oportere, etsi alii pecunia accepta uerum iudicabant, tamen nihilo minus se superioribus suis iudiciis constare putabant oportere ; itaque damnarunt. Quinque omnino fuerunt qui illum uestrum innocentem Oppianicum siue imprudentia siue misericordia siue aliqua suspicione siue ambitione adducti absoluerunt.

77 Condemnato Oppianico statim L. Quinctius, homo maxime popularis, qui omnis rumorum et contionum uentos conligere consuesset, oblatam sibi facultatem putauit ut ex inuidia senatoria posset crescere, quod eius ordinis iudicia minus iam probari populo arbitrabatur. Habetur una, altera contio uehemens et grauis ; accepisse pecuniam iudices ut innocentem reum condemnarent tribunus plebis clamitabat ; agi fortunas omnium dicebat ; nulla esse iudicia ; qui pecuniosum inimicum haberet, incolumem esse neminem posse. Homines totius ignari negoti, qui Oppianicum numquam uidissent, uirum optimum et hominem pudentissimum pecunia oppressum esse arbitrarentur, incensi suspicione rem in medium uocare coeperunt et causam illam totam deposcere. **78** Atque illo ipso tempore in aedis T. Anni, hominis honestissimi, necessarii et amici mei, noctu Staienus arcessitus ab Oppianico uenit. Iam cetera nota sunt omnibus, ut cum illo Oppianicus egerit de pecunia,

76 imprudentia : impudentia b^2a || adducti : abducti Σt || absoluerunt $Pb^1a\mu$: absoluerent $Mb^2\sigma\psi$

77 posset : possit Σa || una $M\mu\sigma$: atque *add.* Σa *Cf. Verr.* IV, 66 || clamitabat $M\sigma a$: clamabat P || pudentissimum $\Sigma\mu$: prudentissimum $M\mu$ || oppressum esse P : oppressum $M\mu a$

78 arcessitus Σ : accersitus *cett.*

comment lui déclara qu'il le rendrait, comment toute leur conversation fut entendue par des gens de bien qui s'étaient alors tout exprès cachés à côté, comment l'affaire fut dévoilée et portée à la lumière du forum, comment tout l'argent fut arraché et enlevé à Staienus (1). XXIX Le personnage de Staienus connu désormais et percé à jour par le peuple n'était à l'abri d'aucun soupçon déshonorant. Les gens de la réunion publique ne comprenaient pas qu'il avait détourné l'argent qu'il s'était engagé à verser pour l'accusé, et en effet on ne le leur faisait pas savoir. Ils s'apercevaient qu'il avait été au cours du procès question d'argent. Ils entendaient dire qu'un accusé innocent avait été condamné ; ils voyaient qu'il l'avait été par la voix de Staienus ; comme ils connaissaient l'individu, ils estimaient que cela n'avait pas été gratuit de sa part. Le même soupçon s'attachait à Bulbus, à Gutta, à quelques autres. **79** C'est pourquoi, je le reconnais (il est permis désormais, surtout ici, de le reconnaître impunément), parce qu'avant ce temps non seulement la vie menée par Oppianicus, mais jusqu'à son nom était resté inconnu du public, qui plus est, parce qu'il semblait révoltant qu'un innocent eût succombé à l'argent, qu'en outre la malhonnêteté de Staienus augmentait ce soupçon, ainsi que la mauvaise réputation de quelques juges qui lui ressemblaient, parce que d'autre part la cause était soutenue par Lucius Quinctius, homme revêtu de grands pouvoirs autant qu'habile à exciter les sentiments de la foule, l'arrêt rendu dans ce procès vit se former contre lui l'opinion la plus défavorable, le décri le plus absolu. Je me souviens aussi que Caius Junius, président de ce

(1) Cf. *Top.*, 75 : « *Multi enim in res odiosas imprudentes inciderunt, ut Staieno nuper accidit, qui ea locutus est bonis uiris subauscultantibus pariete interposito, quibus patefactis in iudiciumque prolatis, ille rei capitalis iure damnatus est.* »

ut ille se redditurum esse dixerit, ut eorum sermonem omnem audierint uiri boni qui tum consulto propter in occulto stetissent, ut res patefacta et in forum prolata et pecunia omnis a Staieno extorta atque erepta sit. XXIX Huius Staieni persona populo iam nota atque perspecta ab nulla turpi suspicione abhorrebat; suppressam esse ab eo pecuniam quam pro reo pronuntiasset qui erant in contione non intellegebant; neque enim docebantur. Versatam esse in iudicio mentionem pecuniae sentiebant, innocentem reum condemnatum audiebant, Staieni sententia condemnatum uidebant; non gratiis id ab eo factum esse, quod hominem norant, iudicabant. Similis in Bulbo, in Gutta, in aliis non nullis suspicio consistebat. **79** Itaque confiteor — licet enim iam impune hoc praesertim in loco confiteri — quod Oppianici non modo uita sed etiam nomen ante illud tempus populo ignotum fuisset, indignissimum porro uideretur circumuentum esse innocentem pecunia, hanc deinde suspicionem augeret Staieni improbitas et non nullorum eius similium iudicum turpitudo, causam autem ageret L. Quinctius, homo cum summa potestate praeditus tum ad inflammandos animos multitudinis accommodatus, summam illi iudicio inuidiam infamiamque esse conflatam. Atque in hanc flammam recentem tum C. Iunium qui illi quaestioni praefuerat iniectum

78 eorum sermonem omnem aud. $M\mu$: eum sermonem aud. omnem P || a (*uel* ab) Staieno $M\mu a$: a *om.* P || ab nulla : ab *om.* Σa || sentiebant αa : .....iebant M sciebant σ aiebant b^1 || gratiis Σ : gratis *cett.*

79 L. *om.* Σa || praeditus *om.* Σa || accommodatus Σa : commodatus $M\mu$ || illi : Habito Σ || iudicio αa : *om.* $M\mu$ || iniectum esse : esse iniectum (illect — Σ) Σa

tribunal, fut précipité dans ces flammes à peine allumées, et cet ancien édile, que l'opinion publique élevait déjà à la préture (1), disparut du forum et même de la cité, sans qu'il y eût débat, sous les seules clameurs des gens (2). **80** Je ne regrette certes pas de défendre la cause d'Aulus Cluentius aujourd'hui plutôt qu'en ces temps. La cause en effet reste la même, elle qui ne peut changer ; l'hostilité et la haine dues aux circonstances se sont dispersées, en sorte que ce qu'il y eut dans les circonstances de défavorable ne peut plus nuire, ce qu'il y eut dans la cause de favorable peut servir. C'est pourquoi je comprends dans quel esprit je suis écouté aujourd'hui, non pas seulement de ceux à qui appartiennent la justice et le pouvoir, mais de ceux qui n'ont que leur opinion. Mais si j'avais parlé alors, on ne m'aurait pas entendu, non que l'affaire fût différente, elle était la même, mais parce que les temps étaient autres. Apprenez encore à le reconnaître en ceci. XXX Qui alors aurait osé dire qu'Oppianicus, le condamné, était coupable ? Qui maintenant ose dire le contraire ? Qui alors aurait pu soutenir qu'Oppianicus avait tenté d'acheter le tribunal ? Qui peut à présent le contester ? Qui aurait eu alors la permission de montrer qu'Oppianicus n'avait été enfin mis en accusation qu'après avoir été condamné juste auparavant par deux jugements ? Y a-t-il à présent quelqu'un qui pourrait tenter de le démentir ? **81** Aussi, une fois mises de côté les préventions que le temps écoulé a apaisées, que mon discours a conjurées, que votre conscience et votre justice ont rejetées loin de la recherche de la vérité, que reste-t-il

(1) La présidence de tribunaux — les fonctions de *iudex quaestionis* — se plaçait souvent entre l'édilité et la préture. Ainsi en fut-il de César (SUET., *Caes.*, II), de C. Visellius Varro (*Brut.*, 264). Cf. GREENIDGE, *op. laud.*, p. 432.

(2) Il fut forcé de se retirer de la vie publique : il ne faut pas entendre qu'il aurait été privé de son droit de cité, ce qui aurait nécessité une condamnation pour un *crimen capitale*.

esse memini, et illum hominem aedilicium iam praetorem opinionibus om*ni*um constitutum non disceptatione dicendi sed clamore hominum de foro atque adeo de ciuitate esse sublatum.

80 Neque me paenitet hoc potius tempore quam illo causam A. Cluenti defendere. Causa enim manet eadem, quae mutari nullo modo potest, temporis iniquitas atque inuidia recessit, ut quod in tempore mali fuit nihil obsit, quod in causa boni fuit prosit. Itaque nunc quem ad modum audiar sentio, non modo ab eis quorum iudicium ac potestas est sed etiam ab illis quorum tantum est existimatio. At tum si dicerem, non audirer, non quod alia res esset, immo eadem, sed tempus aliud. Id adeo sic cognoscite. XXX Quis tum auderet dicere nocentem condemnatum esse Oppianicum ? quis nunc id audet negare ? Quis tum posset arguere ab Oppianico iudicium temptatum esse pecunia ? quis id hoc tempore infitiari potest ? Cui tum liceret docere Oppianicum reum factum esse tum denique cum duobus proximis praeiudiciis condemnatus esset ? quis est qui id hoc tempore infirmare conetur ? **81** Qua re inuidia remota quam dies mitigauit, oratio mea deprecata est, uestra fides atque aequitas a ueritatis disceptatione reiecit,

Test. **80** quod in tempore... prosit Quintil. IX, 3, 82 || ut quod in tempore mali fuit obsit et quod in causa boni fuit prosit Curius Fortunatianus (RL 123, 28)

79 omnium *Peterson* : hominum *Mμa* || dicendi : discedi *M* discendi μσ || adeo : ideo Σ (?)

80 potius tempore *Mμ* : tempore potius Σ*a* || obsit quod : obsit quin quod *Quintil.* || At tum σμ : ac tum *Mbψa* || non quod : quod Σ*a* || cognoscite *a*μς : agnoscite *Mμ* || id audet *Mμ* : audet Σ*a* || iudicium temptatum esse *Mμ* : temptatum esse iudicium Σ*a*

encore dans cette affaire ? Il est établi que dans ce procès de l'argent a circulé. Ce qu'on recherche, c'est d'où il est venu, de l'accusateur ou de l'accusé. Voici ce que dit l'accusateur : « D'abord j'accusais avec des griefs si redoutables que point n'était besoin d'argent ; ensuite je livrais aux juges un condamné, en sorte que même l'argent n'aurait pu me l'arracher ; enfin, même si l'on avait acquitté, l'état de ma propre situation n'en aurait pourtant pas souffert. » Qu'oppose l'accusé ? « En premier lieu je redoutais le nombre seul et le caractère odieux des crimes qu'on me reprochait ; ensuite une fois les Fabricius condamnés pour leur complicité dans mon forfait, je comprenais qu'il y avait là ma propre condamnation ; enfin j'en étais venu à cette extrémité que je risquais toute ma situation sur un seul jugement ». **82** Eh bien ! puisque l'un a eu des motifs nombreux et sérieux pour corrompre le tribunal et l'autre aucun, qu'on recherche l'origine de l'argent lui-même. Cluentius a tenu ses livres avec le plus grand soin (1). Or cette habitude entraîne au moins ceci que rien ne peut rester inaperçu de ce qu'on ajoute ou qu'on retranche à une fortune. Il y a huit ans (2) que l'on étudie de votre côté cette affaire, que vous compulsez, que vous maniez, que vous recherchez tout ce qui a rapport au procès actuel dans ses papiers et dans ceux des autres : cependant vous ne découvrez aucune trace d'un argent versé par Cluentius. Mais l'argent versé par Abbius, devons-nous le flairer à la trace ? Ou ne

(1) Le recours aux *tabulae* est fréquent dans les procès : cf. Quint., *Inst. Orat.*, V, 2, 5. Les expressions ici employées rappellent *Verr.*, I, 61 : « *Vnum (signum) ostende in tabulis aut tuis aut patris tui emptum esse : uicisti.* » Il était important de pouvoir montrer que ces comptes n'étaient pas tenus régulièrement (*Verr.*, I, 60 ; *Att.*, XII, 5, 4). Cf. Greenidge, *op. laud.*, p. 493.

(2) Depuis 74.

quid est praeterea quod in causa relinquatur ?

Versatam esse in iudicio pecuniam constat ; ea quaeritur unde profecta sit, ab accusatore an ab reo. Accusator dicit haec : « Primum grauissimis criminibus accusabam, ut nihil opus esset pecunia ; deinde condemnatum adducebam, ut ne eripi quidem pecunia posset ; postremo, etiam si absolutus esset, mearum tamen omnium fortunarum status incolumis maneret. » Quid contra reus ? « Primum ipsam multitudinem et atrocitatem criminum pertimescebam ; deinde Fabriciis propter conscientiam mei sceleris condemnatis me esse condemnatum sentiebam : postremo in eum casum ueneram ut omnis mearum fortunarum status unius iudici periculo contineretur. »

82 Age, quoniam corrumpendi iudici causas ille multas et grauis habuit, hic nullam, profectio ipsius pecuniae requiratur. Confecit tabulas diligentissime Cluentius. Haec autem res habet hoc certe ut nihil possit neque additum neque detractum de re familiari latere. Anni sunt octo cum ista causa in ista meditatione uersatur, cum omnia quae nunc ad eam rem pertinent et ex huius et ex aliorum tabulis agitatis, tractatis, inquiritis, cum interea Cluentianae pecuniae uestigium nullum inuenitis. Quid ? Abbiana pecunia uestigiisne nobis odoranda

Test. **81** uersatam... constat IULIUS RUFINIANUS (RL 42, 24)

81 relinquatur : relinquetur Σ ‖ accusator dicit *M*μ : dicit accusator Σ*a* ‖ esset *M*μ : fuisset Σ*a* ‖ ipsam *M*μ : iam α*a* ‖ et atrocitatem criminum *M*μ : criminum et atrocitatem Σ*a* ‖ postremo Σ*a* : postremum *M*μ

82 uersatur : uertatur Σ ‖ nunc ad *M*μ : ad Σ*a* ‖ agitatis Σ*b*ψ*a* : agitis *M*μ ‖ Abbiana *M*Σψ²*s* : Albiana μς

pouvons-nous pas, sous votre conduite, pénétrer jusqu'à son repaire ? On saisit en un seul endroit six cent quarante mille sesterces, on les saisit chez un homme plein d'audace, on les saisit chez un juge. Que vous faut-il de plus ? **83** Mais, dites-vous, Staienus a été apposté non par Oppianicus, mais par Cluentius, pour corrompre le tribunal. Pourquoi, quand on allait délibérer, Cluentius et Cannutius s'accommodaient-ils de son absence ? Pourquoi, tandis qu'ils laissaient s'engager le vote, ne faisaient-ils pas chercher le juge Staienus à qui ils avaient donné de l'argent ? C'était Oppianicus qui se plaignait ; c'était Quinctius qui le réclamait. Sa puissance tribunicienne obtint qu'on n'entrât pas en délibération sans Staienus (1). — Mais Staienus a condamné. — C'est que cette condamnation était fournie par lui à Bulbus et aux autres comme une garantie qui lui donnait l'air d'avoir été frustré par Oppianicus. C'est pourquoi si de leur côté sont les raisons de corrompre le tribunal, de leur côté l'argent, de leur côté Staienus, de leur côté enfin toutes les malices et les audaces, du nôtre la retenue, une vie d'honneur, nul soupçon d'argent, nulle raison de corrompre le tribunal, souffrez, maintenant que la vérité est découverte, que toute erreur a été dissipée, que le décri de cette honte se reporte là où résident les autres crimes, que l'hostilité de l'opinion lâche enfin celui de qui, vous le voyez, jamais la faute n'a approché. XXXI **84** Mais, dites-vous, Oppianicus a donné de l'argent à Staienus, non pour corrompre le tribunal, mais pour ménager un compromis à l'amiable (2). Est-ce toi, Attius, qui peux dire cela, avec ton intelli-

(1) Cf. *supra*, p. 104, n. 2.

(2) Le prétexte invoqué ainsi était celui d'une réconciliation entre Oppianicus et Cluentius, comme si celui-ci avait été mû en réalité par des préoccupations d'argent, peut-être par la crainte de n'avoir plus aucune part à la fortune de sa mère remariée.

est an ad ipsum cubile uobis ducibus uenire possumus ? Tenentur uno in loco HS $\overline{\text{DCXL}}$, tenentur apud hominem audacissimum, tenentur apud iudicem ; quid uoltis amplius ? **83** At enim Staienus non fuit ab Oppianico sed a Cluentio ad iudicium corrumpendum constitutus. Cur eum, cum in consilium iretur, Cluentius et Cannutius abesse patiebantur ? cur, cum in consilium mittebant, Staienum iudicem cui pecuniam dederant non requirebant ? Oppianicus querebatur, Quinctius flagitabat ; sine Staieno ne in consilium iretur tribunicia potestate perfectum est. At condemnauit. Hanc enim damnationem dederat obsidem Bulbo et ceteris ut destitutus ab Oppianico uideretur. Qua re si istinc causa corrumpendi iudici, istinc pecunia, istinc Staienus, istinc denique omnis fraus et audacia est, hinc pudor, honesta uita, nulla suspicio pecuniae, nulla corrumpendi iudici causa, patimini ueritate patefacta atque omni errore sublato eo transire illius turpitudinis infamiam ubi cetera maleficia consistant, ab eo inuidiam discedere aliquando ad quem numquam accessisse culpam uidetis.

XXXI **84** At enim pecuniam Staieno dedit Oppianicus non ad corrumpendum iudicium sed ad conciliationem gratiae. Tene hoc, Atti, dicere, tali prudentia, etiam usu

82 ducibus *M*μ : iudicibus Σ*Ba* indicibus *Nettleship* || $\overline{\text{DCXL}}$ μ : $\overline{\text{DC}}$.XL *M* XXXX (*uel* XXX) milia (*om. t*) Σ*a*

83 eum Σ*b*[2]ψ*a* : enim *Mb*[1] || patiebantur cur cum Σ*b*[2]ψ*a* : patiebantur cum *Mb*[1]*s* || cui *M*μ : cui quod *αs* quod *t* || requirebant (-bantur *M*) *M*μσ : quaerebant Σ*s* || perfectum *M*μ : effectum Σ*b*[2]ψ[1]*a* confectum ψ[2] || condemnauit *M*μ*a* : damnauit μ || damnationem *M*μ : condemnationem Σ*a* || iudicii *M*μ : iudicii si *b*[2]*a* || uita Σ*a* : uita et *M*μ || consistant *M*μ : consistunt *αa*

84 conciliationem gratiae *M*μ : conciliationis (reconc- ψ[2]) gratiam *αa*

gence et aussi ton expérience et ta pratique des affaires ? On dit que l'homme le plus avisé est celui qui songe de lui-même à ce qui lui est nécessaire. Après lui vient celui qui sait se rendre aux pensées heureuses d'autrui (1). Pour la sottise, c'est l'inverse : celui qui ne songe à rien est moins sot que celui qui donne son approbation aux sottes imaginations d'autrui. Staienus n'a inventé cette histoire d'une réconciliation à ménager qu'alors, sous le coup des événements, quand il était pris à la gorge, ou encore, à ce qu'on disait à cette époque, c'est sur la suggestion de Publius Cethegus (2), qu'il a joué cette comédie de réconciliation à ménager. **85** Car vous pouvez vous rappeler ce que l'on racontait alors : Cethegus, parce qu'il détestait le personnage et voulait éloigner de la vie publique sa malhonnêteté, qu'il jugeait impossible à qui aurait avoué avoir reçu de l'argent d'un accusé alors qu'il était juge, secrètement et sans raison valable, de se tirer d'affaire, lui avait donné un conseil qui n'était pas très loyal. Si en cela Cethegus n'a pas été honnête, c'est, me semble-t-il, qu'il a désiré écarter un adversaire. Mais si tel était le cas que Staienus ne pouvait nier avoir reçu les deniers et s'il n'y avait rien de plus dangereux ni de plus infamant que d'avouer à quelle fin, on ne saurait blâmer le conseil de Cethegus. **86** Mais le cas de Staienus alors n'est pas le tien aujourd'hui, Attius.

Pour lui, pressé par l'évidence, il était plus honorable de dire n'importe quoi que d'avouer ce qui s'était passé. Mais que toi maintenant tu aies repris une pièce qui fut

(1) Allusion à Hésiode, *Trav. et jours*, v. 293 et suiv.

(2) P. Cornelius Cethegus avait fui avec Marius devant Sulla. Il fit ensuite sa paix avec le dictateur, dont il devint l'instrument, trahissant ses anciens amis. Son éloquence et son habileté lui valurent, malgré sa bassesse morale, un certain crédit auprès du peuple et du sénat. (Cf. Cic., *Parad.*, 40 ; *Brut.*, 178 et voir Münzer, in *P. W.*, IV, col. 1281, 18 sq.).

atque exercitatione praeditum! Sapientissimum esse dicunt eum cui quod opus sit ipsi ueniat in mentem; proxime accedere illum qui alterius bene inuentis obtemperet. In stultitia contra est. Minus enim stultus est is cui nihil in mentem uenit quam ille qui quod stulte alteri uenit in mentem comprobat. Istam conciliationem gratiae Staienus tum recenti re, cum faucibus premeretur ultro excogitauit siue, ut homines tum loquebantur, a P. Cethego admonitus istam dedit conciliationis et gratiae fabulam. **85** Nam fuisse hunc tum hominum sermonem recordari potestis, Cethegum, quod hominem odisset et quod eius improbitatem uersari in re publica nollet et quod uideret eum qui se ab reo pecuniam, cum iudex esset, clam atque extra ordinem accepisse confessus esset, saluum esse non posse, minus ei fidele consilium dedisse. In hoc si improbus Cethegus fuit, uidetur mihi aduersarium remouere uoluisse; sin erat eius modi causa ut Staienus nummos se accepisse negare non posset, nihil autem erat periculosius nec turpius quam ad quam rem accepisset confiteri, non est consilium Cethegi reprehendendum. **86** Verum alia causa tum Staieni fuit, alia nunc, Atti, tua est. Ille cum re premeretur, quodcumque diceret, honestius diceret quam si quod erat factum fateretur; te uero illud idem quod tum explosum et eiectum est nunc rettulisse

84 accedere $\Sigma a\mu\varsigma$: accidere $M\sigma$ || conciliationem gratiae $M\mu$: conciliationis (reconc.- ψ^2) gratiam αa || dedit : iutro (*sic*) dedit Σ

85 tum Σa : *om.* $M\mu$ || fuit : fuisset αa || uoluisse sin erat a : uoluisses . inerat M uoluisse si inerat μ

86 fuit *om.* Σa || retulisse (rei tul— M) $Mb^1\sigma$: re (de) intulisse ψ detulisse b^2a

alors sifflée et rejetée, c'est ce qui me surprend. En effet, comment alors Cluentius aurait-il pu se réconcilier avec Oppianicus ? Comment le pouvait-il avec sa mère ? Accusé et accusateur restaient en cette qualité inscrits sur les registres officiels, les Fabricius avaient été condamnés. Un autre eût-il été l'accusateur, Abbius ne pouvait échapper, et Cluentius ne pouvait renoncer à l'accusation sans s'exposer à la honte du calomniateur (1). XXXII 87 Était-ce pour l'amener à une collusion ? Cela même ne serait pas sans rapport avec la corruption d'un tribunal. Mais qu'était-il besoin en la matière d'un juge comme dépositaire des fonds, et d'une façon générale quel besoin y avait-il de confier toute cette affaire à Staienus, personnage parfaitement étranger à l'un et à l'autre, parfaitement misérable et déshonoré plutôt qu'à n'importe quel homme de bien, ami et intime de tous deux ? Mais que vais-je discuter plus longtemps comme si le sujet était obscur ! L'argent même qui a été remis à Staienus, par son chiffre et son total, révèle non seulement l'importance de la somme, mais sa destination. Je dis que, pour faire acquitter Oppianicus, il y avait seize juges à corrompre, que l'on a porté chez Staienus six cent quarante mille deniers. Si c'était, comme tu le déclares, pour ménager une réconciliation, que signifie ce supplément de quarante mille deniers ? Mais si, comme nous, nous le déclarons, les six cent quarante mille étaient destinés aux seize juges, Archimède n'aurait pas su mieux calculer la division. 88 Mais, dites-vous, il y a eu nombre d'arrêts déclarant que Cluentius avait corrompu le tribunal. Point du tout. Avant l'heure présente, l'affaire en elle-même n'a absolument jamais été évoquée comme telle devant un tribunal. S'il y a eu à son propos beaucoup

(1) GREENIDGE, *op. laud.*, p. 471, estime qu'un tel désistement de l'accusateur attirait sur lui une *infamia* qui en certains cas l'exposait à des poursuites.

demiror. Qui enim poterat tum in gratiam redire cum Oppianico Cluentius, qui cum matre ? Haerebat in tabulis publicis reus et accusator ; condemnati erant Fabricii ; nec elabi alio accusatore poterat Abbius nec sine ignominia calumniae relinquere accusationem Cluentius. XXXII **87** An ut praeuaricaretur ? nam id quoque ad corrumpendum iudicium pertinet. Sed quid opus erat ad eam rem iudice sequestre ? et omnino quam ob rem tota ista res per Staienum potius, hominem ab utroque alienissimum, sordidissimum, turpissimum, quam per bonu*m u*num aliquem uirum ageretur et amicum necessariumque communem ? Sed quid ego haec pluribus quasi de re obscura disputem ? cum ipsa pecunia quae Staieno data est numero ac summa sua non modo quanta fuerit sed etiam ad quam rem fuerit ostendat ? Sedecim dico iudices ut Oppianicus absolueretur corrumpendos fuisse ; ad Staienum sescenta et quadraginta milia nummum esse delata. Si, ut tu dicis, gratiae conciliandae causa, quadraginta istorum accessio milium quid ualet ? si, ut nos dicimus, ut quadragena milia nummum sedecim iudicibus darentur, non Archimedes melius potuit d*i*scribere.

88 At enim iudicia facta permulta sunt a Cluentio iudicium esse corruptum. Immo uero ante hoc tempus omnino ista ipsa res suo nomine in iudicium numquam est

86 matre : matre habebat simultates Σ*a* || Cluentius *M*μ : Cluentius poterat *b*[2]σψ[2]*a*

87 ut *M*μ : iis *b*[2]ψ[2]*a* uero *Clark* || iam *M* *b*[2]σψ*a* : nam *b*[1] *Pantagathius, alii* || quid opus : quod opus Σ*a* || bonum unum *scripsi* : bonunum *M* bonum *cett.* || disputem *M*μ : disputo α*a* || sescenta et (*om.* et Σ*a*) quadraginta : $\overline{\text{DCXL}}$ σ || discribere *Kayser* : describere *M*μ*a*

de bruit, beaucoup d'agitation, c'est aujourd'hui pour la première fois que cette cause a été défendue, que la vérité, se fiant aux juges que voici, a fait entendre sa voix contre la prévention. Que sont cependant les jugements nombreux dont vous parlez ? Je me suis armé pour répondre à tout et je me suis préparé à montrer que les jugements soi-disant rendus dans la suite au sujet de cet arrêt, pour les uns sont bien plutôt pareils à un éboulement ou à une bourrasque qu'à un jugement et à une décision juridique, pour d'autres ne veulent rien dire contre Habitus, pour d'autres même lui sont favorables, pour d'autres sont de telle nature qu'on n'a jamais appelé ni estimé cela un jugement. **89** Et maintenant plutôt pour me conformer à l'usage que parce que vous pourriez ne pas le faire de vous-mêmes, je vais vous demander de m'écouter avec attention, tandis que je vais traiter de chacun de ces jugements. XXXIII On a condamné Caius Junius qui avait été le président du tribunal. Ajoute même, si tu le veux : on l'a condamné alors qu'il était président du tribunal. Le tribun de la plèbe n'a eu non pas seulement pour la cause, mais pour la loi aucun ménagement (1). C'est à un moment où il n'était pas permis de l'appeler du tribunal à aucune autre fonction de l'État, que lui-même il a été violemment traîné devant un tribunal. Mais quel tribunal ? Vos regards, Juges, m'invitent à dire volontiers maintenant avec une entière franchise ce que je pensais devoir passer sous silence. **90** Eh bien ! Fut-ce là enfin un tribunal, ou un arbitrage ou un jugement ? J'admettrai que c'en fut un : que celui qui le voudra, de cette multitude excitée à laquelle alors on donna satisfaction, dise aujourd'hui pour quel motif Junius eut à

(1) Il ne lui a pas accordé le délai de dix jours que concédait le préteur. Il n'a pas respecté la loi qui interdisait — doit-on penser — de citer devant un tribunal un *iudex quaestionis*. Ces fonctions se plaçaient entre l'édilité et la préture.

uocata. Ita multum agitata, ita diu iactata ista res est ut hodierno die primum causa illa defensa sit, hodierno die primum ueritas uocem contra inuidiam his iudicibus freta miserit. Verum tamen multa ista iudicia quae sunt ? Ego enim me ad omnia confirmaui et sic paraui ut docerem quae facta postea iudicia de illo iudicio dicerentur, partim ruinae similiora aut tempestati quam iudicio et disceptationi fuisse, partim nihil contra Habitum ualere, partim etiam pro hoc esse, partim esse eius modi ut neque appellata umquam iudicia sint neque existimata. **89** Hic ego magis ut consuetudinem seruem quam quod uos non uestra hoc sponte faciatis, petam a uobis ut me, dum de his singulis disputo iudiciis, attente audiatis. XXXIII Condemnatus est C. Iunius qui ei quaestioni praefuerat ; adde etiam illud, si placet : tum est condemnatus cum esset iudex quaestionis. Non modo causae sed ne legi quidem quicquam per tribunum plebis laxamenti datum est. Quo tempore illum a quaestione ad nullum aliud rei publicae munus abduci licebat, eo tempore ad quaestionem ipse abreptus est. At quam quaestionem ? Voltus enim uestri, iudices, me inuitant ut quae reticenda putarem libeat iam libere dicere. **90** Quid ? illa tandem quaestio aut disceptatio aut iudicium fuit ? Putabo fuisse. Dicat qui uolt hodie de

Test. **88** iudicia *Cf.* QUINTIL. V, 11, 13

88 his : iis *M* || multa ista *Mμψ* : ista multa *Σba* || similiora aut : similiora partim autem *b²ψ²a* (Σ ?) || fuisse : similis fuisse *Σs¹*

89 iudiciis : iudices *Garatoni* || abduci *Σa* : adduci *Mμ* || abreptus *Σa* : arreptus *Mμ* || At : ad *Σa* At ad *Baiter* || putarem *Mμa* : putaram *Manutius* || libeat *Mμ* : iubeant *b²ψ²a* (Σ ?)

se défendre : celui que tu interrogeras répondra que ce fut pour avoir reçu de l'argent, pour avoir causé la perte d'un accusé innocent. C'est ce que l'on croit. Mais s'il en avait été ainsi, on aurait dû l'accuser en vertu de cette loi au nom de laquelle on accuse Habitus. Or en vertu de cette loi, c'est lui-même qui dirigeait l'instruction (1). Quinctius aurait dû attendre quelques jours. Mais il ne voulut point accuser comme simple particulier, ni alors que l'hostilité de l'opinion se serait déjà calmée. Vous voyez donc que l'accusateur mettait tous ses espoirs non dans sa cause, mais dans les circonstances et dans ses pouvoirs de tribun. **91** Il a réclamé une amende. En vertu de quelle loi ? Parce que Junius n'avait pas prêté serment selon les termes de la loi (2), ce qui n'a jamais porté préjudice à personne, et parce que Caius Verres, préteur urbain, homme respectable et consciencieux, n'avait point porté les noms des juges suppléants qu'il avait tirés au sort sur le registre qu'on produisait alors couvert de ratures (3). Voilà pour quels motifs Caius Junius fut condamné, Juges, motifs des plus inconsistants et des plus faibles, qu'on n'aurait absolument pas dû apporter devant un tribunal, et ainsi il fut victime non de sa cause, mais des circonstances. XXXIV **92** Et voilà le jugement qui, selon vous, doit nuire à Cluentius ? Pour quelle raison ? Si Junius n'avait pas procédé légalement au tirage au sort ou s'il lui était arrivé de ne pas prêter serment aux termes de quelque loi, sa condamnation pour un tel motif entraînait-elle un arrêt contre Cluentius ? « Non, dit-il, mais s'il fut condamné d'après ces lois,

(1) Cf. l'Introd., p. 12. N'y avait-il donc pas, comme l'année du *Pro Cluentio*, trois tribunaux pour cette *quaestio* ? Serait-ce (Cf. l'Introd., p. 26) que ces tribunaux se répartissaient les divers points de la *lex Cornelia* ?

(2) Il devait prêter le serment particulier d'appliquer la loi de sa *quaestio* (Greenidge, p. 433).

(3) Version toute différente dans les *Verrines* (I, 157-158). Voir Greenidge, p. 439.

illo populo concitato, cui tum populo mos gestus est, qua de re Iunius causam dixerit ; quemcumque rogaris, hoc respondebit, quod pecuniam acceperit, quod innocentem circumuenerit. Est haec opinio. At, si ita esset, hac lege accusatum esse oportuit qua accusatur Habitus. At ipse ea lege quaerebat. Paucos dies exspectasset Quinctius. At neque priuatus accusare nec sedata iam inuidia uolebat. Videtis igitur non in causa sed in tempore ac potestate spem omnem accusatoris fuisse. **91** Multam petiuit. Qua lege ? Quod in legem non iurasset, quae res nemini umquam fraudi fuit, et quod C. Verres, praetor urbanus, homo sanctus et diligens, subsortitionem eius in eo codice non haberet qui tum interlitus proferebatur. His de causis C. Iunius condemnatus est, iudices, leuissimis et infirmissimis, quas omnino in iudicium adferri non oportuit. Itaque oppressus est non causa sed tempore. XXXIV **92** Hoc uos Cluentio iudicium putatis obesse oportere ? quam ob causam ? Si ex lege subsortitus non erat Iunius aut si in aliquam legem aliquando non iurauerat, idcirco illius damnatione aliquid de Cluentio iudicabatur ? « Non » inquit ; « sed ille idcirco his legibus condemnatus est, quod contra aliam legem commiserat ». Qui hoc confitentur, possunt idem illud iudicium fuisse defendere !

Test. **91** quod C. Verres... non haberet QUINTIL. VIII, 6, 55

90 tum populo Σ*a* : tum *M*μ || rogaris *M*μ : rogaueris α*a* || esse *Mb*σ : fuisse ψμς *om. a* || exspectasset : respectasset Σ || iam *om.* Σ*a*

91 iurasset : iura essent *a* (Σ ?) || interlitus : interlitis Σ

92 aliquam Σ*a* : *om. M*μ || his *M*μ : illis *P*Σ*a* || aliam : aeliam α*s* || idem (iidem) illud *PM*σ*a* : illud idem *b*ψ

c'est pour cette raison qu'il en avait violé une autre. » Ceux qui font cet aveu peuvent aussi bien soutenir que ce fut là un vrai tribunal. « Ainsi, dit-il, l'hostilité du peuple romain envers Caius Junius vint de ce qu'on croyait qu'il avait corrompu le tribunal. » Est-ce donc d'aventure que la cause est aujourd'hui changée ? Est-ce que maintenant les faits, la procédure, la nature de toute l'affaire sont autres qu'ils ne furent alors ? Non, j'estime que rien de ce qui s'est passé n'a pu subir de changement. **93** Pourquoi donc aujourd'hui écoute-t-on notre défense dans un tel silence, et alors a-t-on ravi à Junius la faculté de se défendre ? Parce qu'alors il n'y avait à l'égard de la cause qu'une opinion hostile, égarée, soupçonneuse, que des réunions quotidiennes, menées dans un esprit de révolte et de démagogie. C'était aux assemblées, c'était aux bancs de la justice le même tribun de la plèbe qui accusait. Il se présentait devant le tribunal au sortir d'une réunion populaire ou plutôt avec la réunion elle-même. Ces degrés auréliens, alors tout récents, semblaient avoir été construits pour servir de théâtre à cette affaire (1); quand l'accusateur les avait remplis d'une foule excitée, on n'avait non seulement plus le pouvoir de parler pour l'accusé, mais pas même celui de se lever pour sa défense. **94** Naguère devant mon collègue, Caius Orchivius (2), les juges n'inscrivirent point au rôle Faustus Sulla accusé de détenir des deniers publics (3) : non qu'ils aient pensé que le cas de Sulla se plaçait en dehors de la loi, ni qu'une cause concernant les deniers publics fût méprisable et

(1) Ces gradins (cf. *Pro Flacc.*, 66) sont sans doute ceux du *Tribunal Aurelium* (*Pro Sest.*, 34), dus peut-être (à cause de *noui*) à M. Aurelius Cotta, consul de 74.

(2) Orchivius, préteur comme Cicéron, présidait la *quaestio* relative au péculat. (Cf. § 147).

(3) Le fils du dictateur. Il fut en butte à de nombreuses attaques visant son immense fortune. (Cf. *De leg. agr.*, I, 12 ; *Pro Cornel.*, frag. I).

« Ergo idcirco » inquit « infestus tum populus Romanus C. Iunio fuit, quod illud iudicium corruptum per eum putabatur ». Num igitur hoc tempore causa mutata est ? num alia res, alia ratio illius iudici, alia natura totius negoti nunc est ac tum fuit ? Non opinor ex eis rebus quae gestae sunt rem ullam potuisse mutari. **93** Quid ergo est causae quod nunc nostra defensio audiatur tanto silentio, tunc Iunio defendendi sui potestas erepta sit ? Quia tum in causa nihil erat praeter inuidiam, errorem, suspicionem, contiones cotidianas seditiose ac populariter concitatas. Accusabat tribunus plebis idem in contionibus, idem ad subsellia ; ad iudicium non modo de contione sed etiam cum ipsa contione ueniebat. Gradus illi Aurelii tum noui quasi pro theatro illi iudicio aedificati uidebantur ; quos ubi accusator concitatis hominibus complerat, non modo dicendi ab reo sed ne surgendi quidem potestas erat. **94** Nuper apud C. Orchiuium, conlegam meum, locus ab iudicibus Fausto Sullae de pecuniis residuis non est constitutus, non quo illi aut exlegem esse Sullam aut causam pecuniae publicae contemptam atque abiectam putarent,

Test. **94** non quo illi... putarent NONIUS MARCELLUS p. 10 24 *M s. v.* exlex || non quod illi aut exlegem esse Sullam arbitrantur (*uel* arbitrentur) PRISCIANUS (GL II 280, 80)

92 idcirco inquit *Mμ* : inquit idcirco *PΣa* || populus Rom. *Σa* PR. *PMμψ*[1] praetor *b*[1]*σ* tr. pl. *b*[2]*ψ*[2] || C. *om. M* || Iunio fuit *Mμa* : fuit C. Iunio *P* || natura *om. P* || eis : is *M* his *aμσ*

93 tunc *Mμ* : tum (cum *s*) *Σa*

94 C. Orchiuium *MΣa* : Corchium *P* C. Orchinium *μ* || ab *MΣb*[1]*ψ* : a *b*[2]*σs* || residuis *Mμ* : repetundis *αBa* || quo *Mμa Nonius* : quod *P Priscian.* || esse *om. Nonius* || *post* Sullam *Priscian.* arbitrantur *add.* || atque *om. P* || putarent : putarunt *Nonius*

mesquine ; mais ils estimaient qu'avec un tribun de la plèbe comme accusateur les débats ne pouvaient être sur un pied d'égalité. Quoi ! Vais-je comparer Sulla à Junius, ce tribun de la plèbe à Quinctius ? les circonstances aux circonstances ? Sulla disposait des ressources les plus considérables, d'un très grand nombre de parents, d'alliés, d'amis, de clients ; mais chez Junius, tout en ce domaine était médiocre, faible, le fruit péniblement amassé de ses peines. Le tribun dont je parle est modéré, plein d'honneur, de discrétion, non seulement sans esprit de révolte, mais opposé à ceux qui l'ont. L'autre au contraire était amer, toujours prêt à accuser, aimant la démagogie et le désordre. Les temps aujourd'hui sont tranquilles et paisibles ; ils étaient à ce moment-là troublés par tous les orages d'une opinion hostile. Bien qu'il en fût ainsi, les juges pourtant ont décidé alors à propos de Faustus que l'accusé plaidait sa cause dans des conditions d'inégalité, du moment que son adversaire joignait aux droits de l'accusateur la force du pouvoir légal.
XXXV 95 C'est là un point, Juges, que vous devez considérer et examiner à fond avec le plus grand soin, comme le veulent votre sagesse et votre humanité : quel mal, quel grand danger peut susciter à chacun de nous le pouvoir des tribuns, surtout quand on soulève une opinion hostile, qu'on tient des réunions révolutionnaires. Aux époques les plus heureuses, par Hercule, quand on avait pour se défendre non pas une affectation de faveur populaire, mais sa valeur morale et son innocence, néanmoins ni Publius Popilius, ni Quintus Metellus, ces hommes distingués et considérables, ne purent soutenir la violence des tribuns (1) : tant s'en faut que de nos jours, avec nos mœurs, nos magistrats, sans votre sagesse et sans le secours de vos tribunaux nous puissions trouver

(1) L'un (cos. 132) s'exila quand C. Gracchus fit passer sa loi *de prouocatione*. L'autre fut en 100 attaqué par Saturninus.

sed quod accusante tribuno plebis condicione aequa disceptari posse non putauerunt. Quid conferam ? Sullamne cum Iunio, an hunc tribunum plebis cum Quinctio, an uero tempus cum tempore ? Sulla maximis opibus, cognatis, adfinibus, necessariis, clientibus plurimis, haec autem apud Iunium parua et infirma et ipsius labore quaesita atque conlecta ; hic tribunus plebis modestus, pudens, non modo non seditiosus sed etiam seditiosis aduersarius, ille autem acerbus, criminosus, popularis homo ac turbulentus ; tempus hoc tranquillum atque pacatum, illud omnibus inuidiae tempestatibus concitatum. Quae cum ita essent, in Fausto tamen illi iudices statuerunt iniqua condicione reum causam dicere, cum aduersario eius ad ius accusationis summa uis potestatis accederet. XXXV **95** Quam quidem rationem uos, iudices, diligenter pro uestra sapientia et humanitate cogitare et penitus perspicere debetis, quid mali, quantum periculi uni cuique nostrum inferre possit uis tribunicia, conflata praesertim inuidia et contionibus seditiose concitatis. Optimis hercule temporibus, tum cum homines se non iactatione populari sed dignitate atque innocentia tuebantur, tamen nec P. Popilius nec Q. Metellus, clarissimi atque amplissimi uiri, uim tribuniciam sustinere potuerunt, nedum his temporibus, his moribus, his magistratibus sine uestra sapientia ac sine

94 posse *Mσμ* : p. Σ posse publice *b* posse p.r. ψ[1] posse publice non ψ[2] publice *a* || clientibus : cluentibus *M* || pudens *cod. Graeuii* : prudens *PMμa* || pacatum *PMμ* : placatum Σ*a*
95 et humanitate *om.* Σ*ba* || nostrum *Mμ* : uestrum Σ*b*[1]*a* || P. *Syluius* : C. *Mb*ψ Sex. σ L. Σ*a* || nec *Mμ* : neque Σ*a* || atque amplissimi uiri *Mμ* : uiri atque amplissimi Σ*a*

une sauvegarde. **96** Ainsi ce ne fut pas là un procès, ni quelque chose, Juges, qui y ressemblât ; car on n'y mit pas une mesure, on n'y observa pas les usages et les traditions, la cause n'y fut pas défendue ; ce fut un acte de violence et, comme je l'ai dit plus d'une fois, une sorte de catastrophe et de tempête et tout ce que l'on voudra plutôt qu'un jugement, une décision juridique ou un procès. Si quelqu'un veut voir là un jugement et pense qu'il faut s'en tenir à la chose jugée, il doit donc pourtant disjoindre l'affaire présente de celle-là. Une amende fut, dit-on, infligée à Junius pour n'avoir pas prêté le serment aux termes de la loi ou pour n'avoir pas procédé selon la loi à la désignation des juges suppléants. Mais le cas de Cluentius ne peut avoir de liens sous aucun rapport avec ces lois, au nom desquelles on infligea une amende à Junius. **97** Mais, dites-vous, Bulbus aussi fut condamné. Ajoute : pour crime de majesté, afin de bien comprendre que le présent procès est sans liaison avec cette affaire. — Mais on lui a reproché la même faute. — Je le reconnais, mais il fut établi en outre par une lettre de Caius Cosconius et par de nombreux témoignages qu'il avait cherché à soulever une légion en Illyrie (1) : telle était l'accusation qui relevait proprement du ressort de ce tribunal, tel était le fait qui tombait sous le coup de la loi de majesté. — Mais ce fut la faute en question qui le perdit. — Voilà qui est user de divination. S'il est permis de le faire, prends garde que mes conjectures ne soient bien mieux fondées. Car ce que je pense, c'est que Bulbus, se présentant devant le tribunal, était tenu pour quelqu'un

(1) Selon Münzer, *P. W.*, IV, col. 1668, 20, C. Cosconius fut proconsul de l'Illyricum vers 78-76, soumit la plus grande partie de la Dalmatie et prit Salone (Eutrope, VI, 4 ; Orose, V, 23, 73 ; Sall., *Hist.*, fragm. I, 71 Maurenbrecher). L'agitation de Bulbus fait songer à celle de Clodius dans l'armée de Lucullus.

iudiciorum remediis salui esse possimus. **96** Non fuit igitur illud iudicium iudici simile, iudices, non fuit, in quo non modus ullus est adhibitus, non mos consuetudoque seruata, non causa defensa ; uis illa fuit et, ut saepe iam dixi, ruina quaedam atque tempestas et quiduis potius quam iudicium aut disceptatio aut quaestio. Quod si quis est qui illud iudicium fuisse arbitretur et qui his rebus iudicatis standum putet, is tamen hanc causam ab illa debet seiungere. Ab illo enim, siue quod in legem non iurasset siue quod ex lege subsortitus iudicem non esset, multa petita esse dicitur ; Cluenti autem ratio cum illis legibus quibus a Iunio multa petita est nulla potest ex parte esse coniuncta.

97 At enim etiam Bulbus est condemnatus. Adde « maiestatis », ut intellegas hoc iudicium cum illo non esse coniunctum. At est hoc illi crimen obiectum. Fateor, sed etiam legionem esse ab eo sollicitatam in Illyrico C. Cosconi litteris et multorum testimoniis planum factum est, quod crimen erat proprium illius quaestionis et quae res lege maiestatis tenebatur. At hoc obfuit ei maxime. Iam ista diuinatio est ; qua si uti licet, uide ne mea coniectura multo sit uerior. Ego enim sic arbitror, Bulbum, quod homo nequam, turpis, impro-

Test. **96** Non solum... non fuit QUINTIL. VIII, 3, 51 || *idem sed* non fuit iudices *habent* SCHEM. DIAN. (RL 76, 31) || non fuit istud iudicium iudicii simile iudices MARTIANUS CAPELLA (RL 475, 31)

96 igitur illud *Mμ Quintil., Schem. dian.* : illud igitur *Σa* istud *Mart. Cap.* || iudices non fuit : non fuit iudices *Schem. dian.* || ullus est adhibitus *αa* : est habitus *Mμ* || arbitretur *σμ* : arbitraretur *Mbψ* || ex parte : ex causa parte *Σ*
97 enim *Σa* : *om. Mμ* || Cosconi : Coscouii *M* Coscinii *Σ* || ei *om. Σ*

de méprisable, d'infâme, de malhonnête, de souillé par tous les forfaits, et ce sont ces raisons qui facilitèrent sa condamnation : toi, parmi tous les griefs imputés à Bulbus tu vas me choisir ce qui te sert, puis tu dis que c'est ce qui a déterminé les juges. XXXVI **98** Aussi cette condamnation de Bulbus ne doit pas plus nuire à notre cause que les deux autres que l'accusateur a rappelées, celles de Publius Popilius et de Tiberius Gutta. Ils eurent à se défendre contre une accusation de brigue : or ils furent accusés par des gens qui eux-mêmes avaient été condamnés pour brigue. Si ces derniers ont été réhabilités, ce n'est pas à mon sens pour avoir démontré que les deux autres avaient reçu de l'argent pour le jugement qu'ils avaient à rendre, mais parce qu'ils ont fait admettre des juges que, ayant convaincu les autres des mêmes actions pour lesquelles eux-mêmes ils avaient succombé, ils devaient accéder aux récompenses prévues par la loi (1). Aussi personne de vous, je suppose, ne doute que cette condamnation pour brigue est sans rapport avec le cas de Cluentius et l'affaire que vous jugez. **99** Et la condamnation de Staienus ? Je ne dis point maintenant, Juges, ce que peut-être je devrais dire, qu'il a été condamné pour crime de majesté ; je ne lis point les témoignages des personnes les plus honorables, ceux qui furent déposés contre lui par les anciens lieutenants, préfets, tribuns militaires de l'illustre Mamercus Aemilius (2). Ces témoignages ont prouvé que, étant questeur, il fut le

(1) Ceci semble montrer qu'était déjà en vigueur une clause analogue à celle de la *lex Julia de ambitu.* (Cf. Modestinus, ap. *Dig.*, XLVIII, 14, 2) : « *Qua lege damnatus, si alium conuicerit, in integrum restituitur : non tamen pecuniam recipit.* »

(2) Cicéron ne peut se référer à Aemilius Lepidus (cos. en 78), auteur en 77 d'un mouvement révolutionnaire, mais plutôt à M. Aemilius Mamercus (cos. en 77), et, pour éviter l'équivoque, la correction de Manutius paraît utile.

bus, multis flagitiis contaminatus in iudicium sit adductus, idcirco facilius esse damnatum. Tu mihi ex tota causa Bulbi quod tibi commodum est eligis ut id esse secutos iudices dicas.

XXXVI **98** Quapropter hoc Bulbi iudicium non plus huic obesse causae debet quam illa quae commemorata sunt ab accusatore duo iudicia P. Popili et Ti. Guttae, qui causam de ambitu dixerunt, qui accusati sunt ab eis qui erant ipsi ambitus condemnati ; quos ego non idcirco esse arbitror in integrum restitutos quod planum fecerint illos ob rem iudicandam pecuniam accepisse sed quod iudicibus probarint, cum in eodem genere in quo ipsi offendissent alios reprendissent, se ad praemia legis uenire oportere. Quapropter neminem dubitare existimo quin illa damnatio ambitus nulla ex parte cum causa Cluenti uestroque iudicio coniuncta esse possit.

99 Quid quod Staienus est condemnatus ? Non dico hoc tempore, iudices, id quod nescio an dici oporteat, illum maiestatis esse damnatum ; non recito testimonia hominum honestissimorum quae in Staienum sunt dicta ab eis qui M*am*. Aemilio, clarissimo uiro, legati et praefecti et tribuni militares fuerunt ; quorum testimoniis planum factum est maxime eius opera, cum quaestor

Test. **98** Cicero pro Cluentio Publium Popilium et Tiberium Guttam dicit non iudicii corrupti, sed ambitus esse damnatos QUINTIL. V, 10, 108

97 tu : tum Σ ‖ eligis : elegitis *M*
98 Popili : Popilli Σ ‖ Ti. *a Quintil.* : Ti Ti*M* titi σ T. μ ‖ probarint *Mbσ* : probauerint *ψa* ‖ cum in : quod in σ ‖ offendissent Σ*a* : defendissent *M*μ
99 damnatum *M*μ : condemnatum Σ*a* ‖ Mam. Aemilio *Manutius* : M. Aemilio *Mμa*

principal responsable d'une sédition qui s'éleva dans l'armée. Je ne donne même pas lecture de ces dépositions sur les six cent mille sesterces qu'ayant reçus au titre du procès de Safinius (1) il a gardés et détournés comme il a fait plus tard dans l'affaire d'Oppianicus. **100** Je laisse de côté ces faits et bien d'autres qui furent allégués dans ce procès contre Staienus ; je ne dis que ceci : Publius et Lucius Cominius, chevaliers romains, personnages des plus honorables et bons orateurs (2), eurent avec Staienus le même débat que celui que j'ai maintenant avec Attius. Les Cominius disaient ce que je dis : que Staienus avait reçu de l'argent d'Oppianicus pour corrompre le tribunal. Staienus disait qu'il l'avait reçu pour ménager une réconciliation. **101** On se moquait de cette réconciliation à ménager, du personnage d'homme vertueux qu'il avait revêtu, comme pour ces statues dorées qu'il fit élever au temple de Juturne et au pied desquelles il fit inscrire : « que des rois avaient été par lui réconciliés » (3). On pourchassait toutes ses méchancetés et toutes ses fourberies ; on mettait au jour une vie tout entière consacrée à ce genre d'intrigues ; on dévoilait sa misère à la maison, ses gains au forum ; on n'acceptait pas de croire à cet agent vénal de la paix et de la concorde. C'est pourquoi Staienus qui alléguait pour sa défense ce qu'allègue Attius fut condamné. **102** Les Cominius qui soutenaient ce que nous avons soutenu dans toute

(1) Sur cette affaire, cf. *supra* § 68.

(2) De Publius, Cicéron parle *Brutus*, 271 : « *P. Cominium Spoletinum, quo accusante defendi C. Cornelium, in quo et compositum dicendi genus et acre et expeditum fuit.* » Asconius nous apprend que dans l'affaire de Cornelius, si Publius était l'accusateur en titre, il avait son frère pour *subscriptor*.

(3) Le temple de Juturne se trouvait au Champ de Mars. Qui sont les rois en question ? Nous l'ignorons.

esset, in exercitu seditionem esse conflatam ; ne illa quidem testimonia recito quae dicta sunt de HS $\overline{\text{DC}}$ quae ille, cum accepisset nomine iudici Safiniani, sicut in Oppianici iudicio postea, retinuit atque suppressit. **100** Omitto et haec et alia permulta quae illo iudicio in Staienum dicta sunt ; hoc dico, eandem tum fuisse P. et L. Cominiis, equitibus Romanis, honestissimis hominibus et disertis, controuersiam cum Staieno quem accusabant quae nunc mihi est cum Attio. Cominii dicebant idem quod ego dico, Staienum ab Oppianico pecuniam accepisse ut iudicium corrumperet ; Staienus conciliandae gratiae causa se accepisse dicebat. **101** Inridebatur haec illius reconciliatio et persona uiri boni suscepta, sicut in statuis inauratis quas posuit ad Iuturnae, quibus subscripsit reges ab se in gratiam esse reductos. Exagitabantur omnes eius fraudes atque fallaciae, tota uita in eius modi ratione uersata aperiebatur, egestas domestica, quaestus forensis in medium proferebatur, nummarius interpres pacis et concordiae non probabatur. Itaque tum Staienus cum idem defenderet quod Attius condemnatus est. **102** Cominii cum hoc agerent quod nos in tota causa egimus probauerunt.

Test. **101** sicut in statuis... ad Iuturnae ARUSIANUS MESSIUS (GL VII, 454, 1)

99 $\overline{\text{DC}}$ $M\mu$: xxxx αa || in Oppianici : in *om.* Σa || retinuit $M\mu$: reticuit $\Sigma b^1\psi^2 a$ *Cf. Verr. III, 170* || suppressit : repressit Σ

100 illo : in illo *coni. Müller* (*cf.* § 99) || L. : C. *Asconius* || honestissimis $M\mu$: honestis $\Sigma b^2 a$ || est $M\mu$: sit Σa || se *om.* Σa

101 ad Iuturnae $b^2\psi^2 s$: ad diuturnae $PM\mu s^1$ adiutura Σ || ab se : a se Σba || in medium Σa : in medio $M\mu$ *om. B*

102 tota causa] *hinc usque ad uu.* non quaerunt (§ 107) *defic. M nullo lacunae interuallo relicto, usque ad uu.* tum florente σ. (*Pariter def.* b^1, *a q r s t u w Pall. omnes Fr. 1 Dresd. Classen*) *Supplem. hab. in mg. b, in textu* $\chi\psi a$. *Apud* σ *lac. supplet* Σ *in pag. insuta.*

la cause, firent triompher leur opinion. C'est pourquoi, s'il a bien été décidé par la condamnation de Staienus qu'Oppianicus avait voulu corrompre le tribunal, qu'Oppianicus avait donné de l'argent à un juge pour acheter les votes, une fois reconnu que le coupable est en cela ou bien Cluentius ou bien Oppianicus (1), comme on ne découvre à aucune trace pas le moindre denier de Cluentius qui ait été donné au juge, que l'argent d'Oppianicus après le verdict a été enlevé au juge, peut-il être douteux que cette condamnation de Staienus, loin de valoir contre Cluentius, appuie solidement notre cause et notre défense? XXXVII 103 Donc je vois jusqu'ici que la condamnation de Junius mérite que je croie devoir l'appeler plutôt un assaut révolutionnaire, une violence populaire, une attaque tribunicienne qu'un jugement. Si on l'appelle un jugement, on devra pourtant reconnaître qu'il n'y a pas moyen de lier à l'affaire de Cluentius cette amende qu'on a voulu infliger à Junius. Donc cette condamnation de Junius a été l'effet de la violence ; celles de Bulbus, Popilius, Gutta sont sans portée contre Cluentius ; celle de Staienus est même en sa faveur.

Voyons si nous ne pourrions mettre en avant quelque autre arrêt qui serait favorable à Cluentius. Eh bien ! n'a-t-on pas poursuivi Caius Fidiculanius Falcula (2) qui avait condamné Oppianicus, et cela alors qu'en fait il avait siégé peu de jours après le tirage au sort, ce qui fut dans cette affaire spécialement mal vu (3) ? Il fut poursuivi et même deux fois. En effet Lucius Quinctius l'avait

(1) Cicéron ne manque pas au passage de rappeler son dilemme spécieux, afin d'en pénétrer l'esprit des juges.

(2) Cicéron (cf. l'Introduction, p. 35) avait présenté dans le *Pro Caecina* une version toute différente de cette affaire.

(3) Le tirage au sort destiné à suppléer les juges défaillants *(subsortitio)*. Désigné peu de jours avant le procès, Falcula était encore plus suspect d'avoir été, non tiré au sort, mais choisi par Junius et Verrès.

Quam ob rem, si Staieni damnatione Oppianicum iudicium corrumpere uoluisse, Oppianicum iudici ad emendas sententias dedisse pecuniam iudicatum est, cum ita constitutum sit ut in illa culpa aut Cluentius sit aut Oppianicus, Cluenti nummus nullus iudici datus ullo uestigio reperitur, Oppianici pecunia post iudicium factum ab iudice ablata est : potest esse dubium quin illa damnatio Staieni non modo non sit contra Cluentium sed maxime nostram causam defensionemque confirmet? XXXVII **103** Ergo adhuc Iuni iudicium uideo esse eius modi ut incursionem potius seditionis, uim multitudinis, impetum tribunicium quam iudicium appellandum putem. Quod si quis illud iudicium appellet, tamen hoc confiteatur necesse est, nullo modo illam multam quae ab Iunio petita sit cum Cluenti causa posse coniungi. Illud igitur Iunianum per uim factum est, Bulbi et Popili et Guttae contra Cluentium non est, Staieni etiam pro Cluentio est. Videamus ecquod aliud iudicium quod pro Cluentio sit proferre possimus.

Dixitne tandem causam C. Fidiculanius Falcula qui Oppianicum condemnarat, cum praesertim, id quod fuit in illo iudicio inuidiosissimum, paucos dies ex subsortitione sedisset ? Dixit et bis quidem dixit. In summam enim L. Quinctius inuidiam contionibus eum cotidianis

Test. **103** Dixitne... Falcula ? Quintil. IX, 2, 8

102 iudici ad emendas : iudicia demenda Σ || ut in *P* : uti in *cett.* || in illa : in ulla Σ in nulla *b*χψ² || reperitur : reperietur *P* || ab *P* : a *cett.*

103 quis *P* : qui Σ*a* || ecquod *b*² : et quod *cett.* || possimus : possumus Σ*s* || Fidiculanius *P*Σ *Quintil.* : Fidiculanus *cett.* || Quinctius : Quintius Σ

amené par des réunions tenues chaque jour dans la révolte et l'agitation au comble de l'impopularité. Par un premier jugement on lui infligea une amende, comme on l'avait fait pour Junius, parce qu'il n'avait pas siégé selon les attributions de sa décurie ni dans les conditions de la loi (1). Quand on l'accusa, les temps étaient moins agités que pour Junius, mais ce fut à peu près aux termes de la même loi et avec les mêmes griefs. Parce qu'il n'y eut au cours du procès ni révolte, ni violences, ni désordre, dès la première action il fut aisément acquitté. Je ne tiens pas compte de cet acquittement : il peut très bien, à supposer qu'il n'ait pas encouru cette amende, n'en avoir pas moins cependant reçu, pour l'affaire à juger, de l'argent, de même que Staienus, tout en ayant détourné de l'argent pour une affaire à juger, n'a nulle part eu à s'en défendre, du moins au titre de cette loi. Un tel chef d'accusation n'était pas du ressort de ce tribunal. **104** Quelle faute imputait-on à Fidiculanius ? Celle d'avoir reçu de Cluentius quatre cent mille sesterces. A quel ordre appartenait-il ? A l'ordre sénatorial. Il fut accusé de concussion d'après la loi, en vertu de laquelle on demande habituellement des comptes à un sénateur coupable de ce genre de délits, et son acquittement fut des plus honorables. Le procès se déroula dans les formes traditionnelles, sans violences, sans crainte, sans danger ; tout fut dit, développé, démontré ; les juges furent amenés à penser non seulement que la condamnation d'Oppianicus avait pu être prononcée de façon correcte par quelqu'un qui n'avait pas suivi tous les débats, mais que, ce juge n'eût-il connu que les faits établis dans les procès préliminaires au sujet de l'accusé, il n'avait rien de plus à entendre. **XXXVIII 105** Alors même les cinq juges

(1) Obscur. Le plus probable est qu'avant la loi de 70 on entendait par décuries des listes de sénateurs afférant chacune à une des *quaestiones*. Falcula n'était point sur celle de la *quaestio de ueneficiis*.

seditiosis et turbulentis adduxerat. Vno iudicio multa est ab eo petita, sicut ab Iunio, quod non suae decuriae munere neque ex lege sedisset. Paulo sedatiore tempore est accusatus quam Iunius, sed eadem fere lege et crimine. Quia nulla in iudicio seditio neque uis nec turba uersata est, prima actione facillime est absolutus. Non numero hanc absolutionem ; nihilo minus enim potest, ut illam multam non commiserit, accepisse tamen ob rem iudicandam *pecuniam, sicut causam pecunia ob rem iudicandam* capta nusquam Staienus ea *qui*dem lege dixit. Proprium crimen illud quaestionis eius non fuit. **104** Fidiculanius quid fecisse dicebatur ? Accepisse a Cluentio HS $\overline{\text{cccc}}$. Cuius erat ordinis ? Senatorii. Qua lege in eo genere a senatore ratio repeti solet, de pecuniis repetundis, ea lege accusatus honestissime est absolutus. Acta est enim causa more maiorum sine ui, sine metu, sine periculo ; dicta et exposita et demonstrata sunt omnia. Adducti iudices sunt non modo potuisse honeste ab eo reum condemnari qui non perpetuo sedisset sed, aliud si iudex nihil scisset, nisi quae praeiudic*iis* de eo fact*is* esse constarent, audire praeterea nihil debuisse. XXXVIII **105** Tum etiam illi

103 uno : unos Σ || nec turba Σ*a* : neque turba *b*χψ || pecuniam sicut causam pecunia ob rem iudicandam *suppleui* : pecuniam qua *Raue* pecuniam sicut causam pecunia *Peterson* sicut causam pecunia ob rem iudicandam *Clark, alia alii* || capta nusquam : captanus quam Σ || ea quidem *Kayser* : eadem *codd.* ea de re *Madvig*

104 Fidiculanius : Fidiculanus Σ*b* || fecisse : fecisset Σς || accepisse... $\overline{\text{cccc}}$ *om.* ψ[1] || ɪↄↄↄ *Peterson :* $\overline{\text{cccc}}$ *codd.* || adducti *b*ψ[2]*a* (*cf. Fin.* 1, 14 ; *Att.*, XI, 16, 2) : ad docti Σψ[2] at ducti χ at docti *Paris. 6369* addocti *siue* abducti *codd. deter.* || aliud si *Halm* : aliud is (si is *t*) *codd.* si aliud is *Beroaldus* || praeiudiciis... factis *scripsi :* praeiudicia... facta *codd.* || constarent : constaret *Naugerius.*

qui, prêts à saisir au vol les moindres bruits répandus par des ignorants, l'avaient jadis acquitté, se refusaient désormais à ce qu'on louât leur clémence ; à qui leur eût demandé s'ils avaient siégé contre Caius Fabricius, ils auraient répondu que oui ; leur eût-on posé la question de savoir si par hasard il était accusé d'un autre crime que celui de l'empoisonnement qu'on disait machiné contre Habitus, ils auraient dit que non ; si on les avait ensuite priés de dire quelle avait été leur sentence, ils auraient dit : la condamnation. Car personne ne fut pour l'acquittement. Si on avait fait les mêmes questions à propos de Scamander, ils n'auraient pas manqué de faire les mêmes réponses. Sans doute il y avait eu une voix pour l'absoudre, mais aucun d'eux n'aurait voulu alors qu'on prît cette voix pour la sienne. **106** Qui dans ces conditions aurait eu moins de peine à justifier son vote, celui qui déclare avoir été d'accord avec lui-même et avec la chose jugée ou celui qui a répondu que, indulgent envers le principal auteur du crime, il réserve ses rigueurs aux auxiliaires et aux complices ? Je n'ai pas à discuter leur attitude. Je ne mets pas en doute que des hommes comme eux ont dû brusquement concevoir quelque soupçon pour ne pas rester fermes sur leurs positions. C'est pourquoi je ne blâme pas la pitié de ceux qui ont acquitté ; j'approuve l'esprit conséquent de ceux qui en jugeant ont suivi leurs décisions antérieures, et l'ont fait de leur plein gré, non sous l'influence criminelle de Staienus ; et pour ceux qui ne se sont pas reconnus suffisamment éclairés, je loue leur sagesse (1) : ne pouvant en aucune manière acquitter celui dont la faute leur avait paru si grande et qu'ils avaient eux-mêmes auparavant condamné déjà deux fois, comme on leur avait inspiré une opinion si défavorable sur les délibérations et le soupçon

(1) Sur les jugements portés ici par l'orateur à l'égard des divers juges, cf. l'Introduction, p. 12.

quinque qui imperitorum hominum rumusculos aucupati tum illum absoluerunt iam suam clementiam laudari magno opere nolebant; a quibus si qui quaereret sedissentne iudices in C. Fabricium, sedisse se dicerent; si interrogarentur num quo crimine is esset accusatus praeterquam ueneni eius quod quaesitum Habito diceretur, negarent; si deinde essent rogati quid iudicassent, condemnasse se dicerent; nemo enim absoluit. Eodem modo quaesitum si esset de Scamandro, certe idem respondissent; tametsi ille una sententia est absolutus, sed illam unam nemo tum istorum suam dici uellet. **106** Vter igitur facilius suae sententiae rationem redderet, isne qui se et sibi et rei iudicatae constitisse dicit, an ille qui se in principem malefici lenem, in adiutores eius et conscios uehementissimum esse respondit? Quorum ego de sententia non debeo disputare; neque enim dubito quin ei tales uiri suspicione aliqua perculsi repentina de statu suo declinar*i*nt. Qua re eorum qui absoluerunt misericordiam non reprendo, eorum qui in iudicando superiora iudicia secuti sunt sua sponte, non Staieni fraude, constantiam comprobo, eorum uero qui sibi non liquere dixerunt sapientiam laudo, qui absoluere eum quem nocentissimum cognorant et quem ipsi bis iam antea condemnarant nullo modo poterant, condem-

Test. **105** qui imperitorum h. r. aucupant Priscianus (GL II 105, 5)

106 Vter igitur... redderet (*al.* reddet) Quintil. IX, 2, 16

106 redderet, isne qui se *a* : reddere is nequise Σ reddere iis (*uel* his) nequisse *deterr.* || ei : ii Σ (*del. m. 2*) *om. a Paris. 6369* || declinarint *mg. Lambini* : declinarent *codd.* || iam *sup. lin. hab.* Σ, *om. a*

d'une action si noire, ils ont mieux aimé ne condamner qu'un peu plus tard, quand tout aurait été révélé. **107** Mais je ne veux pas que vous reconnaissiez leur sagesse seulement à leurs actes ; je veux que leurs personnes mêmes vous fassent approuver la parfaite correction, la profonde sagesse de leur conduite ; peut-on citer quelqu'un de plus éclairé que Publius Octavius Balbus (1), de plus versé dans le droit, de plus scrupuleux ou de plus religieux dans sa conscience, dans le sentiment de ses obligations et de son devoir ? Il n'a pas acquitté. Qui a plus de fermeté que Quintus Considius ? (2) Qui a davantage l'expérience de la justice et de cette dignité qui doit se trouver dans la justice de l'Etat ? Qui a plus de mérite, de réflexion, d'autorité ? Lui non plus il n'a pas acquitté. Il serait trop long de procéder ainsi pour le mérite et la conduite de chacun d'eux : ce sont choses connues de tous et qui n'exigent pas des ornements oratoires. Quel homme n'était pas Marcus Juventius Pedo, de cette vieille école de nos juges ! Et Lucius Caulius Mergus, Marcus Basilus, Caius Caudinus ! Tous ils ont brillé dans la justice de l'Etat à une époque où l'Etat brillait encore de tout son éclat. Il y a parmi eux Lucius Cassius, Cnaeus Heius chez qui se rencontrent même droiture et même sagesse. Aucun d'eux n'a voté pour l'acquittement d'Oppianicus. Et enfin Publius Saturius, d'eux tous le moins avancé en âge, mais par ses qualités d'esprit, son zèle, sa conscience l'égal de ceux que j'ai mentionnés auparavant, a été du même avis. **108** L'innocence d'Oppianicus est bien extraordinaire ! Dans le cas de cet accusé, celui qui a acquitté passe pour intéressé, celui qui a voté le renvoi pour circonspect, celui qui a condamné pour

(1) L. Octavius Balbus de *Verr.*, II, 31 ? Le prénom diffère.

(2) Aucun des juges nommés ici ne nous est connu. Le Saturius mentionné est-il celui du § 182 ? Est-il le *ueterator, ut sibi uidetur* du *Pro Rosc. com.*, 22 ? Le jeune âge de Saturius en 74 exclut cette identification de Greenidge, *op. laud.*, p. 542.

nare, cum tanta consili infamia et tam atrocis rei suspicio esset iniecta, paulo posterius patefacta re maluerunt. **107** Ac ne ex facto solum sapientes illos iudicetis, sed etiam ex hominibus ipsis quod hi fecerunt rectissime ac sapientissime factum probetis, quis P. Octauio Balbo ingenio prudentior, iure peritior, fide, religione, officio diligentior aut sanctior commemorari potest ? Non absoluit. Quis Q. Considio constantior, quis iudiciorum atque eius dignitatis quae in iudiciis publicis uersari debet peritior, quis uirtute, consilio, auctoritate praestantior ? Ne is quidem absoluit. Longum est de singulorum uirtute *et u*ita dicere quae quia iam cognita sunt ab omnibus uerborum ornamenta non quaerunt. Qualis uir M. Iuuentius Pedo fuit ex uetere illa iudiciorum disciplina, qualis L. Caulius Mergus, M. Basilus, C. Caudinus ! qui omnes in iudiciis publicis iam tum florente re publica floruerunt. Ex eodem numero L. Cassius, Cn. Heius pari et integritate et prudentia ; quorum nullius sententia est Oppianicus absolutus. Atque ex his omnibus natu minimus, ingenio et diligentia et religione par eis quos antea commemoraui, P. Saturius in eadem sententia fuit. **108** O innocentiam Oppianici singularem ! quo in reo qui absoluit ambitiosus, qui distulit cautus, qui condemnauit constans existimatur.

107 hi Σ*a* : ii *b* χψ || fecerunt *ba* : fecerint Σχψ || iure : sine ui *B* ui Σ || quis Q. *b*ψ²*a* : quisque Σχψ¹ || debet : debent Σς || et uita *Sydow* : ita *codd.* illa *Torrentius* || quaerunt : quaerit *M*μ || iudiciorum (-or- *sup. lin.*) Σ *Manutius* : iudicum *cett.* || Iuuentius... Mergus *om. M*μ || Heius *M*μ : Heiutus (Heui-*a*) Σ*a* || ex his *M*μ : in his *b*²ψ²*a* || et diligentia *om. dett.*, *Arus.* (*G. L.*, *VII*, *500*, *1*).
108 distulit : dispulit Σ(?)*t*

conséquent. XXXIX L'agitation menée par Quinctius n'a laissé établir alors ces vérités ni dans une réunion publique ni devant un tribunal. Pour sa part en effet il ne tolérait pas que cela fût dit et la multitude déchaînée ne permettait à personne de faire entendre un discours. C'est dans ces conditions que lui-même, après avoir abattu Junius, abandonna toute l'affaire ; dans le peu de jours qui suivit (1), il redevint lui-même un simple citoyen et il comprenait que la fièvre des passions était tombée. Mais s'il avait voulu accuser Fidiculanius dans le temps où il accusa Junius, on n'aurait point accordé à Fidiculanius la faculté de répondre. Or, tout au moins au début, il menaçait tous ces juges qui avaient condamné Oppianicus. **109** Oui, vous connaissiez l'insolence du personnage, vous connaissiez sa fougue et sa passion de tribun. Quel être odieux, dieux immortels, quelle superbe ! Quelle fausse opinion de soi-même ! Quelles prétentions fâcheuses et intolérables ! Car il alla jusqu'à s'indigner — et tout le mal vint de là — qu'on n'eût pas accordé à sa personne et à sa plaidoirie l'acquittement d'Oppianicus, comme si vraiment de l'avoir choisi pour défenseur, ce n'était pas signifier clairement qu'on était abandonné de tous ! Il y avait en effet à Rome abondance d'avocats qui étaient des gens éloquents et considérables, et l'un d'entre eux assurément aurait défendu un chevalier romain connu dans son municipe, si une défense honorable lui avait été possible pour une cause de cette espèce (2). XL **110** Quant à Quinctius, quelle cause avait-il jamais plaidée auparavant — et il était âgé d'environ cinquante ans ? Qui l'avait jamais vu figurer, non pas

(1) La condamnation de Junius précéda donc de peu de jours la sortie de charge du tribun.

(2) On rapprochera ce qui a été dit § 57 des frères Caepasius. Quinctius fut l'adversaire de Cicéron dans l'affaire du *Pro Tullio*.

XXXIX Haec tum agitante Quinctio neque in contione neque in iudicio demonstrata sunt ; neque enim ipse dici patiebatur nec per multitudinem concitatam consistere cuiquam in dicendo licebat. Itaque ipse postquam Iunium peruertit, causam totam reliquit ; paucis enim diebus illis et ipse priuatus est factus et hominum studia deferuisse intellegebat. Quod si, per quos dies Iunium accusauit, Fidiculanium accusare uoluisset, respondendi Fidiculanio potestas facta non esset. Ac primo quidem omnibus illis iudicibus qui Oppianicum condemnarant minabatur. **109** Iam insolentiam noratis hominis, noratis animos eius ac spiritus tribunicios. Quod erat odium, di immortales ! quae superbia, quanta ignoratio sui, quam grauis atque intolerabilis adrogantia ! qui illud etiam ipsum acerbe tulerit, ex quo illa nata sunt omnia, non sibi ac defensioni suae condonatum esse Oppianicum ; proinde quasi non satis signi esse debuerit ab omnibus eum fuisse desertum qui se ad patronum illum contulisset. Erat enim Romae summa copia patronorum, hominum eloquentissimorum atque amplissimorum, quorum certe aliquis defendisset equitem Romanum in municipio suo nobilem, si honeste putasset eius modi causam posse defendi. XL **110** Nam Quinctius quidem quam causam umquam antea dixerat, cum annos ad quinquaginta natus esset ? quis eum umquam non modo in patroni sed in laudatoris aut

108 agitante *M*μ : agente Σ*a* || causam totam *M*μ : totam causam Σ*a* || condemnarant Σ : condemnarunt *M* condempnauerunt σ
109 ignoratio $M\psi^1$: ignorantia $b\sigma\psi^1 a$ || etiam *M*μ : iam Σ*a* || condonatum $Mb^2\sigma\psi^2$: condemnatum $\Sigma b^1\psi^1 a$
110 laudatoris aut (*om.* aut $b^1\psi^1$) *M*μ : lautioris Σ*B*

seulement comme avocat, mais comme témoin à décharge ou comme assistant d'un accusé ? C'est parce qu'il s'était emparé des rostres longtemps abandonnés, des lieux que depuis l'arrivée de Sulla la voix des tribuns avait désertés (1), c'est parce qu'il avait ramené la foule déshabituée déjà des réunions publiques à un simulacre de ses anciens usages, qu'il fut — très peu de temps — agréable à une certaine catégorie d'individus. Pourtant quelle haine le même homme inspira ensuite à ceux-là mêmes qui avaient travaillé à son élévation ! Une haine qui ne fut pas imméritée. **111** Tâchez en effet de vous rappeler non seulement son caractère et ses prétentions, mais ses traits, son vêtement, cette pourpre qui lui tombait sur les talons (2). Comme s'il était parfaitement intolérable qu'il fût sorti vaincu d'un procès, il porta les débats des bancs du tribunal aux rostres. Et nous nous plaignons encore souvent qu'il n'y a pas dans cette cité pour les hommes nouveaux assez de récompenses ? Je soutiens que jamais nulle part il n'y en eut de plus grandes. Chez nous si quelqu'un d'une naissance obscure se conduit de manière à sembler pouvoir soutenir par son mérite l'éclat de la noblesse, il parvient jusqu'au point où son activité et son désintéressement lui font escorte. **112** Mais si quelqu'un n'a pour titre que cette naissance obscure, il va souvent plus loin que si, avec les mêmes vices, il jouissait de la plus haute noblesse : ainsi de Quinctius pour ne rien dire des autres : s'il eût été noble, qui aurait

(1) Sulla n'avait sans doute pas ôté aux tribuns le *ius agendi cum populo*, mais il les avait très affaiblis en leur retirant le droit de présenter des propositions de lois. Cf. J. Carcopino, *Sylla ou la monarchie manquée*, 1931, p. 51.

(2) Le tribun n'a pas droit à la toge prétexte (Plutarque, *Q. R.*, 81). Quinctius visa-t-il ensuite l'édilité curule et la préture et s'y prit-il d'avance en ce qui concernait la toge prétexte ? Ainsi fera Vatinius dont Cicéron se moque (*In Vat.*, 16).

aduocati loco uiderat ? qui quod rostra iam diu uacua locumque illum post aduentum L. Sullae a tribunicia uoce desertum oppresserat multitudinemque iam desuefactam a contionibus ad ueteris consuetudinis similitudinem reuocauerat, idcirco cuidam hominum generi paulisper iucundior fuit. Atque idem quanto in odio postea fuit illis ipsis per quos in altiorem locum ascenderat ! Neque iniuria. **111** Facite enim ut non solum mores et adrogantiam eius sed etiam uoltum atque amictum atque etiam illam usque ad talos demissam purpuram recordemini. Is, quasi non esset ullo modo ferendum se ex iudicio discessisse uictum, rem a subselliis in rostra detulit. Et iam querimur saepe hominibus nouis non satis magnos in hac ciuitate esse fructus ? Nego usquam umquam fuisse maiores ; ubi si quis ignobili loco natus ita uiuit ut nobilitatis dignitatem uirtute tueri posse uideatur, usque eo peruenit quoad eum industria cum innocentia prosecuta est. **112** Si quis autem hoc uno nititur quod sit ignobilis, procedit saepe longius quam si idem ille esset cum isdem suis uitiis nobilissimus. Vt Quinctius — nihil enim dicam de ceteris — si fuisset homo nobilis, quis eum cum illa

Test. **111** Facite enim ut uultum ipsius et illam usque ad talos demissam purpuram cogitetis Iulius Rufinianus (RL 39, 14) *Cf.* Quintil. V, 13, 39

110 iam desuefactam *M*μ : desuefactam iam Σ*a* || reuocauerat *M*σψ : reuocarat Σ*ba* || fuit illis ipsis *Baiter* : suis illis ipsis fuit *M*μ suis ipsis Σ*a*

111 facite *M*μ *Rufin.* : fecit α*Ba* || et arrog. eius Σ*a* : eius et (*om.* et *Mb*ψ) arrog. *M*μ || atque etiam α*a* : atque *M*μ || rem a *M*σ*baB* : rem ab ψμς|| in rostra *M*μ : ad rostra α*a* || et iam *M*μ : etiam α*a* || si quis *a* : si qui *M*μ || ita : sit ita Σ*Ba* ||

112 si quis *a* : si qui *M*μ

pu le souffrir avec son orgueil et son humeur intraitable ? Mais à cause du rang qui était le sien, on l'a supporté en pensant qu'il fallait lui accorder l'avantage de ce qu'il pouvait avoir de bon dans son caractère et juger d'autre part que son orgueil et ses prétentions, à cause de la bassesse du personnage, méritaient le rire plutôt que la peur. XLI Mais pour en revenir à mon point de départ, quand Fidiculanius fut acquitté, toi qui rappelles ces jugements rendus, je te le demande, alors, selon toi, qu'a-t-on jugé ? Assurément que son vote n'avait pas été acheté. **113** Pourtant il avait condamné. Pourtant il n'avait pas assisté à tout le procès. Pourtant dans toutes les réunions publiques il avait été violemment et souvent attaqué par le tribun de la plèbe Lucius Quinctius. Donc tous ces procès intentés par Quinctius furent injustes, sans fondement, l'œuvre du désordre, de la démagogie, de la révolte (1). Soit, dira-t-on : Falcula pouvait être innocent. Alors il y a donc eu quelqu'un qui a condamné Oppianicus sans avoir été acheté (2). Alors Junius n'a point fait tirer au sort des gens qui se feraient payer pour condamner. Alors quelqu'un a pu ne pas siéger dès le début et cependant, sans avoir été acheté, condamner Oppianicus. Mais si Falcula est innocent, je t'en prie, qui est coupable ? S'il a condamné sans être vénal, qui a reçu de l'argent ? Je dis qu'il n'y a point de grief fait à l'un quelconque d'entre eux qui n'ait été fait à Fidiculanius, qu'il n'y a vraiment rien eu de particulier dans le cas de Fidiculanius qui ne fût aussi dans celui des autres. **114** Il te faut de toute nécessité ou blâmer ce jugement, toi dont toute l'accusation semblait reposer

(1) Cicéron fait allusion aux procès intentés successivement à Junius, Bulbus, Popilius, Gutta et Staienus.

(2) Sur la valeur de cet acquittement, il faut confronter ce passage avec la version présentée dans *Verr.*, I, 35.

superbia atque intolerantia ferre potuisset ? Quod eo loco fuit, ita tulerunt ut, si quid haberet a natura boni, prodesse ei putarent oportere, superbiam autem atque adrogantiam eius deridendam magis arbitrarentur propter humilitatem hominis quam pertimescendam. XLI Sed ut illuc reuertar, quo tempore Fidiculanius est absolutus, tu qui ea iudicia facta commemoras, quaero, quid tum esse existimas iudicatum ? certe gratiis iudicasse. **113** At condemnarat, at causam totam non audierat, at in contionibus omnibus a L. Quinctio, tribuno plebis, uehementer erat et saepe uexatus. Illa igitur omnia Quinctiana iniqua, falsa, turbulenta, popularia, seditiosa iudicia fuerunt. Esto, potuit esse innocens Falcula. Iam ergo aliquis Oppianicum gratiis condemnauit, iam non eos Iunius subsortitus est qui pecunia accepta condemnarent, iam potuit aliquis ab initio non sedisse et tamen Oppianicum gratiis condemnasse. Verum, si innocens Falcula, quaero quis nocens ; si hic gratiis condemnauit, quis accepit ? Nego rem esse ullam *cuiquam* illorum obiectam quae Fidiculanio obiecta non sit, aliquid fuisse in Fidiculani causa quod idem non esset in ceterorum. **114** Aut hoc iudicium reprehendas tu cuius accusatio rebus iudicatis niti uidebatur necesse

112 ea iudicia *M*μ : iudicia Σ*a* || quaero quid *M*μ : quid Σ(?)*a*

113 trib. pl. Σ*s* : *om. cett.* || iudicia fuerunt (fuere σ) *M*μ : iudicauerunt (-arunt) Σ*Ba* || potuit *M*μ : putarer Σ (*cum uerbo liturato* -tuerunt) putaretur $b^2\psi^2$*a* potest *Clark* uidetur *Peterson* putabitur *Kayser* || aliquis μ : aliqui *M*σ*a* || condemnasse : condemnasset Σψ^2*a* || quis *M*μ : qui sit Σ(?)ψ^2*a* quis sit b^2 || cuiquam *Madvig* : in quemquam *M*μ*a* || obiecta non *M*μ : non obiecta Σ*a*

114 niti uidebatur *M*μ : nitebatur Σ*a*

sur les choses jugées, ou, si tu en reconnais le bien-fondé, avouer que la condamnation d'Oppianicus n'a pas été achetée. En tout cas ce doit être une preuve suffisante, que parmi tant de juges, après l'acquittement de Falcula, aucun n'ait été accusé. En effet qu'allez-vous recueillir les condamnations pour brigue, prononcées en vertu d'une autre loi, pour des griefs bien déterminés, avec une foule de témoins ? Et d'abord ces gens eux-mêmes auraient dû être accusés de concussion plutôt que de brigue. Car, si, poursuivis pour brigue, ils furent victimes de leur vénalité, tout en ayant à se justifier aux termes d'une autre loi, certes, s'ils avaient comparu en vertu de la loi propre à cette faute, ils en eussent été encore plus sûrement victimes. **115** Ensuite si l'accusation que vous invoquez avait assez de force pour être le coup fatal, quelle que fût d'autre part la loi en vertu de laquelle on avait poursuivi les juges d'Oppianicus, pourquoi avec des accusateurs si nombreux et de si grandes récompenses, les autres n'ont-ils pas été poursuivis ?

Ici on allègue ce qui ne peut s'appeler proprement un jugement ; l'appréciation de la peine (1) a été faite sous ce chef pour Publius Septimius Scaevola. Je parle devant des hommes qui sont au courant et je n'ai pas à montrer longuement quels sont les usages en cette matière. Jamais en effet l'exactitude qu'on a coutume d'apporter tant que le jugement n'est pas fixé ne se retrouve au même degré une fois que l'accusé a été condamné. **116** Quand on est en train d'apprécier la peine, les juges d'ordinaire ou bien se figurent que celui qu'ils ont une fois condamné leur est hostile et ils n'admettent pas un grief capital introduit contre lui, ou bien estiment qu'en jugeant l'accusé ils en ont fini désormais avec leur tâche et ne

(1) La *litis aestimatio*, après que le verdict sur la culpabilité avait été rendu, déterminait, s'il y avait lieu, le degré de la peine. En outre — et c'est ici l'important — elle pouvait contenir l'affir-

est aut, si hoc uerum esse concedis, Oppianicum gratiis condemnatum esse fateare.

Quamquam satis magno argumento esse debet quod ex tam multis iudicibus absoluto Falcula nemo reus factus est. Quid enim mihi damnatos ambitus conligitis alia lege, certis criminibus, plurimis testibus? cum primum illi ipsi debuerint potius accusari de pecuniis repetundis quam ambitus. Nam si in ambitus iudiciis hoc eis obfuit, cum alia lege causam dicerent, certe, si propria lege huius peccati adducti essent, multo plus obfuisset. **115** Deinde, si tanta uis fuit istius criminis ut, qua quisque lege ex illis iudicibus reus factus esset, tamen hac plaga periret, cur in tanta multitudine accusatorum, tantis praemiis, ceteri rei facti non sunt? Hic profertur id quod iudicium appellari non oportet, P. Septimio Scaeuolae litem eo nomine esse aestimatam. Cuius rei quae consuetudo sit, quoniam apud homines peritissimos dico, pluribus uerbis docere non debeo. Numquam enim ea diligentia quae solet adhiberi incer*t*is iudiciis, eadem reo damnato adhibita est. **116** In litibus aestimandis fere iudices aut, quod sibi eum quem semel condemnarunt inimicum putant esse, si qua in eum lis capitis inlata est, non admittunt, aut quod se perfunctos iam esse arbitrantur cum de reo iudicarunt, neglegentius attendunt cetera. Itaque et maiestatis absoluti sunt permulti quibus damnatis de pecuniis repetundis lites maiestatis essent aestimatae, et hoc

114 iis *ba* : his *Mσψ*
115 incertis *scripsi* : inceris *M* in ceteris *cett.*
116 si qua *Σs* : si quae *cett.* || admittunt : amittunt Σ remittunt *Postgate* || cum : quod Σ || lites maiestatis *αa* : lites *Mμ*

prêtent au reste qu'une attention affaiblie. C'est pourquoi on a acquitté du chef de lèse-majesté un très grand nombre de gens qui avaient eu leur peine fixée pour lèse-majesté après une condamnation pour concussion. C'est pourquoi aussi nous voyons chaque jour, une fois un accusé condamné pour concussion, ces juges acquitter ceux pour lesquels on a établi, en fixant les restitutions, que de l'argent leur était parvenu. Il n'y a point en cela révision de la sentence, mais établissement de ce principe que l'appréciation de la peine n'est pas un jugement. La condamnation de Scaevola est due à d'autres chefs d'accusation, à une foule de témoignages émanant d'Apulie ; on s'est battu avec toute l'ardeur possible pour que ce litige fût estimé capital ; si le fait avait eu tout le poids de la chose jugée, dans la suite ce personnage avec les mêmes ennemis ou avec d'autres aurait été poursuivi aux termes mêmes de la loi en question. **XLII 117** Vient enfin ce qu'ils appellent un jugement. Mais nos aïeux jamais n'ont nommé ainsi, ni respecté à l'égal d'une chose jugée, un blâme et un avis des censeurs. Avant de commencer à parler de ce sujet, j'ai à dire deux mots seulement de la tâche qui m'incombe : ainsi verra-t-on que j'ai tenu compte en même temps et des dangers courus par mon client et de mes autres obligations, de mes autres amitiés. Car j'ai avec les hommes de cœur que furent les derniers censeurs, j'ai avec tous deux des liens amicaux, avec l'un même, la plupart de vous le savent, des rapports étroits, une intimité fondée sur les plus grands services réciproques. **118** C'est pourquoi tout ce que j'aurai à dire des notes données par eux le

mation que l'accusé était coupable d'une autre faute tombant sous la juridiction d'une autre *quaestio*. (PSEUDO-ASCON., *in Verr.*, I, 39 : *Litis aestimationem fieri non solum ex titulo propositi criminis sed etiam ex aliis probationibus quae ex ante actis rebus apud iudices constiterint.*) Cf. FAUSSET, p. 163-165 ; GREENIDGE, p. 502 et suiv.

cotidie fieri uidemus ut reo damnato de pecuniis repetundis, ad quos peruenisse pecunias in litibus aestimandis statutum sit, eos *i*dem illi iudices absoluant; quod cum fit, non iudicia rescinduntur sed hoc statuitur, aestimationem litium non esse iudicium. Scaeuola condemnatus est aliis criminibus, frequentissimis Apuliae testibus. Omni contentione pugnatum est uti lis haec capitis aestimaretur. Quae res si rei iudicatae pondus habuisset, ille postea uel isdem uel aliis inimicis reus hac lege ipsa factus esset.

XLII **117** Sequitur id quod illi iudicium appellant. Maiores autem nostri numquam neque iudicium nominarunt neque proinde ut rem iudicatam obseruarunt, animaduersionem atque auctoritatem censoriam. Qua de re ante quam dicere incipio, perpauca mihi de meo officio uerba facienda sunt, ut a me cum huiusce periculi tum ceterorum quoque officiorum et amicitiarum ratio conseruata esse uideatur. Nam mihi cum uiris fortibus qui censores proxime fuerunt ambobus est amicitia; cum altero uero, sicuti plerique uestrum sciunt, magnus usus et summa utriusque officii*s* constituta necessitudo est. **118** Qua re quicquid de subscriptionibus eorum mihi dicendum erit, eo dicam animo

116 eos idem illi *scripsi* : eosdem Σ*a* eos illi *M*μ eos idem *Baiter* eos alii *L. Havet* || iudicium *om.* Σ*a* || uti Σ*a* : ut *M*μ || isdem : ab isdem *Madvig*

117 id quod Σ*a* : illquod *M* illud μσ || animaduersionem atque auctoritatem censoriam *M*μ*a* : animaduersio atque auctoritas censoria *Manutius* || antequam Σ*a* : priusquam σ *om.* *M*μ|| dicere Σ*a* : *om.* *M*μ || sicuti Σ*a* : sicuti et *M*μ || officiis *Manutius* : officii *BM*μ*a* || necessitudo *M*μ : consuetudo α*a* censuit *B*

sera avec ce sentiment que j'aimerai voir tout mon discours rapporté non à leurs actes, mais au statut même de la censure (1). De Lentulus, mon ami intime, que je nomme avec honneur, comme le veulent ses mérites éminents et les grandes charges qu'il a reçues du peuple romain, je n'aurai pas de peine, Juges, à obtenir qu'il me permette de revendiquer en fait de conscience et de zèle, de force de caractère aussi et de liberté de parole, qualités qu'il a coutume de montrer pour ses amis en péril, tout ce que je ne puis négliger qu'en mettant mon client en danger. Néanmoins, ainsi qu'il convient, je parlerai de tout avec précaution, en m'avançant prudemment pour ne pas sembler avoir laissé de côté les obligations de ma défense ni avoir offensé la dignité ou blessé l'amitié de personne. **119** Donc, Juges, je vois que les censeurs ont adressé un blâme à certains juges de ce tribunal de Junius et ils ont dans leurs notes précisément fait état de cette affaire. Je ferai valoir d'abord cette maxime générale que jamais notre cité ne s'en est tenue aux blâmes venus des censeurs comme à des choses jugées. La matière est bien connue et je ne perdrai pas mon temps à donner des exemples ; je n'en citerai qu'un seul. Caius Geta, exclu du Sénat par les censeurs Lucius Metellus et Cnaeus Domitius, fut lui-même plus tard élu censeur. Lui, dont les mœurs avaient été blâmées par des censeurs (2), eut plus tard à veiller sur les mœurs du peuple romain et de ceux qui lui avaient adressé un blâme à lui-même. Si on avait vu là un jugement, pareils

(1) Avec Cn. Cornelius Lentulus et L. Gellius, en 70, la censure avait été rappelée à la vie. La marque *(nota)* qu'ils ajoutaient sur les listes aux noms des sénateurs ou des chevaliers flétris par eux s'accompagnait de la mention des faits reprochés : c'est la *subscriptio.* Selon Cicéron, de telles *subscriptiones* ne sauraient être assimilées à des jugements.

(2) En 115. Cf. Val. Max., II, 9, 9 (peut-être d'après ce passage).

ut omnem *o*rationem meam non de illorum facto sed de ratione censoria habitam existimari uelim ; a Lentulo autem, familiari meo, qui a me pro eximia sua uirtute summisque honoribus quos a populo Romano adeptus est honoris causa nominatur, facile hoc, iudices, impetrabo ut, quam ipse adhibere consueuit in amicorum periculis cum fidem et diligentiam tum uim animi libertatemque dicendi, ex hac mihi concedat ut tantum mihi sumam quantum sine huius periculo praeterire non possum. A me tamen, ut aequum est, omnia caute pedetemptimque dicentur ut neque fides huius defensionis relicta neque cuiusquam aut dignitas laesa aut amicitia uiolata esse uideatur.

119 Video igitur, iudices, animaduertisse censores in iudices quosdam illius consili Iuniani, cum istam ipsam causam subscriberent. Hic primum illud commune proponam, numquam animaduersionibus censoriis hanc ciuitatem ita contentam ut rebus iudicatis fuisse. Neque in re nota consumam tempus exemplis ; ponam illud unum, C. Getam, cum a L. Metello et Cn. Domitio censoribus ex senatu eiectus esset, censorem ipsum postea esse factum et, cuius mores a censoribus erant reprehensi, hunc postea et populi Romani et eorum qui in ipsum animaduerterant moribus praefuisse. Quod si illud iudicium putaretur, ut ceteri turpi iudicio

118 orationem *Angelius* : rationem *Mμa* || cum *Σa* : *om. Mμ* || tum : eam *Σ* || ex *Σa* : in *Mμ* || hac : hoc *σ* || possum *Mμ* : possim *Σa* || huius *Mμ* : eius *Σa*

119 primum illud *Mμ* : illud primum *Σa* || exemplis *Mμ* : exempli causa *ψ²a* (*Σ* ?) || a : ab *Σ* || ipsum postea esse *Mμ* : esse ipsum postea *Σa* || a censoribus erant *Mμ* : erant a censoribus *Σa*

à ceux qui frappés par une condamnation infamante sont à jamais privés de tout honneur et de toute charge, les hommes atteints d'ignominie n'auraient eu ni accès aux honneurs ni retour dans la curie (1). **120** Mais en réalité, qu'un affranchi de Cnaeus Lentulus et de Lucius Gellius ait condamné quelqu'un pour vol, ce dernier perdra tous ses titres et jamais ne recouvrera la moindre part de son honorabilité, mais ceux que Lucius Gellius lui-même et que Cnaeus Lentulus, tous deux censeurs, personnages illustres et très éclairés ont flétris pour vol et pour corruption judiciaire, non seulement sont rentrés dans le Sénat, mais ont été acquittés par des jugements qui visaient précisément ces points-là. XLIII Nos aïeux ont voulu que là où il y allait non seulement de la réputation de quelqu'un, mais du plus minime intérêt pécuniaire, personne ne fût arbitre si les parties opposées n'étaient tombées d'accord pour l'agréer (2). C'est pourquoi dans toutes les lois qui ont prévu les cas où il ne serait permis ni de revêtir une magistrature ni d'être choisi comme arbitre, ni d'accuser autrui, on a laissé de côté cette marque d'infamie. Ils ont voulu qu'il y eût dans le pouvoir des censeurs une source de crainte, non un châtiment atteignant la vie. **121** Aussi je ne me contenterai pas de montrer, Juges, ce que vous voyez bien, que maintes fois les votes du peuple romain ont réduit à néant les notes des censeurs, comme l'ont fait aussi les jugements de ceux qui, liés par leur serment, ont dû décider avec plus de scrupule et de conscience. D'abord des juges, sénateurs ou chevaliers romains, pour nombre d'accusés déjà que les notes indiquaient comme ayant reçu de l'argent au mépris des lois, ont suivi plutôt leur conscience que l'opinion des censeurs. Ensuite les pré-

(1) Sur les suites purement morales de la *nota*, cf. *De rep.*, 4, 6. On a beaucoup d'exemples d'hommes frappés de la *nota* et retrouvant leur place au sénat après leur élection.

(2) Sur cette théorie du *iudex*, Greenidge, p. 265.

damnati in perpetuum omni honore ac dignitate priuantur, sic hominibus ignominia notatis neque ad honorem aditus neque in curiam reditus esset. **120** Nunc si quem Cn. Lentuli aut L. Gelli libertus furti condemnarit, is omnibus ornamentis amissis numquam ullam honestatis suae partem recuperabit; quos autem ipse L. Gellius et Cn. Lentulus, duo censores, clarissimi uiri sapientissimique homines, furti et captarum pecuniarum nomine notauerunt, ei non modo in senatum redierunt sed etiam illarum ipsarum rerum iudiciis absoluti sunt. XLIII Neminem uoluerunt maiores nostri non modo de existimatione cuiusquam sed ne pecuniaria quidem de re minima esse iudicem, nisi qui inter aduersarios conuenisset. Quapropter in omnibus legibus quibus exceptum est de quibus causis aut magistratum capere non liceat aut iudicem legi aut alterum accusare, haec ignominiae causa praetermissa est. Timoris enim causam, non uitae poenam in illa potestate esse uoluerunt. **121** Itaque non solum illud ostendam quod iam uidetis, populi Romani suffragiis saepenumero censorias subscriptiones esse deletas, uerum etiam iudiciis eorum qui iurati statuere maiore cum religione et diligentia debuerunt. Primum iudices, senatores equitesque Romani, in compluribus iam reis quos contra leges pecunias cepisse subscriptum est suae potius religioni quam censorum opinioni paruerunt. Deinde praetores

120 libertus : libertum Σs^1 || recuperabit Σa : recuperauit $M\mu\sigma$ || ipse : ille Σ || ii Σa : *om.* $M\mu$ || illarum *om.* $M\sigma\mu$ || nostri $a\mu\sigma$: uestri $M\mu$ || non uitae poenam : nouite pena nam M

121 deletas $\mu\varsigma$: delatas $M\mu$ sublatas Σa || cepisse $M\mu$: accepisse Σa

teurs urbains qui, liés par leur serment, ont à inscrire les meilleurs citoyens parmi les juges choisis (1), n'ont jamais cru qu'en cela l'ignominie infligée par les censeurs dût les arrêter. **122** Enfin les censeurs eux-mêmes, maintes fois, ne sont pas restés fidèles aux jugements (s'il vous plaît qu'on les appelle ainsi) de leurs prédécesseurs. Les censeurs, même entre eux, ne donnent à leurs propres décisions que cette valeur-ci : l'un peut non seulement critiquer, mais même annuler l'arrêt de l'autre ; l'un peut vouloir vous exclure du Sénat, l'autre vous y maintenir et vous juger digne de l'ordre le plus éminent ; l'un peut ordonner de vous ramener dans les rangs des *aerarii* (2) ou de vous changer de tribu, l'autre s'y opposer. Comment donc songez-vous à appeler jugements ce que le peuple romain peut casser, les juges assermentés rejeter, les magistrats traiter par le dédain, ceux qui ont obtenu le même pouvoir modifier, des collègues estimer de façon différente ? XLIV **123** Cela étant, voyons le jugement que les censeurs ont bien pu porter, à ce qu'on nous dit, sur cette corruption du tribunal. Et d'abord établissons si la réalité des faits vient de ce que les censeurs les ont notés ou s'ils les ont notés parce qu'ils étaient réels. Si elle vient de ce qu'ils les ont notés, prenez garde à ce que vous allez faire ; craignez d'accorder à l'avenir aux censeurs le pouvoir des rois sur chacun de nous ; craignez que leurs notes n'aillent pas apporter aux citoyens moins de malheurs que cette proscription si cruelle, que leur

(1) Ceci paraît impliquer à cette date l'existence d'une liste générale des juges. Le serment est celui de l'entrée en charge du magistrat. Pour *selecti*, leçon de *M*, bien préférable au banal *lecti*, cf. Hor., *Sat.*, I, 4, 123.

(2) Par *tribuni aerarii* (chargés primitivement de payer les soldats et, semble-t-il, de percevoir le *tributum*) on ne désigne plus qu'une catégorie de censitaires, inférieure à l'ordre équestre.

urbani qui iurati debent optimum quemque in selectos iudices referre numquam sibi ad eam rem censoriam ignominiam impedimentum esse oportere duxerunt. **122** Censores denique ipsi saepe numero superiorum censorum iudiciis, si ista iudicia appellari uoltis, non steterunt. Atque etiam ipsi inter se censores sua iudicia tanti esse arbitrantur ut alter alterius iudicium non modo reprehendat sed etiam rescindat, ut alter de senatu mouere uelit, alter retineat et ordine amplissimo dignum existimet, ut alter in aerarios referri aut tribu moueri iubeat, alter uetet. Qua re qui uobis in mentem uenit haec appellare iudicia quae a populo Romano rescindi, ab iuratis iudicibus repudiari, a magistratibus neglegi, ab eis qui eandem potestatem adepti sunt commutari, inter conlegas discrepare uideatis ?

XLIV **123** Quae cum ita sint, uideamus quid tandem censores de illo iudicio corrupto iudicasse dicantur. Ac primum illud statuamus utrum, quia censores subscripserint, ita sit, an, quia ita fuerit, illi subscripserint. Si ideo quia subscripserint, uidete quid agatis ne in unum quemque nostrum censoribus in posterum potestatem regiam permittatis, ne subscriptio censoria non minus calamitatis ciuibus quam illa acerbissima proscriptio possit adferre, ne censorium stilum cuius mucro-

121 selectos *M*μ : lectos Σ*a* || impedimentum (-tun *uel* : tuo *M*) *M*μσ : impedimento *a*ς
122 appellari *M*μ : appellare Σ*a* || resçindat : praescindat Σ*a* || aerarios (-rium b^1) referri Mb^2σ : aerario (eratio *B*) referre *B*Σψ*a* || tribu : tribum Σ tribus *B* || moueri *M*μ : mouere Σ*Ba* || uetet : uetat *B* || qui : quid Σ
123 *post* quia censores *add.* $b^2ψ^2s^2$ de illo iudicio corrupto || ideo quia *M*μ : quia Σ*s*

stylet, dont nos aïeux ont émoussé la pointe par de nombreuses dispositions, ne soit à redouter pour nous désormais autant que ce glaive des dictateurs. **124** Mais si leur note doit tout son poids à sa vérité, examinons si elle est vraie ou fausse ; laissons de côté les avis des censeurs ; qu'on rejette de la cause ce qui n'est pas dans la cause ; montre l'argent que Cluentius a donné, où il l'a pris, comment il l'a donné, enfin fais voir une seule trace d'un argent qui serait venu de Cluentius. Ensuite fais admettre qu'Oppianicus a été un homme de bien, une personne désintéressée, que jamais on n'a eu sur lui une autre opinion ; qu'il n'y a pas eu enfin de décisions préalables. Alors attache-toi à l'avis des censeurs, alors soutiens que leur jugement a un lien avec l'affaire. **125** Mais tant qu'il restera établi (1) qu'Oppianicus est l'homme dont on a prononcé qu'il avait falsifié de sa propre main les registres publics de son municipe, l'homme qui a raturé un testament, qui en a fait signer un autre qui était un faux en supposant une personne, qui a tué celui du nom de qui le testament avait été signé, qui a fait égorger dans l'esclavage et les fers l'oncle de son fils, qui a fait proscrire et massacrer ses concitoyens, qui a épousé la femme de celui qu'il avait assassiné, qui a acheté un avortement, qui a fait périr sa belle-mère, ses femmes, la femme de son frère et en même temps les enfants qu'elle attendait,

(1) Ce rappel des crimes d'Oppianicus concerne les § 41 (falsification des registres publics, du testament de Dinaea), 37 (testament prétendu, puis meurtre d'Asuvius), 23 (assassinat de Marcus Aurius), 25 (massacres et proscriptions au temps de Sulla), 26 (mariage avec la veuve d'Aurius), 34 (avortement de la veuve de Magius), 40 (assassinat de Dinaea), 30 (assassinat de Cluentia), 31 (assassinat d'Auria, de son frère), 27 et 28 (assassinat de deux de ses fils), 47 (tentative d'empoisonnement de Cluentius).

nem multis remediis maiores nostri rettuderunt aeque posthac atque illum dictatorium gladium pertimescamus. **124** Sin autem quod subscriptum est, quia uerum est, idcirco graue debet esse, hoc quaeramus uerum sit an falsum ; remoueantur auctoritates censoriae, tollatur id ex causa quod in causa non est ; doce quam pecuniam Cluentius dederit, unde dederit, quem ad modum dederit ; unum denique aliquod a Cluentio profectae pecuniae uestigium ostende. Vince deinde virum bonum fuisse Oppianicum, hominem integrum, nihil de illo umquam secus esse existimatum, nihil denique praeiudicatum. Tum auctoritatem censorum amplexato, tum illorum iudicium cum re coniunctum esse defendito. **125** Dum uero eum fuisse Oppianicum constabit qui tabulas publicas municipi manu sua corrupisse iudicatus sit, qui testamentum interleuerit, qui supposita persona falsum testamentum obsignandum curarit, qui eum cuius nomine id obsignatum est interfecerit, qui auunculum fili sui in seruitute ac uinculis necarit, qui municipes suos proscribendos occidendosque curarit, qui eius uxorem quem occiderat in matrimonium duxerit, qui pecuniam pro abortione dederit, qui socrum, qui uxores, qui uno tempore fratris uxorem speratosque

Test. **124** auctoritatem censorum amplexato PRISCIANUS (GL 393, 6)

123 rettuderunt : retulerunt *B*

124 aliquod a Cluentio *M*μ : a Cluentio aliquid Σ*Bs* a Cluentio *t* || uirum bonum *M*μ : bonum uirum Σ*a* || censorum *M*σ *Prisc.* : censoriam Σ*b*ψ*a* || amplexato *b*ψ *Prisc.* : amplexator *M*σ*a*

125 manu sua Σ(?)*a* : sui *M*μ || curarit *M*μ : curauerit α*a* || necarit *M*μ : necauerit α*a* || curarit *M*μ : curauerit ψ²*s* (Σ ?) curauit σ*l* || abortione α*Ba* : potione *M*μ || uxores Σ*a* : uxorem *M*μ

son frère lui-même, enfin ses propres enfants, qu'on a pris sur le fait d'une tentative d'empoisonnement contre son beau-fils, dont les instruments et les complices avaient été condamnés quand lui-même traduit devant un tribunal a donné de l'argent à un juge pour en corrompre d'autres, tant que cela, dis-je, restera établi au sujet d'Oppianicus et qu'aucune preuve n'appuiera l'accusation d'un argent versé par Cluentius, trouvera-t-on dans ce sentiment ou dans cette opinion des censeurs que tu invoques de quoi secourir ta cause ou de quoi accabler l'innocence de mon client ? **XLV 126** A quel motif ont donc obéi les censeurs ? Eux-mêmes n'en pourront alléguer un autre, pour user des termes les plus sérieux, que les propos des gens et que l'opinion. Ils diront qu'ils n'ont rien su par des témoins ni par des documents ni par quelque preuve solide, qu'enfin ils n'ont pas étudié la cause avant de décider. L'eussent-ils fait, ce ne devrait pas être irrévocable au point de ne pouvoir être ébranlé (1). Je n'aurai pas recours à la foule des précédents et elle est grande. Je ne citerai point une affaire ancienne, un homme puissant ou en crédit. Récemment ayant défendu un homme de peu, un scribe d'édile (2), Decimus Matrinius, devant les préteurs Marcus Junius, Quintus Publicius, les édiles curules Marcus Plaetorius, Caius Flaminius, je les ai persuadés de choisir pour scribe, après avoir prêté serment, celui que ces mêmes censeurs avaient laissé au rang des *aerarii* (3) ; en effet, comme on ne découvrait

(1) Bien qu'il n'y eût pas jugement proprement dit, les censeurs d'ordinaire n'émettaient leur décision qu'après avoir permis à l'intéressé de se défendre et même par le ministère d'un avocat.

(2) Les scribes semblent avoir été désignés par le collège auquel ils étaient affectés (ici les édiles). Les préteurs auront exercé une sorte de contrôle.

(3) *Aerarium relinquere* (cf. T. Liv, xxix, 37), *in aerariis rel.* (*De off.*, I, 40) est-ce *aerarium facere* ? Un chevalier rétrogradé, recevant l'ordre de vendre son cheval, se trouvait placé dans les *aerarii.*

liberos fratremque ipsum, qui denique suos liberos interfecerit, qui, cum uenenum priuigno suo quaereret, manifesto sit deprehensus, cuius ministris consciisque damnatis ipse adductus in iudicium pecuniam iudici dederit ad sententias iudicum corrumpendas, dum haec, inquam, de Oppianico constabunt nec ullo argumento Cluentianae pecuniae crimen tenebitur, quid est quod te ista censoria siue uoluntas siue opinio fuit adiuuare aut hunc innocentem opprimere posse uideatur? XLV **126** Quid igitur censores secuti sunt? Ne ipsi quidem, ut grauissime dicam, quicquam aliud dicent praeter sermonem atque famam. Nihil se testibus, nihil tabulis, nihil graui aliquo argumento comperisse, nihil denique causa cognita statuisse dicent. Quod si ita fecissent, tamen id non ita fixum esse deberet ut conuelli non liceret. Non utar exemplorum copia quae summa est, non rem ueterem, non hominem potentem aliquem aut gratiosum proferam. Nuper hominem tenuem, scribam aedilicium, D. Matrinium, cum defendissem apud M. Iunium Q. Publicium praetores et M. Plaetorium C. Flaminium aedilis curulis, persuasi ut scribam iurati legerent eum quem idem isti censores aerarium reliquissent. Cum enim in homine nulla culpa inueniretur, quid ille meruisset, non quid de eo statu-

125 priuigno : priuigni *M* || quaereret *M*μ : dare uellet αa || sit deprehensus *M*μ : deprehensus sit Σ*a* || nec *M*μ : neque Σ*a*

126 graui aliquo : aliquo graui Σ*a* || Matrinium : Macrinium (-ninum *s*) Σ*b*²*s* || Publicium : Puplicium Σ*t* || Plaetorium : Pretorium Σ*s* || idem : eidem Σ || reliquissent *M*σ : reliquisse subscripserunt (scripserunt *s*) Σ*b*ψ*a* reliquisse subscripserint *b*²ψ² || homine : hominem Σ || inueniretur : reperiretur μ || quid ille Σ : quod ille *M*μ || non quid Σ : numquid *M*μ

aucune faute chez lui, ils ont estimé qu'il fallait chercher ce qu'il avait mérité, non ce qu'on avait décidé à son sujet. **127** De fait pour les notes qu'ils ont données sur la corruption des juges, quelqu'un croit-il qu'elles aient été suffisamment étudiées, soigneusement pesées par eux ? Je vois qu'elles ont été infligées à Manius Aquilius et à Tiberius Gutta (1). Qu'est-ce donc ? C'est décider que deux juges seulement ont été achetés. Et les autres ? Il est évident qu'ils ont condamné sans être payés. Donc il (2) n'a pas été circonvenu, il n'a pas été accablé par la puissance de l'argent, il n'est pas vrai, comme ces discours de Quinctius passaient pour le dire, que tous ceux qui ont condamné Oppianicus doivent être considérés comme coupables et dignes de soupçons. Je n'en vois que deux seulement qui, de l'avis des censeurs, soient mêlés à cette infamie. Ou qu'ils viennent soutenir que ce n'est pas la même chose d'avoir connu sur les autres ce qu'ils ont tenu comme connu sur ces deux-là. **XLVI 128** Car il est tout à fait impossible d'admettre que ces censeurs aient emprunté pour leurs blâmes, pour ces avis de leur autorité un précédent aux usages de l'armée. Nos aïeux ont établi en effet que si, en matière militaire, beaucoup s'étaient souillés d'un crime, on sévirait après tirage au sort contre certains seulement (3) : c'est évidemment qu'ainsi la crainte retomberait sur tous, le châtiment sur quelques-uns. Comment sied-il que les censeurs procèdent de même pour assigner les rangs, juger les citoyens, réprimander les vices ? Le combattant qui n'a pas tenu, qui a tremblé

(1) Manius Aquilius inconnu d'autre part. Pour Gutta, cf. *supra*, p. 117.

(2) « Il », c'est-à-dire Oppianicus. Cela est clair pour l'auditeur et j'ai cru devoir garder en français le tour de Cicéron.

(3) On cite comme exemples de *decimatio*, celle qui fut ordonnée en 495 av. J.-C. par Appius Claudius dans la guerre contre les Volsques et par Apronius dans celle contre Tacfarinas (Tac., *Ann.*, III, 21) en 20 apr. J. C.

tum esset, quaerendum esse duxerunt. **127** Nam haec quidem quae de iudicio corrupto subscripserint quis est qui ab illis satis cognita et diligenter iudicata arbitretur ? In M'. Aquilium et in T*i*. Guttam uideo esse subscriptum. Quid est hoc ? duos esse corruptos solos pecunia *iu*dicant ; ceteri uidelicet gratiis condemnarunt. Non est igitur circumuentus, non oppressus pecunia, non, ut illa*e* Quinctiana*e* contiones habere *fere*bantur, omnes qui Oppianicum condemnarunt in culpa sunt ac suspicione ponendi. Duos solos uideo auctoritate censorum adfinis ei turpitudini iudicari. Aut illud adferant, ali*ud* esse quod de his duobus habuerint compertum de ceteris comperisse. XLVI **128** Nam illud quidem minime probandum est, ad notationes auctoritatemque censoriam exemplum illos *e* consuetudine militari transtulisse. Statuerunt enim ita maiores nostri ut, si a multis esset flagitium rei militaris admissum, sortito in quosdam animaduerteretur, ut metus uidelicet ad omnis, poena ad paucos perueniret. Quod idem facere censores in delectu dignitatis et in iudicio ciuium et in animaduersione uitiorum qui conuenit ? Nam miles qui locum

126 duxerunt : dixerunt Σ*a*

127 iudicio corrupto : *hinc defic. Mσ usque ad § 132* opinione standum, *lac. supplet* Σ *in pag. insuta inde ab* dicent. Quod si (§ 126), *supplem. in textu hab. bχψa* || M'. *Manutius* : M. *codd.* || Ti. *Schütz :* T. (Titum) *codd., cf.* § *98* || iudicant *Madvig :* dicant *codd.* quid *Angelius* || gratiis Σ : gratis *cett.* || illae Quinctianae contiones habere ferebantur *scripsi* : illa Quinctiana contiones haberebantur (habebantur χψ) Σχψ illae Quinctianae contiones habebantur *cet. Baiter* in illa Quinctiana contione habebatur *Graevius* illae Quinctianae contiones querebantur *Schoenberger* || aliud *scripsi* : aliquid *codd.* || esse *codd.* : sese *Leclerc* eos *Peterson*

128 e *Baiter* : *om. codd.* a *Naugerius* || statuerunt Σ : statuere *a* || sortito *Classen* : sortitio Σ*a* sortitione *bχψ* || uidelicet *om. B*

devant l'assaut et la force de l'ennemi, peut tout de même se révéler dans la suite meilleur soldat, homme de bien, citoyen utile. C'est pourquoi pour l'empêcher de faillir dans la guerre par crainte de l'ennemi, nos aïeux lui ont inspiré une crainte plus grande de la mort et du supplice ; mais pour empêcher qu'il n'y en ait trop à subir la peine capitale, ils ont institué ce tirage au sort (1). **129** Toi, censeur, tu feras de même pour recruter le Sénat ? S'il est plusieurs juges qui ont reçu de l'argent pour condamner un innocent, tu ne séviras pas contre tous, mais tu choisiras à ta fantaisie et parmi beaucoup tu en tireras au sort quelques-uns que tu frapperas d'ignominie ? Donc — et tu le verras, tu le sauras — la curie pourra sans opprobre compter pour sénateur, le peuple romain pour juge, la république pour citoyen quelqu'un qui pour perdre un innocent aura vendu sa conscience et son devoir ? Et celui qui, poussé par l'appât du gain, aura dérobé à un innocent sa patrie, ses biens, ses enfants, ne sera point marqué d'infamie par la sévérité des censeurs ? Et tu as à veiller sur les mœurs, tu as à enseigner la discipline et la sévérité des temps antiques, toi qui veux garder dans la curie — et tu le sais — un homme souillé par un tel crime, toi qui prétends que, coupable de la même faute, on ne doit pas être frappé du même châtiment ? Et le règlement en matière de peines que nos aïeux ont voulu établir en temps de guerre pour la lâcheté du soldat, toi, tu l'institueras en temps de paix pour la malhonnêteté du sénateur ? S'il eût convenu d'appliquer ce précédent de l'armée au blâme des cen-

(1) On a beaucoup discuté sur le texte. Je considère que le sujet de *delinqueret* est *miles* pris en général. Mais à ce *miles* ainsi entendu, Cicéron substitue le cas particulier du *miles*, qui en fait a commis la faute qu'on veut l'empêcher de commettre, celui *qui pertimuit*. Un tel glissement de sens est logiquement choquant, mais il ne faut pas ici demander à la phrase cicéronienne cette cohérence logique parfaite.

non tenuit, qui hostium impetum uimque pertimuit, potest idem postea et miles esse melior et uir bonus et ciuis utilis. Qua re ne in bello propter hostium metum delinqueret, amplior ei mortis et supplici metus est a maioribus constitutus ; ne autem nimium multi poenam capitis subirent, idcirco illa sortitio comparata est. **129** Hoc tu idem facies censor in senatu legendo ? Si erunt plures qui ob innocentem condemnandum pecuniam acceperint, tu non animaduertes in omnis, sed carpes, ut uelis, et paucos ex multis ad ignominiam sortiere ? Habebit igitur te sciente et uidente curia senatorem, populus Romanus iudicem, res publica ciuem sine ignominia quemquam qui ad perniciem innocentis fidem suam et religionem pecunia commutarit, et qui pretio adductus eripuerit patriam, fortunas, liberos ciui innocenti, is censoriae seueritatis nota non inuretur ? Tu es praefectus moribus, tu magister ueteris disciplinae ac seueritatis, si aut retines quemquam sciens in senatu scelere tanto contaminatum aut statuis qui in eadem culpa sit non eadem poena adfici conuenire ? Aut quam condicionem supplici maiores in bello timiditati militis propositam esse uoluerunt, eandem tu in pace constitues improbitati senatoris ? Quod si hoc exemplum ex re militari ad animaduersionem censoriam transferen-

128 ne... delinqueret $\Sigma b^1\chi\psi^1$: ne quis... delinqueret *Clark* qui... deliquerat $b^2\psi^2 a$ || subirent : uberent Σ

129 tu non *a* : ut non $\Sigma b^1\psi^1$ || animaduertes *Lambin.* : animaduertis (-tas $b^1\psi^1$) *codd.* || inuretur : iuretur *P* uretur *t* || ac seueritatis *P* : et seueritatis *cett.* || qui in : quis in Σ*bψa* || eadem culpa : eandem culpam Σ || conuenire aut quam *P* : oportere conuenire ut ad quam Σ*a* || constitues : constituas *a* || pace : pacem Σ

seurs, il eût fallu qu'ici même on procédât par tirage au sort ; mais si tirer au sort pour le châtiment, livrer les fautes des hommes au jugement de la fortune est indigne des censeurs, en tout cas quand beaucoup ont péché, il n'en faut pas choisir quelques-uns pour subir l'infamie et la honte. XLVII **130** Mais tous, nous comprenons bien qu'en donnant ces notes on a recherché dans l'opinion du peuple une sorte de vent favorable. Un tribun révolutionnaire avait agité l'affaire en réunion publique ; sans que la cause lui fût connue, la multitude avait approuvé ; personne n'eut le droit de contredire, personne enfin ne s'efforçait de défendre la partie adverse. Qui plus est, ces tribunaux étaient tombés dans un grand décri. Et en effet peu de mois après, des tablettes marquées de signes convenus avaient déchaîné sur les tribunaux d'autres violences de l'opinion hostile (1). Les censeurs ne pouvaient, semble-t-il, ignorer et traiter par le mépris la honte des tribunaux. A des hommes qu'ils voyaient déjà déshonorés par d'autres vices et par toutes sortes de turpitude ils ont voulu infliger en outre la flétrissure de ces notes. Ils l'ont voulu d'autant plus qu'à ce même moment, sous leur censure, on avait ouvert les tribunaux à l'ordre équestre (2) : ainsi en flétrissant à propos les individus, ils sembleraient avoir de leur autorité condamné l'usage ancien. **131** Si nous avions pu, moi ou un autre, plaider cette cause devant les mêmes censeurs, assurément, comme le montrent les faits, j'aurais fait admettre à des hommes d'une telle sagesse qu'ils n'avaient

(1) Hortensius en 75 dans le procès de son cousin Terentius Varro avait distribué aux juges qu'il avait achetés des tablettes de vote avec des marques particulières qui lui permettaient de contrôler leur verdict (*Diu. in Caecil.*, 24 ; *Verr.*, I, 40).

(2) Il s'agit de la loi bien connue, due au préteur L. Aurelius Cotta, instituant les jurys composés de sénateurs, de chevaliers et d'*aerarii*.

dum fuit, sortito id ipsum factum esse oportuit. Sin autem sortiri ad poenam et hominum delictum fortunae iudicio committere minime censorium est, certe in multorum peccato carpi paucos ad ignominiam et turpitudinem non oportet. XLVII **130** Verum omnes intellegimus in istis subscriptionibus uentum quendam popularem esse quaesitum. Iactata res erat in contione a tribuno seditioso; incognita causa probatum erat illud multitudini; nemini licitum est contra dicere, nemo denique ut defenderet contrariam partem laborabat. In inuidiam porro magnam illa iudicia uenerant. Etenim paucis postea mensibus alia uehemens erat in iudiciis ex notatione tabellarum inuidia uersata. Praetermitti ab censoribus et neglegi macula iudiciorum posse non uidebatur. Homines, quos ceteris uitiis atque omni dedecore infamis uidebant, eos hac quoque subscriptione notare uoluerunt, et eo magis quod illo ipso tempore illis censoribus erant iudicia cum equestri ordine communicata, ut uiderentur per hominum idoneorum ignominiam sua auctoritate *rem* reprendisse. **131** Quod si hanc apud eosdem ipsos censores mihi aut alii causam agere licuisset, hominibus tali prudentia

129 sortito *Classen* : sorticio Σ sortitione *cett.* || et hominum *P* : ad hominum *cett.* || et turpitudinem *om. P*

130 subscriptionibus : subcilitionibus Σ *Paris. 6369* suspitionibus *t* || a tribuno seditioso *om. P* || erat illud *P* : illud erat *cett.* || multitudini nemini licitum *P* : multitudinem inilicitum Σ multitudinem illicitum (*uel* inl-) *cett.* || inuidiam... magnam *Ps* : inuidia ... magna Σ*t* || illa : milia Σ || tabellarum *P* : tabularum *cett.* || ab *P* : a *cett.* || ipso : ipso in Σ$b^2\psi^2$*a* || erant : erat *P* || equestri : equestris *B* || uiderentur : uideretur *B* || rem *Clark* : iudicia *P* illa iudicia cum equestri ordine *cett.*

131 eosdem *P* : eos Σ

rien su de certain et de sûrement établi. Ce qu'ils avaient recherché en donnant toutes ces notes, c'était des bruits favorables et les applaudissements du peuple. En effet, pour frapper Publius Popilius, qui avait condamné Oppianicus, Lucius Gellius nota qu'il avait reçu de l'argent, afin de condamner un innocent. Mais cela même quel don de seconde vue ne faut-il pas pour le connaître, cette innocence d'un accusé que peut-être il n'avait jamais vu, alors que, sans parler de ceux qui votèrent la condamnation, des hommes très sages, après avoir instruit l'affaire, avaient affirmé, Juges, que leur religion n'était pas éclairée ? **132** Mais soit : Gellius condamne Popilius. Il juge qu'il a reçu de l'argent de Cluentius. Lentulus le nie (1). En effet, comme Popilius était fils d'affranchi, il ne l'admet pas au Sénat, mais il lui laisse aux jeux sa place de sénateur et ses autres distinctions (2) ; il le lave de toute ignominie. Ce faisant, il juge que par son vote Oppianicus a été condamné sans qu'il y eût vénalité. Et ce même Popilius reçoit ensuite de Lentulus déposant comme témoin dans un procès pour brigue les éloges les plus délicats. C'est pourquoi, s'il est vrai que Lentulus ne s'est pas rangé à la décision de Lucius Gellius, que Gellius ne s'est point tenu à l'opinion de Lentulus, si chacun des deux censeurs n'a pas pensé qu'il lui fallait rester fidèle à l'avis d'un censeur, pourquoi l'un de nous croirait-il que toutes leurs notes doivent être irré-

(1) Entendons seulement qu'il ne s'associe pas à la *subscriptio* de son collègue. Mais il s'associe à la mesure d'exclusion, en en donnant un motif différent. Il semble ainsi qu'une même *nota* pouvait être justifiée par chaque censeur à sa manière. Lentulus se réfère à l'interdiction maintenue par Appius Claudius en 312 d'élire des fils d'affranchis (Hor., *Sat.*, I, 6, 10).

(2) La distinction curieuse établie ici entre la dignité et ses *ornamenta* annonce l'octroi à l'époque impériale de ces *ornamenta* seuls, sans qu'on eût revêtu la charge.

praeditis certe probauissem ; res enim indicat nihil ipsos habuisse cogniti, nihil comperti ; ex tota ista subscriptione rumorem quendam et plausum popularem esse quaesitum. Nam in *P.* Popilium qui Oppianicum condemnarat subscripsit L. Gellius, quod is pecuniam accepisset quo innocentem condemnaret. Iam id ipsum quantae diuinationis est, scire innocentem fuisse reum quem fortasse numquam uiderat, cum homines sapientissimi, iudices, ut nihil dicam de eis qui condemnarunt, causa cognita sibi dixe*rint* non liquere !

132 Verum esto ; condemnat Popilium Gellius, iudicat *eum* accepisse a Cluentio pecuniam. Negat hoc Lentulus ; nam Popilium, quod erat libertini filius, in senatum non legit, locum quidem senatorium ludis et cetera ornamenta reli*n*quit et eum omni ignominia liberat. Quod cum facit, iudicat eius sententia gratiis esse Oppianicum condemnatum. Et eundem Popilium postea Lentulus in ambitus iudicio pro testimonio diligentissime laudat. Qua re si neque L. Gelli iudicio stetit Lentulus neque Lentuli existimatione contentus fuit Gellius, et si uterque censor censoris opinione standum non putauit, quid est quam ob rem quisquam nostrum censorias subscriptiones omnis adfixas et in perpetuum ratas putet esse oportere ?

131 praeditis *P* : *om.* Σ || ista *Ernesti* : ipsa *codd.* || P. *Vrsinus* : L. *codd.* || iudices : iudicis Σ || iis *b*χψ : his Σ*a* || sibi *b*χψ : sibi esse Σ*a* || dixerint *ed. Romana 1471* : dixerunt *codd.* || liquere : licere Σ

132 iudicat eum *Clark* : iudicat (*seq. 2 litt. lac.*) Σ iudicat *cett.* || relinquit *Lambin.* : reliquit *codd.* || sententia : sententie Σ || *inde ab* non *redeunt M*μ || standum non : standum ne Σb^1χψ || adfixas *M*μ : fixas σ*a* || putet esse *M*μ : putat esse Σ*a* esse putat *B*

vocables et valables à jamais ? XLVIII **133** « Mais ils ont infligé un blâme à Habitus lui-même ». Sans doute, mais pas pour la moindre infamie, je ne dirai même pas pour aucun vice, mais pour aucune faute en toute sa vie. Car nul n'est plus que mon client respectable, vertueux, consciencieux dans l'observation de tous ses devoirs. Eux-mêmes ils ne disent pas le contraire. Mais c'est toujours ces bruits sur la corruption du tribunal qui ont dicté leur décision. Ils n'ont pas de son honneur, de son honnêteté, de son mérite une autre opinion que celle que nous désirons vous voir. Mais ils ont estimé qu'ils n'auraient pas pu épargner l'accusateur du moment qu'ils avaient sévi contre les juges. Je vais sur toute cette affaire emprunter à l'histoire l'anecdote que voici et je n'en dirai pas plus long. **134** Je ne crois pas en effet devoir omettre le précédent d'un grand homme, couvert de gloire, Publius l'Africain (1). Au cours de sa censure il passait en revue les chevaliers. Caius Licinius Sacerdos s'étant avancé, il dit à voix assez haute pour que toute l'assemblée pût l'entendre qu'il savait que l'autre avait fait un faux serment dans les termes consacrés ; si quelqu'un voulait se porter comme accusateur, il pourrait recourir à son propre témoignage. Puis, comme personne ne le faisait, il l'invita à faire passer son cheval. Ainsi l'homme dont le peuple romain et les nations étrangères tenaient le jugement pour décisif, ne tint pas lui-même pour décisive sa propre conviction afin de frapper un autre d'ignominie. Si l'on avait accordé à Habitus la même procédure, il aurait aisément tenu tête devant

(1) Il s'agit de Scipion Emilien et de sa censure de 142 avec Lucius Memmius. La revue des chevaliers, *equitum recensus* ou *recognitio*, avait lieu au Forum ; ils défilaient, répartis dans leurs dix-huit centuries, à l'appel de leur nom. L'ordre de « faire passer leur cheval » (*transduc equum*, Val. Max.) signifiait qu'on les jugeait en règle.

XLVIII **133** At in ipsum Habitum animaduerterunt. Nullam quidem ob turpitudinem, nullum ob totius uitae non dicam uitium sed erratum. Neque enim hoc homine sanctior neque probior neque in omnibus officiis retinendis diligentior esse quisquam potest ; neque illi aliter dicunt, sed eandem illam famam iudici corrupti secuti sunt ; neque ipsi secus existimant quam uos existimare uolumus de huius pudore, integritate, uirtute, sed putarunt praetermitti accusatorem non potuisse, cum animaduersum esset in iudices. Qua de re tota si unum factum ex omni antiquitate protulero, plura non dicam. **134** Non enim mihi exemplum summi et clarissimi uiri, P. Africani, praetereundum uidetur ; qui cum esset censor et in equitum censu C. Licinius Sacerdos prodisset, clara uoce ut omnis contio audire posset dixit se scire illum uerbis conceptis peierasse ; si qui contra dicere uellet, usurum esse eum suo testimonio. Deinde cum contra nemo diceret, iussit equum traducere. Itaque is cuius arbitrio et populus Romanus et exterae gentes contentae esse consuerunt ipse sua scientia ad ignominiam alterius contentus non fuit. Quod si hoc Habito facere licuisset, facile illis ipsis

Test. **134** Contrario uero exemplo (Cicero subuertit) censoriam notam laudando censorem Africanum, qui eum quem peierasse conceptis uerbis palam dixisset, testimonium etiam pollicitus, si quis contra diceret, nullo accusante traducere equum passus est QUINTIL. V, 11, 13. *Cf.* VAL. MAX., 4, 1, 10

133 uos existimare *Mμσ* : nos existimari *a* || dicam : dico *Σa*
134 equitum : equitii *Σ* || posset *σμ* : possit *cett.* || conceptis : contemptum *Σ* || peierasse : periurasse *Σ* || dicere uellet *Mμ* : uellet dicere *Σa* || contra nemo *Mμ* : nemo contra *Σa* || itaque *Mμ* : ita *Σa*

ces juges eux-mêmes à des soupçons sans fondement, à une hostilité de l'opinion soulevée par un démagogue. **135** Il est encore un point qui me trouble beaucoup, une question à laquelle je crois bien avoir de la peine à répondre, l'extrait que tu as lu du testament de Cnaeus Egnatius le père, un homme, évidemment, des plus honorables et des plus éclairés ! Il a déshérité, dit-il, son fils parce qu'il avait reçu de l'argent pour condamner Oppianicus. Je ne m'étendrai pas sur l'inconséquence et la légèreté du personnage. Ce testament même dont tu donnes lecture a ceci de particulier que, déshéritant le fils qu'il haïssait, il joignait, comme cohéritiers, des personnes très étrangères au fils qu'il chérissait. Mais toi, Attius, veuille, je t'en prie, considérer soigneusement à quel jugement tu désires donner le plus de poids, à celui des censeurs ou à celui d'Egnatius. Si c'est à celui d'Egnatius, les notes des censeurs sur les autres juges n'ont aucun poids ; car ils ont chassé du Sénat Cnaeus Egnatius lui-même, que toi tu prétends plein d'autorité ; si c'est au contraire à celui des censeurs, les censeurs ont maintenu au Sénat, alors qu'ils en avaient chassé le père, cet Egnatius que son père déshérite par une note digne des censeurs. XLIX **136** Mais, dites-vous, le Sénat à l'unanimité a jugé que ce tribunal avait été corrompu. Comment ? Il a pris la cause en mains (1). Aurait-il donc pu repousser une affaire de cette nature qui lui était déférée ? Alors que le tribun de la plèbe, ayant soulevé le peuple, avait poussé les choses presque jusqu'à la violence, alors qu'un homme du plus haut mérite, un personnage de la plus parfaite intégrité, disait-on, avait été victime de

(1) Le Sénat, en certains cas exceptionnels, pouvait demander *ut extra ordinem de facinore quaereretur*. Diverses poursuites furent ainsi engagées : ainsi dans l'affaire des Bacchanales en 186 et dans celle de Milon en 52. Mais il fallait que les magistrats (les consuls) obéissent à cette invitation qui n'avait pas valeur impérative.

iudicibus et falsae suspicioni et inuidiae populariter excitatae restitisset.

135 Vnum etiam est quod me maxime conturbat, cui loco respondere posse uix uideor, quod elogium recitasti de testamento Cn. Egnati patris, hominis honestissimi uidelicet et sapientissimi, idcirco se exheredasse filium quod is ad Oppianici damnationem pecuniam accepisset. De cuius hominis leuitate et inconstantia plura non dicam ; hoc testamentum ipsum quod recitas eius modi est ut ille, cum eum filium exheredaret quem oderat, ei filio coheredes homines alienissimos coniungeret quem diligebat. Sed tu, Atti, consideres censeo diligenter utrum censorum iudicium graue uelis esse an Egnati. Si Egnati, leue est quod censores de ceteris subscripserunt ; ipsum enim Cn. Egnatium quem tu grauem esse uis ex senatu eiecerunt ; sin autem censorum, hunc Egnatium quem pater censoria subscriptione exheredat censores in senatu, cum patrem eicerent, retinuerunt.

XLIX 136 At enim senatus uniuersus iudicauit illud corruptum esse iudicium. Quo modo ? Suscepit causam. An potuit rem delatam eius modi repudiare ? cum tribunus plebis, populo concitato rem paene ad manus reuocasset, cum uir optimus et homo innocentissimus

Test. **135** Sed tu, Atti... retinuerunt QVINTIL. V, 13, 33

135 conturbat *Mμ* : perturbat *αa* || posse uix uideor *Mμ* : uix uideor posse Σψ²*a* || recitasti : recitasse Σ || ad *Mμ* : ob (ab *t*) *αa* || damnationem *Mμ* : condemnationem Σψ²*a* || coniungeret *Mμ* : adiungeret *αa* || censorum *Mμ* : censorium Σ*a Quintil. codd. plerique* || censorum (-rem *b*²*s*) *Mμa* : censorium *Quintil.* || exheredat *Mμ* : exheredauit Σ*a* || eicerent : eiecissent *Quintil.*
136 populo concitato rem : populi concitatorem Σ

l'argent, alors que la classe des sénateurs était livrée aux feux de l'impopularité, aurait-on pu ne rien décider, aurait-on pu dédaigner cette agitation de la multitude sans faire courir à l'Etat les plus grands dangers ? Mais quelle fut la décision ? En elle que de justice, de sagesse, de prudence ! « S'il est des personnes du fait de qui il y a eu corruption d'un tribunal public... » Le Sénat a-t-il donc l'air de juger qu'il en a été ainsi ou bien, dans le cas où il en aurait été ainsi, d'en manifester sa peine et son mécontentement ? Si l'on eût demandé à Aulus Cluentius lui-même son avis sur les jugements, il n'en aurait pas donné un autre que celui de ceux dont les votes ont, selon vous, condamné Cluentius. **137** Mais, je vous le demande, est-ce que pour se conformer à votre sénatus-consulte le consul Lucius Lucullus, un homme des plus éclairés, a fait sienne votre proposition de loi ? (1) L'année suivante Marcus Lucullus et Caius Cassius l'ont-ils faite, eux qui étaient consuls désignés quand ils virent le Sénat prendre à leur endroit la même décision ? Non ; et, ce que tu prétends imputer à l'argent d'Habitus, sans t'appuyer sur un indice, fût-ce le plus léger, il faut l'attribuer d'abord à l'esprit de justice et à la sagesse de ces consuls, le fait qu'ils n'ont pas jugé devoir porter jusque devant le peuple une décision prise par un sénat désireux d'éteindre dans leur première force les flammes d'une opinion hostile ; ensuite le peuple romain lui-même, après avoir cédé aux plaintes hypocrites du tribun de la plèbe Lucius Quinctius et réclamé qu'on s'occupât de cette affaire et qu'on fît cette proposition de loi, le même peuple, touché par les larmes de Caius Junius le fils, un tout jeune enfant, a rejeté avec de grands cris et un grand concours de gens toute cette loi et cette pro-

(1) Les consuls de 74 furent Lucius Licinius Lucullus et Marcus Aurelius Cotta. Ceux de 73, Marcus Terentius Varro Lucullus et Caius Cassius Varus.

pecunia circumuentus esse diceretur, cum inuidia flagraret ordo senatorius, potuit nihil decerni, potuit illa concitatio multitudinis sine summo periculo rei publicae repudiari ? At quid est decretum ? Quam iuste, quam sapienter, quam diligenter ! SI QVI SVNT QVORVM OPERA FACTVM SIT VT IVDICIVM PVBLICVM CORRVMPERETVR. Vtrum uidetur senatus id factum iudicare an, si factum sit, moleste grauiterque ferre ? Si ipse A. Cluentius sententiam de iudiciis rogaretur, aliam non diceret atque ei dixerunt quorum sententiis Cluentium condemnatum esse dicitis. **137** Sed quaero a uobis num istam legem ex isto senatus consulto L. Lucullus consul, homo sapientissimus, tulerit, num anno post M. Lucullus et C. Cassius, in quos tum consules designatos idem illud senatus decreuerat. Non tulerunt ; et quod tu Habiti pecunia factum esse arguis neque id ulla tenuissima suspicione confirmas, factum est primum illorum aequitate et sapientia consulum, ut id quod senatus decreuerat ad illud inuidiae praesens incendium restinguendum, *ii* postea perferendum ad populum non arbitrarentur. Ipse deinde populus Romanus qui L. Quincti tribuni plebis fictis querimoniis antea concitatus rem illam et rogationem flagitarat, idem C. Iuni fili, pueri paruoli, lacrimis commotus maximo clamore et concursu totam illam legem et quaestionem repudiauit. **138** Ex

136 esse diceretur *M*μ : diceretur Σ*a* || flagraret : flaglare Σ || At Σ*a* : aut *M*μ || senatus id *M*μ : id senatus Σ*a* || rogaretur... sententiis *om. M*σ, *supp.* Σ

137 tum σ : cum *M*μ || id quod : id *del. Peterson* || ii *Clark* : id *codd.* || perferendum *M*μ : referendum α*a* ferendum *Manutius* || tribuni plebis *om.* Σ*a* || antea : ante Σ*s* || illam legem et quaestionem *M*μ : quaestionem illam et legem Σ*a*

cédure. **188** On a compris par là la vérité de ce que l'on a dit souvent : de même que la mer est tranquille par sa nature mais agitée et bouleversée par la force des vents, de même le peuple romain aussi livré à lui-même est paisible, mais il est soulevé par la voix des révolutionnaires comme par les plus violentes des tempêtes (1).

L Reste encore un avis considérable que, honteusement, j'ai presque laissé de côté : cet avis, c'est, affirme-t-on, le mien. Attius a lu en l'empruntant à je ne sais quel discours qu'il disait de moi (2) un appel adressé aux juges pour les prier de statuer honnêtement et une évocation des arrêts qui n'avaient pas été approuvés, notamment de celui qui fut rendu par le tribunal de Junius : comme si je n'avais pas déclaré dès le début de ma défense que ce jugement avait été mal vu de l'opinion ou comme si, m'expliquant sur la sévérité de l'opinion pour les jugements qui n'avaient pas été approuvés, j'avais pu en ces temps là laisser de côté celui qui était si connu du peuple ! **189** Mais si j'ai bien dit quelque chose de tel, je n'ai rien mentionné après enquête, je n'ai pas parlé en qualité de témoin, et ce discours fut plutôt inspiré par la situation où je me trouvais que par mon jugement et un avis qui m'engageait. En effet j'étais accusateur et je m'étais proposé dès le début d'émouvoir l'esprit du peuple romain et des juges : en citant tous les arrêts qui avaient déplu, non selon mon opinion mais selon les bruits répandus, je n'ai pu laisser de côté cette affaire dont il avait été tellement question dans le peuple. Mais on se trompe grandement en croyant avoir dans les discours que nous avons tenus devant les tribunaux

(1) Même comparaison dans le discours de Scipion aux soldats révoltés (T. Liv, XXVIII, 27).

(2) On a pensé à l'*Actio prima* des *Verrines* (§ 38-40), où il est parlé d'un sénateur Publius Septimius frappé pour corruption judiciaire au cours d'une *litis aestimatio*. Mais il n'est pas question ici de Septimius parmi les juges poursuivis.

quo intellegi potuit, id quod saepe dictum est, ut mare quod sua natura tranquillum sit uentorum ui agitari atque turbari, sic et populum Romanum sua sponte esse placatum, hominum seditiosorum uocibus ut uiolentissimis tempestatibus concitari.

L Est etiam reliqua permagna auctoritas quam ego turpiter paene praeterii ; mea enim esse dicitur. Recitauit ex oratione nescio qua Attius quam meam esse dicebat cohortationem quandam iudicum ad honeste iudicandum et commemorationem cum *ali*orum iudiciorum quae probata non essent tum illius ipsius iudici Iuniani ; proinde quasi ego non ab initio huius defensionis dixerim inuidiosum illud fuisse iudicium aut, cum de infamia iudiciorum disputarem, potuerim illud quod tam populare esset illo tempore praeterire. **139** Ego uero si quid eius modi dixi, neque cognitum commemoraui neque pro testimonio dixi, et illa oratio potius temporis mei quam iudici et auctoritatis fuit. Cum enim accusator essem et mihi initio proposuissem ut animos et populi Romani et iudicum commouerem, cumque omnis offensiones iudiciorum non ex mea opinione sed ex hominum rumore proferrem, istam rem quae tam populariter esset agitata praeterire non potui. Sed errat uehementer, si quis in orationibus nostris quas in iudi-

Test. **138** ut mare... concitari VICTORINUS (RL 251, 35) || mare quod... agitari et conturbari solet : sic populus Romanus IULIUS RUFINIANUS (RL 44, 27) || iudicii Iuniani QUINTIL. IX, 4, 101

138 sua natura *Mμ Victor. Rufin.* : natura sua *Σa* || sic et *Mμ* : sic *Σa Victor. Rufin.* || aliorum *Ernesti* : illorum *codd.* || fuisse iudicium *Mμ* : iudicium fuisse *Σa* || illo *a* : in illo *Mμ*

139 quid : quod *M* || accusator essem *μ* : accusatorem *M* : accusarem *Σ* (?) (*in σ litura duar. litt. post* -sa) ς

nos opinions autorisées dûment consignées : tous ces discours en effet sont ce que le veulent les causes et les circonstances, non les hommes et les avocats eux-mêmes. Car si les causes pouvaient parler en personne à leur propre sujet, nul n'aurait recours aux orateurs. Si l'on a recours à nous, c'est pour dire non ce que décide notre avis autorisé, mais ce que suggèrent l'affaire et la cause elles-mêmes. **140** On rapporte qu'un homme d'un grand esprit, Marcus Antonius (1), déclarait souvent que, s'il n'avait jamais écrit un seul discours, c'était pour pouvoir un jour nier avoir dit ce qu'il lui faudrait n'avoir pas dit : comme si la mémoire des gens ne retenait pas nos paroles et nos actes, quand nous ne les avons pas confiés à l'écriture. LI Pour moi en cette matière je suis volontiers entre beaucoup d'autres notamment l'autorité d'un homme plein d'éloquence et de sagesse, Lucius Crassus (2) : il défendait Cnaeus Plancus accusé par Marcus Brutus, orateur passionné et habile (3). Brutus, qui avait placé près de lui deux lecteurs, leur fit réciter, empruntés tour à tour à deux discours de Crassus, des paragraphes contraires entre eux. Dans l'un, cherchant à faire repousser le projet de loi qui était proposé contre la colonie de Narbonne (4), il dénigrait l'autorité du Sénat, dans l'autre, cherchant à faire adopter la loi Servilia (5), il le couvrait des louanges les plus éclatantes. Brutus avait aussi fait lire en les tirant de ce discours de nombreux propos plutôt sévères contre les chevaliers romains, afin d'exciter contre Crassus les juges de cet ordre. Crassus, dit-on, en ressentit

(1) Le célèbre orateur, mis en scène dans le *De oratore*, n'avait écrit aucun de ses discours (*Brutus*, 139).

(2) Lucius Licinius Crassus, le protagoniste du *De oratore*.

(3) Sur ce Marcus Brutus, le « déshonneur de sa famille », *accusator uehemens et molestus*, cf. *Brutus*, 130.

(4) Le consul Quintus Martius Rex, fonda en 118 la colonie de Narbo Martius malgré l'opposition du Sénat.

(5) En 106 Quintus Servilius Caepio voulut rendre les tribunaux aux sénateurs (Greenidge, p. 135).

ciis habuimus auctoritates nostras consignatas se habere arbitratur. Omnes enim illae orationes causarum ac temporum sunt, non hominum ipsorum ac patronorum. Nam si causae ipsae pro se loqui possent, nemo adhiberet oratorem. Nunc adhibemur ut ea dicamus, non quae nostra auctoritate constituantur sed quae ex re ipsa causaque ducantur. **140** Hominem ingeniosum, M. Antonium, aiunt solitum esse dicere idcirco se nullam umquam orationem scripsisse ut, si quid aliquando non opus esset ab se esse dictum, posset se negare dixisse ; proinde quasi, si quid a nobis dictum aut actum sit, id nisi litteris mandauerimus, hominum memoria non comprehendatur. LI Ego uero in isto genere libentius cum multorum tum hominis eloquentissimi et sapientissimi, L. Crassi, auctoritatem sequor qui, cum Cn. Plancum defenderet accusante M. Bruto, homine in dicendo uehementi et callido, cum Brutus duobus recitatoribus constitutis ex duabus eius orationibus capita alterna inter se contraria recitanda curasset, quod in dissuasione rogationis eius quae contra coloniam Narbonensem ferebatur quantum potest de auctoritate senatus detrahit, in suasione legis Seruiliae summis ornat senatum laudibus, et multa in equites Romanos cum ex ea oratione asperius dicta recitasset

Test. **140** Cn. Plancum *v.* QUINTIL. VI, 3, 43 sq.

139 illae orationes *Mμ* : illae Σ*Bs* (*om. t*) || temporum : temporis *B* || ipsorum ac *Mμ* : ipsorum aut $\Sigma\psi^2 a$ || nostra auctoritate *Mμ* : auctoritate nostra *a* || ducantur : dicantur Σ*t*

140 nullam umquam : numquam ullam Σ*s* || se negare *Mμ* : negare Σ*Ba* || quasi si *αa* : quasi *Mμ* || mandauerimus *Mμ* : mandarimus Σ*a* || isto *Mμ* : ipso Σ*a* || Cn. *Cic. de Or. II, 220* : C. Σ*a* *Quintil.* L. *Mμ* || eius *om.* Σ*Ba* || curasset : curasset et Σ*a*

alors une vive émotion. **141** Dans sa réponse il commença donc par exposer la différence de la situation dans les deux circonstances pour faire voir que sa parole avait dépendu de l'affaire et de la cause. Ensuite pour apprendre à Brutus quel homme, et non seulement quel orateur, mais quel esprit plaisant et mordant il avait provoqué, il fit lui aussi venir trois lecteurs, chacun avec l'un des livres que Marcus Brutus (1), père de ce fameux Accusateur (2), nous a laissés sur le droit civil. On donna lecture de leurs débuts, qui vous sont, je pense, connus : « Il advint par hasard que nous nous trouvions à la campagne dans mon domaine de Privernum, mon fils et moi... », et alors Crassus réclamait le domaine de Privernum. « Nous étions, mon fils Brutus et moi, dans ma propriété d'Albe... » et il demandait la propriété d'Albe. « Nous étions assis par hasard, mon fils Brutus et moi, dans ma propriété de Tibur... », et alors il exigeait la propriété de Tibur. Il ajoutait que Brutus le père, en homme plein de sagesse, voyant le vaurien qu'était son fils, avait voulu certifier par écrit les domaines qu'il lui laissait. S'il avait pu écrire honnêtement qu'il s'était trouvé dans ses bains avec un fils de cet âge (3), il n'eût pas manqué de le faire. Mais en tout cas il avait pour lui redemander les bains, à défaut des ouvrages du père, ses papiers et les registres du cens. Crassus tira de Brutus un châtiment qui lui fit regretter les lectures imaginées par lui. Sans doute il lui avait été désagréable d'être critiqué pour des discours politiques, discours où il est bien possible qu'on exige plus d'accord avec soi-même. **142** Mais moi, il ne me déplaît pas qu'on ait lu les passages en question.

(1) Cicéron l'appelle *optimum uirum... et disertissimum* (*Brut.*, 130).

(2) Sur ce surnom, peu favorable, que son activité valut à Brutus, cf. *De off.*, 2, 50 ; *Brut.*, 130.

(3) « *Nostro quidem more cum parentibus puberes filii, cum soceris generi non lauantur* » (*De off.*, I, 129).

quo animi illorum iudicum in Crassum incenderentur, aliquantum esse commotus dicitur. **141** Itaque in respondendo primum exposuit utriusque rationem temporis ut oratio ex re et ex causa habita uideretur, deinde ut intellegere posset Brutus quem hominem et non solum qua eloquentia uerum etiam quo lepore et quibus facetiis praeditum lacessisset, tres et ipse excitavit recitatores cum singulis libellis quos M. Brutus, pater illius accusatoris, de iure ciuili reliquit. Eorum initia cum recitarentur, ea quae uobis nota esse arbitror : « Forte euenit ut ruri in Priuernati essemus ego et Brutus filius », fundum Priuernatem flagitabat ; « In Albano eramus ego et Brutus filius », Albanum poscebat « In Tiburti forte cum adsedissemus ego et Brutus filius », Tiburtem fundum requirebat ; Brutum autem, hominem sapientem, quod fili nequitiam uideret, quae praedia ei relinqueret testificari uoluisse dicebat. Quod si potuisset honeste scribere se in balneis cum id aetatis filio fuisse, non praeterisset ; eas se tamen ab eo balneas non ex libris patris sed ex tabulis et ex censu quaerere. Crassus tum ita Brutum ultus est ut illum recitationis suae paeniteret ; moleste enim fortasse tulerat se in eis orationibus reprehensum quas de re publica habuisset, in quibus forsitan magis requiratur constantia. **142** Ego autem illa recitata esse non moleste fero. Neque enim ab illo tempore

141 et ex *αs* : ex *t* et *Mμ* || tres et *Mμ* : tres *Σa* || Priuernati *Cic. de or. Quintil. Prisc.* VII, 12, 60 : Priuernate *Mμ* || essemus : essem *ΣBs* || Albanum... filius *om. Mμσ* || cum *om.* Σ || adsedissemus : assedicemus Σ asse dacemus *B* || nequitiam : inequiciam Σ || testificari : testificari se *Σψ²a* || uoluisse (nol.-σ) dicebat *Mσψ²a* : dicebat (*add.* se *b²*) uoluisse μ || id aetatis : aetatis *M* || eis : his *Mμσ* || esse *αa* : *om. Mμ*

Ils n'étaient pas sans convenir aux circonstances d'alors et à la cause que je plaidais en ce temps, et en tenant ces propos je ne me suis créé aucune gêne qui me rendrait moins facile de défendre avec décence et liberté la cause présente. S'il me plaisait de reconnaître que je m'instruis maintenant de la cause d'Aulus Cluentius, qu'auparavant je partageais la conviction qui était celle du peuple, qui donc pourrait y trouver à redire ? Surtout, Juges, quand il est si équitable que vous aussi vous m'accordiez ce que j'ai demandé dès le début (1), que je demande maintenant : que si vous avez apporté ici une opinion trop sévère sur ce jugement d'alors, vous l'abandonniez après avoir approfondi la cause et connu toute la vérité. LII **143** Maintenant, Titus Attius, puisque j'ai répondu à tout ce que tu as dit sur la condamnation d'Oppianicus, il te faut avouer que tu t'es bien trompé quand tu as cru que je soutiendrais la cause d'Aulus Cluentius en me fondant sur la loi (2) et non sur ses actes. Car tu as dit et redit qu'on t'apprenait mon intention de défendre cette cause par le moyen de la loi. N'en est-il pas ainsi ? Évidemment c'est qu'à notre insu nous sommes trahis par nos amis, qu'il y a parmi ceux que nous croyons tels je ne sais qui pour rapporter nos intentions à nos adversaires ! Mais qui donc te l'a fait savoir ? qui fut si peu honnête ? et à qui, moi, l'ai-je raconté ? Personne, je crois, n'est le coupable. Mais qu'on ne s'étonne pas : c'est de la loi elle-même, que tu as appris ce que tu nous as dit. Mais te

(1) Cicéron résume ici la requête qu'il a formulée non sans quelque solennité au début du discours (§ 6).

(2) Sur cette exception de la loi Cornelia qui n'aurait visé que les membres de l'ordre sénatorial et non les chevaliers, se reporter à l'Introduction, p. 21. Depuis qu'ils faisaient de nouveau partie des jurys, elle avait quelque chose de choquant. Ce fut l'avis de Caton en 60, mais non celui de Cicéron, toujours fidèle à ménager les intérêts de ses chers chevaliers (*Ad Att.*, II, 1, 8). Cf. Greenidge, p. 422).

quod tum erat, neque ab ea causa quae tum agebatur aliena fuerunt ; neque mihi quicquam oneris suscepi, cum ita dixi, quo minus honeste hanc causam et libere possem defendere. Quod si uelim confiteri me causam A. Cluenti nunc cognoscere, antea fuisse in illa opinione populari, quis tandem id possit reprehendere ? praesertim, iudices, cum a uobis quoque ipsis hoc impetrari sit aequissimum quod ego et ab initio petiui et nunc peto ut, si quam huc grauiorem de illo iudicio opinionem attulistis, hanc causa perspecta atque omni ueritate cognita deponatis.

LII **143** Nunc, quoniam ad omnia quae abs te dicta sunt, T. Atti, de Oppianici damnatione respondi, confiteare necesse est te opinionem multum fefellisse, quod existimaris me causam A. Cluenti non facto eius sed lege defensurum. Nam hoc persaepe dixisti tibi sic renuntiari, me habere in animo causam hanc praesidio legis defendere. Itane est ? ab amicis imprudentes uidelicet prodimur, et est nescio quis de his quos amicos nobis arbitramur qui nostra consilia ad aduersarios deferat. Quisnam hoc tibi renuntiauit, quis tam improbus fuit ? cui ego autem narraui ? Nemo, ut opinor, in culpa est sed nimirum tibi istud lex ipsa renuntiauit.

Test. **143** ille (Attius) Ciceronem lege usurum modo... queritur Quintil. V, 13, 42 || Nam hoc... ipsa renuntiauit Quintil. V, 13, 47

142 ita Σ*a* : ista *M*μ illa *Halm* || nunc Σμ : non *M*σ || cognoscere μς : cognosce *Mt* cognosse (*ante lac. b*ψ) μ*s* || illa *M*μ : ea Σ*a* || opinione populari *M*μ : populari opinione α*a* || huc : huic Σ*a* (*s*[1]) || attulistis : attulissetis Σ*a*

143 T. : *om.* Σ*a* || imprudentes uidelicet Σ*s Quintil.* ; uidelicet imprudentes *M*μ || his *M*σψ*a* : iis *b* || nobis *M*μ *Quintil.* : nostros α*a* || aduersarios : aduersarium *Quintil.* || autem *M*μ *Quintil.* : *om.* α*a* || est sed *M*μ : est et Σ*a* est *Quintil.* || istud Σ*a Quintil.* : istunc (-tuc μ) *M*μ

semblé-je par hasard dans mon système de défense avoir fait pour toute l'affaire un seul rappel de la loi ? N'ai-je pas défendu cette cause exactement comme si Habitus tombait sous le coup de la loi ? En tout cas, autant qu'il convient à un homme de l'affirmer, je n'ai négligé aucun point pour réfuter ce grief si propre à soulever l'opinion. **144** Mais quoi ! Quelqu'un demandera peut-être s'il me déplaît, pour éloigner d'une tête les périls qui la menacent, de m'abriter derrière les lois. Non, Juges, cela ne me déplaît pas, mais je me conforme à mes principes. Quand un homme estimable et éclairé a un procès, mon habitude n'est pas d'obéir seulement à ma propre pensée ; j'ai aussi une grande déférence pour la pensée, les intentions de celui que je défends (1). Ainsi lorsqu'on vint me confier cette cause (2), moi dont le devoir est de connaître les lois, — car c'est pour elles qu'on a recours à nous et ce sont elles qui occupent notre activité — j'ai dit aussitôt à Habitus que la clause « Celui qui a fait une coalition pour faire condamner quelqu'un... » ne le concernait pas ; qu'elle ne visait que notre ordre. Alors il s'est mis à me prier instamment de ne pas fonder ma défense sur l'exception de la loi. Je ne manquais pas de dire ce qu'il m'en semblait, mais il m'amena à partager son avis ; il affirmait en effet, les larmes aux yeux, qu'il désirait sauvegarder moins ses droits de citoyen que sa réputation. **145** Je me suis rendu à ses désirs ; et cependant si je l'ai fait (car nous ne devons pas toujours procéder ainsi), c'est parce que je voyais que la cause offrait par elle-même beaucoup de ressources sans qu'on fît intervenir la loi. Je voyais qu'il y avait dans le système de défense, dont je viens d'user, plus de noblesse ; qu'il y aurait dans celui qu'il n'a pas voulu me voir pratiquer moins de difficulté. S'il

(1) Cf. la discussion de ce point dans l'Introduction, p. 41.
(2) Sur celui qui prit peut-être l'initiative de recourir à Cicéron, une hypothèse dans l'Introduction, p. 43.

Sed num tibi ita defendisse uideor ut tota in causa mentionem ullam fecerim legis, num secus hanc causam defendisse ac si lege Habitus teneretur ? Certe, ut hominem confirmare oportet, nullus est locus a me purgandi istius inuidiosi criminis praetermissus. **144** Quid ergo est ? quaeret fortasse quispiam displiceatne mihi legum praesidio a capite periculum propulsare. Mihi uero, iudices, non displicet, sed utor instituto meo. In hominis honesti prudentisque iudicio non solum meo consilio uti consueui sed multum etiam eius quem defendo et consilio et uoluntati obtempero. Nam ut haec ad me causa delata est, qui leges eas ad quas adhibemur et in quibus uersamur nosse deberem, dixi Habito statim de eo : « QVI COISSET QVO QVIS CONDEMNARETVR » illum esse liberum, teneri autem nostrum ordinem. Atque ille me orare atque obsecrare coepit ut ne sese lege defenderem. Cum ego quae mihi uiderentur dicerem, traduxit me ad suam sententiam ; adfirmabat enim lacrimans non se cupidiorem esse ciuitatis retinendae quam existimationis. **145** Morem homini gessi et tamen idcirco feci — neque enim id semper facere debemus — quod uidebam per se ipsam causam sine lege copiosissime posse defendi. Videbam in hac defensione qua iam sum usus plus dignitatis, in illa qua me hic uti noluit minus laboris futurum. Quod

143 fecerim legis *M*μ : legis fecerim Σ*a* || defendisse *Manutius* : defendissem *M*μ*a* || ac μς : hac *M*μ

144 fortasse : fortassis Σ*a* || a capite *M*μ : capitis Σ*a* || de eo : eo capite *t* || ut ne sese *M*μ : ne sese (se *a*) Σ*a* || uiderentur *M*μ : uidebantur Σ*a*

145 qua iam : quam iam *P* || illa qua : illam quam Σ

ne s'était agi que d'obtenir gain de cause, j'aurais donné lecture de la loi et fini là mon discours. LIII Je serais resté insensible aux réflexions d'Attius quand il trouve révoltant de voir tomber sous le coup de la loi un sénateur qui a circonvenu quelqu'un dans un procès et n'y pas tomber un chevalier romain coupable de la même action. **146** Supposons-le : je t'accorde que ce soit révoltant (j'aurai bientôt à voir ce qu'il en est (1)); toi, de ton côté, tu dois m'accorder qu'il serait bien plus révoltant encore de s'écarter des lois, dans un Etat dont l'essence est d'en avoir (2). Elles fixent en effet notre situation dans la république, elles fondent la liberté, elles sont la source de la justice. En elles résident l'esprit, l'âme, la sagesse, la pensée de la cité. C'est comme notre corps sans l'esprit : la cité sans la loi ne peut rien faire de ses éléments qui sont comme ses muscles, son sang, ses membres. Les magistrats sont les serviteurs des lois ; les juges leurs interprètes ; enfin ce qui nous fait libres, c'est d'être leurs esclaves. **147** Pour quelle raison, Quintus Naso (3), sièges-tu dans cette sixième section (4) ? Quelle force place sous ton autorité ces juges qui jouissent d'une estime si haute ? Et vous, Juges, pour quelle raison, parmi cette grande foule de citoyens, êtes-vous si peu à vous prononcer sur le sort des personnes ? Quel droit a permis

(1) Dans les parag. 150 et suiv.

(2) Exemple d'idées philosophiques insérées par Cicéron dans ses discours (cf. *De off.*, I, 89 ; 2, 41-42).

(3) Identique au Quintus Voconius du § 148 ; c'est le *iudex quaestionis*, le président du tribunal.

(4) Les éditeurs substituent en général, arbitrairement, me semble-t-il, le banal *isto* du *Cluniacensis* au *sexto* de *M*. Ce texte nous apprend que chaque *quaestio* avait un *locus* à elle réservé, ce qui doit s'entendre de parties déterminées dans les basiliques judiciaires. La suite montre bien que Cicéron a dans l'esprit les divers tribunaux.

si nihil aliud esset actum nisi ut hanc causam obtineremus, lege recitata perorassem.

LIII Neque me illa oratio commoueret, quod ait Attius indignum esse facinus, si senator iudicio quempiam circumuenerit, legibus eum teneri ; si eques Romanus hoc idem fecerit, non teneri. **146** Vt tibi concedam hoc indignum esse quod cuius modi sit iam uidero, tu mihi concedas necesse est multo esse indignius in ea ciuitate quae legibus contineatur discedi ab legibus. Hoc enim uinculum est huius dignitatis qua fruimur in re publica, hoc fundamentum libertatis, hic fons aequitatis ; mens et animus et consilium et sententia ciuitatis posita est in legibus. Vt corpora nostra sine mente, sic ciuitas sine lege suis partibus ut neruis ac sanguine et membris uti non potest. Legum ministri magistratus, legum interpretes iudices, legum denique idcirco omnes serui sumus ut liberi esse possimus. **147** Quid est, Q. Naso, cur tu in hoc sexto loco sedeas ? quae uis est qua abs te hi iudices tali dignitate praediti coerceantur ? Vos autem, iudices, quam ob rem ex tanta multitudine ciuium tam pauci de hominum fortunis

Test. **146** Lex est mens... ciuitatis MARIUS VICTORINUS *de def.* p. 26, 16 Stangl ; cf. p. 27,4 || Vt corpora nostra... uti non potest QUINTIL. V, 11, 25

145 esset : fuisset Σψ²*a* || obtineremus *P*Σ*b*²*a* : obtinerem *M*μ || commoueret *M*μ*a* : commouet *P* || Attius : Altius *P* || quempiam (quep- *P*) *P*Σψ²*a* : quemquam *M*μ
146 tibi : sibi Σψ²*a* || contineatur *P*Σψ²*a* : teneatur *M*μ || ab *P* : a *M*μ*a* || sic : ita *Quintil.* || ut neruis : neruis Σ*Bs* || ac sanguine : et sanguine *P* || legum interpretes : et legum interpretes Σ*B*ψ²*a* || legum denique *M*μ*a* : LEGIB. NIQ. *P* legibus denique *Baiter* || serui sumus *M*μ*a* : seruimus *P*
147 quid : quod *P* || in hoc sexto loco (loco sexto σ) *M*μ : in isto loco Σ*a* || hi iudices : iudices hi Σ

à Attius de dire ce que bon lui a semblé ? Pourquoi ai-je reçu moi-même le pouvoir de parler si longuement ? Que veulent dire ces scribes, ces licteurs (1), les autres hommes que je vois aux ordres de ce tribunal ? J'estime que tout cela résulte de la loi, et que toute cette procédure, ainsi que je l'ai dit auparavant, a pour se gouverner et se conduire une sorte d'âme qui est la loi. Quoi donc ? Ce tribunal est-il le seul à être ainsi gouverné (2) ? Et celui de Marcus Plaetorius et de Caius Flaminius pour les assassins ? Et celui de Caius Orchivius pour le détournement des fonds publics ? Et le mien pour la concussion ? Et celui de Caius Aquilius, devant qui en ce moment on débat une affaire de brigue ? Et les autres tribunaux ? Faites le tour de toutes les parties de l'Etat : vous verrez que tout s'y fait sous le commandement et par l'ordre des lois. **148** Si quelqu'un voulait, Titus Attius, te poursuivre devant mon tribunal, tu t'écrierais que tu ne tombes pas sous le coup de la loi de concussion (3) ; en me récusant ainsi, tu n'avouerais point que tu as détourné de l'argent, mais tu refuserais de subir des épreuves, un danger qui seraient illégaux. LIV Mais vois maintenant de quoi il s'agit et quels principes juridiques tu veux établir. La loi en vertu de laquelle ce tribunal est constitué ordonne que le président, c'est-à-dire Quintus Voconius, avec les juges que le sort lui a associés (c'est à vous, Juges, qu'elle fait appel) instruise les affaires d'empoisonnement. A l'égard de qui ? Aucune limitation : à l'égard de « quiconque a fabriqué, vendu, acheté, détenu, donné ». Qu'ajoute aussitôt la même loi ? Donnes-en lecture : « Et qu'on institue contre lui une poursuite capitale. » Contre qui ? Contre celui qui est entré dans

(1) Ce texte nous apprend que le *iudex quaestionis inter sicarios* avait droit à des licteurs.

(2) Cf. l'Introduction, p. 7. Sur Caius Orchivius, cf. § 94.

(3) Cf. § 104 et *Pro Rab. Post.*, 12.

sententiam fertis ? Quo iure Attius quae uoluit dixit ? Cur mihi tam diu potestas dicendi datur ? Quid sibi autem illi scribae, quid lictores, quid ceteri quos apparere huic quaestioni uideo uolunt ? Opinor haec omnia lege fieri totumque hoc iudicium, ut antea dixi, quasi mente quadam regi legis et administrari. Quid ergo est ? haec quaestio sola ita gubernatur ? Quid M. Plaetori et C. Flamini inter sicarios, quid C. Orchiui peculatus, quid mea de pecuniis repetundis, quid C. Aquili apud quem nunc de ambitu causa dicitur, quid reliquae quaestiones ? Circumspicite omnis rei publicae partis ; omnia legum imperio et praescripto fieri uidebitis.
148 Si quis apud me te, T. Atti, reum uelit facere, clames te lege pecuniarum repetundarum non teneri ; neque haec tua recusatio confessio sit captae pecuniae sed laboris et periculi non legitimi declinatio. LIV Nunc quid agatur et quid abs te iuris constituatur uide. Iubet lex ea, qua lege haec quaestio constituta est, iudicem quaestionis, hoc est Q. Voconium, cum eis iudicibus qui ei obuenerint — uos appellat, iudices — quaerere de ueneno. In quem quaerere ? Infinitum est. QVICVMQVE FECERIT, VENDIDERIT, EMERIT, HABVERIT, DEDERIT. Quid eadem lex statim adiungit ? recita. DEQVE EIVS CAPITE QVAERITO. Cuius ? qui coierit,

147 illi scribae : scribae *Σa* || antea *Mμ* : ante *PΣa* || mente : mentem *P* || ergo est *Mμ* : ergo *PΣψ²a* || de ambitu *PMμ* : ambitu *Σ* ambitus *ψ²a* || reliquae quaestiones : reliquaestiones *P*

148 quis *σa* : qui *ΣMbψ* || te T(ite) Atti *Mμ* : T(ite) Atti, te *Σa* || laboris et *Σa* : laboris sed *Mμ* || lex ea : ex ea *M* || ea qua : ea in qua *Σ*

148 eis : his *M* || coniunctum *post* iudicibus *add.* *ψ²*, *ante* cum *b²s*

une cabale, une association ? Non. Qu'est-ce donc ? Dis-le : « Contre celui qui, tribun militaire d'une des quatre premières légions (1), ou questeur, ou tribun de la plèbe... » Successivement elle a désigné tous les magistrats. « Ou celui qui a voté ou aura voté au Sénat. » Et puis ? « Celui d'entre eux qui est entré ou qui sera entré dans une association, une société pour une action pour laquelle on est condamné par un tribunal de l'Etat. » « Celui d'entre eux... » : d'entre qui ? Évidemment d'entre ceux qui ont été désignés plus haut. Quelle importance a la façon dont ils sont désignés ? Bien que ce soit clair, la loi nous l'enseigne elle-même. Là où elle lie tout le monde, elle s'exprime ainsi : « Celui qui a fabriqué ou aura fabriqué du poison... » Tous, hommes, femmes, gens de naissance libre, esclaves, sont appelés à comparution. Si elle avait voulu qu'il en fût ainsi pour l'action de s'associer, elle aurait ajouté : « Ou celui qui sera entré dans une association. » Mais en fait elle s'exprime ainsi : « Et qu'on établisse une poursuite capitale contre celui qui aura exercé une magistrature ou qui aura voté au Sénat ; celui d'entre eux qui est entré ou sera entré dans une association... » **149** Est-ce le cas de Cluentius ? Assurément non. Quelle est alors l'attitude de Cluentius ? Celle de quelqu'un qui en dépit de tout n'a pas voulu qu'on le défende en alléguant la loi. C'est pourquoi je la mets de côté, je défère à ses vœux. A toi, Attius, pourtant je ferai une brève réponse, sans liaison avec le cas de mon client. Il y a en effet dans cette cause tel point que Cluentius estime le regarder ; il y a tel autre que moi j'estime me concerner. Lui, il estime de son intérêt que sa défense soit tirée des faits eux-mêmes, des actes qu'il a commis, non de l'exception de la loi. Mais moi j'estime que mon propre intérêt est de ne pas passer pour avoir eu le dessous dans aucune discussion avec

(1) Les quatre légions qu'on levait seules à l'origine.

conuenerit. Non ita est. Quid ergo est ? dic. QVI TRIBVNVS MILITVM LEGIONIBVS QVATTVOR PRIMIS, QVIVE QVAESTOR, TRIBVNVS PLEBIS — deinceps omnis magistratus nominauit — QVIVE IN SENATV SENTENTIAM DIXIT, DIXERIT. Quid tum ? QVI EORVM COIIT, COIERIT, CONVENIT, CONVENERIT QVO QVIS IVDICIO PVBLICO CONDEMNARETVR. « Qui eorum » ? quorum ? Videlicet qui supra scripti sunt. Quid interest utro modo scriptum sit ? Etsi est apertum, ipsa tamen lex nos docet. Vbi enim omnis mortalis adligat, ita loquitur : « QVI VENENVM MALVM FECIT, FECERIT. » Omnes uiri, mulieres, liberi, serui in iudicium uocantur. Si item de coitione uoluisset, adiunxisset : « QVIVE COIERIT. » Nunc ita est : DEQVE EIVS CAPITE QVAERITO QVI MAGISTRATVM HABVERIT INVE SENATV SENTENTIAM DIXERIT, QVI EORVM COIIT, COIERIT. **149** Num is est Cluentius ? Certe non est. Quis ergo est Cluentius ? Qui tamen defendi causam suam lege nolit. Itaque abicio legem, morem Cluentio gero. Tibi tamen, Atti, pauca quae ab huius causa seiuncta sunt respondebo. Est enim quiddam in hac causa quod Cluentius ad se, est aliquid quod ego ad me putem pertinere. Hic sua putat interesse se re ipsa et gesto negotio, non lege defendi ; ego autem mea existimo interesse me nulla in disputatione ab Attio

148 quaestor Σ : quaestores *cett.* || deinceps *M*μ : deinde Σ*a* || nominauit : nominarat Σς || quid tum Σμ : qui tum *M*μ*a* || coiit *Lambin.* : coit *codd.* || condemnaretur : condemnetur Σ || interest *M*μ : intersit α*a* || apertum σμ : compertum *M*μ || ipsa tamen lex nos Σ*a* : tamen ipsa lex (*add.* nos *b*[2]) *M*μ || Si : sic Σ || item *M*μ : idem α*a* || inue *Mb*ψ*t* : quiue σ quiue in *edd.*

149 nolit : noluit Σ*t* || ad me : a me *M* || se re ipsa : se *om.* Σ*a*

Attius. Je n'ai pas en effet cette seule cause à défendre. Mes peines et mes soins sont à la disposition de quiconque peut se satisfaire de mes talents oratoires. Je ne veux point qu'aucune des personnes présentes estime, si j'ai gardé le silence, que je donne mon assentiment à ce qu'Attius a dit au sujet de la loi (1). C'est pourquoi, Cluentius, je t'obéis en ce qui te concerne ; je ne donne pas lecture de la loi. En ce moment je ne parle pas pour toi, mais je n'omettrai pas ce qu'à mon avis on s'attend à me voir traiter. **LV 150** A tes yeux, Attius, il est injuste que tous ne tombent pas sous le coup des mêmes lois (2). D'abord, en admettant que ce soit une vraie injustice, elle est propre à rendre nécessaire un changement des lois, non point à dispenser d'obéir à celles qui existent. Ensuite y eut-il jamais un sénateur pour blâmer cette maxime ? Pouvait-il, lui qui avait obtenu grâce au peuple romain un rang plus élevé dans l'Etat, juger qu'il ne devait point être soumis à des restrictions légales d'autant plus sévères ? De combien d'avantages ne sommes-nous pas privés ! A combien de désagréments et d'embarras sommes-nous exposés ! Et tout cela cependant est compensé par les avantages de l'honneur et de l'importance sociale. Impose maintenant à l'ordre équestre et aux gens des autres classes de l'Etat les mêmes restrictions : elles leur seront intolérables. Leur avis en effet est qu'ils doivent se voir appliquer moins de ces empêchements qui découlent des lois, des situations et du droit, eux qui n'ont pu atteindre ou n'ont pas recherché le rang le plus élevé dans la cité. **151** Sans parler de toutes les lois qui

(1) Il ne s'agit sans doute pas seulement de se montrer bon connaisseur des lois, mais Cicéron doit songer en particulier aux chevaliers qui pourraient s'adresser à lui : la suite le montre bien.

(2) Si l'on se reporte au texte cité, p. 143, n. 2, on verra que le sentiment d'Attius devait être en 60 celui du Sénat et de Caton.

uideri esse superatum. Non enim mihi haec sola causa dicenda est; omnibus hic labor meus propositus est quicumque hac facultate defensionis contenti esse possunt. Nolo quemquam eorum qui adsunt existimare me quae de lege ab Attio dicta sunt, si reticuerim, comprobare. Quam ob rem, Cluenti, de te tibi obsequor; neque ego legem recito neque hoc loco pro te dico, sed ea quae a me desiderari arbitror non relinquam.

LV **150** Iniquum tibi uidetur, Atti, esse non isdem legibus omnis teneri. Primum, ut id iniquissimum esse confitear, eius modi est ut commutatis eis opus sit legibus, non ut his quae sunt non pareamus. Deinde quis umquam hoc senator *re*cusa*u*it *ne*, cum altiorem gradum dignitatis beneficio populi Romani esset consecutus, eo se putaret durioribus legum condicionibus uti oportere? Quam multa sunt commoda quibus caremus, quam multa molesta et difficilia quae subimus! atque haec omnia tamen honoris et amplitudinis commodo compensantur. Conuerte nunc ad equestrem ordinem atque in ceteros ordines easdem uitae condiciones; non perferent. Putant enim minus multos sibi laqueos legum et condicionum ac iudiciorum propositos esse oportere qui summum locum ciuitatis aut non potuerunt ascendere aut non petiuerunt. **151** Atque ut omittam leges

149 *Post* haec sola (sola *om.* σ) *defic. M*σ *usque ad* Habitus quae tunc § *154, ita ut in M* solabitus *uno tenore legatur*; *lac. suppl.* Σ in *pag. dimidiata* (*inde ab* Non enim mihi haec), *supplem. in textu habent b*χψ*a* || sola causa *scripsi ex M*: causa sola Σ || sunt: sint Σ *mg* || a (ad ψ^{1}) me desiderari Σb^{1}χψ^{1} : te a me desiderari b^{2} te a me desiderare ψ^{2}*a*

o

150 eis : eis Σ *fort.* ideo *Clark* || recusauit ne *Baiter* : accusauit ut Σ || molesta et Σ*a* : molesta ac *b*χψ || tamen Σ : tantum *cett.*

pèsent sur nous et qui n'obligent pas les autres citoyens, Caius Gracchus en a fait voter une que voici : « Pour que personne ne soit circonvenu devant les tribunaux... ». Il a fait voter cette loi pour servir la plèbe, non pour l'y soumettre (1). Plus tard Lucius Sulla, qui était si hostile à la cause de la démocratie, néanmoins en instituant un tribunal en cette matière, par cette loi précisément en vertu de laquelle vous jugez aujourd'hui (2), n'a pas osé lier le peuple romain, qu'il avait trouvé dégagé de cette sorte de lois, par une nouvelle espèce de tribunaux. S'il l'avait cru possible, avec la haine qu'il avait pour l'ordre équestre (3), il n'aurait rien eu de plus pressé que de faire retomber sur ce seul tribunal toute cette cruauté de ses proscriptions dont il a usé à l'égard des anciens juges. **152** Maintenant non plus on ne travaille à rien d'autre (croyez-moi, Juges, et prévoyez les précautions à prendre !) qu'à enclore l'ordre équestre dans ceux que frappe cette loi. Et ceux qui y travaillent ne sont point tous les citoyens, mais un petit nombre d'entre eux (4). Car ceux des sénateurs qui n'ont pas de peine à s'abriter sous la pureté et l'innocence de leur conduite — tels vous êtes vous-mêmes (je dirai la vérité) ainsi que tous ceux dont la vie fut désintéressée — désirent voir les chevaliers rapprochés de l'ordre sénatorial par le prestige étroitement unis à lui par la bonne entente. Mais ceux qui souhaitent de tout pouvoir, sans rien accorder d'autre part à aucune personne ni à aucune classe, ceux-là estiment qu'il n'y a pour soumettre à leur puissance les chevaliers romains que la crainte qu'on ressentira s'il

(1) Cf. l'Introduction, p. 22.

(2) Cf. l'Introduction, p. 8.

(3) Sur Sulla et l'ordre équestre, cf. J. Carcopino, *Sylla et la monarchie manquée*, p. 48. Seize cents chevaliers furent victimes des proscriptions (App., *B. c.*, I, 95).

(4) Sur la portée politique de ce passage et les personnes visées, cf. l'Introd., p. 38.

alias omnis quibus nos tenemur, ceteri autem sunt ordines liberati, hanc ipsam legem : « Ne QVIS IVDICIO CIRCVMVENIRETVR », C. Gracchus tulit ; eam legem pro plebe, non in plebem tulit. Postea L. Sulla, homo a populi causa remotissimus, tamen, cum eius rei quaestionem hac ipsa lege constitueret qua uos hoc tempore iudicatis, populum Romanum quem ab hoc genere liberum acceperat adligare nouo quaestionis genere ausus non est. Quod si fieri posse existimasset, pro illo odio quod habuit in equestrem ordinem nihil fecisset libentius quam omnem illam acerbitatem proscriptionis suae qua est us*us* in ueteres iudices in hanc unam quaestionem contulisset. **152** Nec nunc quicquam agitur — mihi credite, iudices, et prospicite id quod prouidendum est — nisi ut equites Romani in huiusce legis periculum concludantur ; neque hoc agitur ab omnibus sed a paucis. Nam ei senatores qui se facile tuentur integritate et innocentia, quales, ut uere dicam, uos estis et ceteri qui sine cupiditate uixerunt, equites ordini senatorio dignitate proximos, concordia coniunctissimos esse cupiunt ; sed ei qui sese uolunt posse omnia neque praeterea quicquam esse aut in homine ullo aut in ordine, hoc uno metu se putant equites Romanos in potestate*m* sua*m* redacturos, si constitutum *sit* ut de

151 adligare : alligare Σ allegare ς ‖ qua est usus *Manutius* : questus *siue* quaestus *codd.* ‖ contulisset : obtulisset $b^1\psi^1$

152 equites Romani *codd. Lambini* : eques R. $\Sigma b^1\chi\psi^1$ equester ordo $b^2\psi^2 a$ ‖ concludantur *codd. Lambini* : concludatur $\Sigma\psi^2 a$ includatur $b\chi\psi^2$ ‖ ei : ii Σ ‖ uere $b\psi^2$: uero *cett.* ‖ potestatem suam *Manutius* : potestate sua *codd.* ‖ constitutum ς : constitum Σ ‖ sit *Lambinus* : est *codd.*

est décidé que qui a été juge tombe sous le coup de cette juridiction. Ils voient en effet se renforcer l'autorité de cet ordre ; ils voient ses jugements recueillir l'approbation ; ils ont l'espoir qu'en vous inspirant cette crainte, ils pourront arracher son aiguillon à votre sévérité. **153** Qui oserait en effet, à l'encontre de quelqu'un qui aurait une situation tant soit peu considérable rendre un jugement sincère et courageux quand il verrait qu'il aurait à se défendre d'être entré dans une cabale ou une conjuration ? LVI Quels hommes de cœur sont les chevaliers romains ! Ils ont résisté à un personnage illustre et tout puissant, au tribun de la plèbe Marcus Drusus, quand il ne travaillait d'accord avec toute la noblesse d'alors qu'à faire comparaître en justice grâce à ce genre de tribunaux ceux qui avaient jugé les procès (1). Alors Caius Flavius Pusio, Cnaeus Titinius, Caius Maecenas, ces hommes qui étaient l'élite du peuple romain et les autres personnages appartenant à la même classe, n'ont pas fait ce que fait maintenant Cluentius ; ils n'ont pas cru qu'en récusant la loi, ils se rendaient coupables de quelque faute. Mais ils ont résisté ouvertement en pensant en eux-mêmes et en proclamant avec un grand courage et une grande noblesse qu'ils auraient pu s'élever au plus haut rang par les suffrages du peuple romain, s'ils avaient voulu se consacrer à la recherche des honneurs ; qu'ils avaient vu ce qu'une telle existence avait d'éclat, de titres, de prestige ; qu'ils ne l'avaient point méprisée, mais qu'ils s'étaient contentés de la classe qui était la leur et celle de leurs parents ; qu'ils avaient mieux aimé embrasser une vie tranquille et paisible loin des

(1) En 91 Marcus Livius Drusus proposa que les juges fussent pris dans un Sénat élargi par l'admission de 300 chevaliers et qu'une *quaestio* fût instituée contre les juges coupables de corruption judiciaire. Cette seconde loi qui aurait eu effet rétroactif fut violemment combattue par les chevaliers (*Pro Rab. Post.*, 16).

eis qui rem iudicar*i*nt huiusce modi iudicia fieri possint. Vident enim auctoritatem huius ordinis confirmari, vident iudicia comprobari ; hoc metu proposito euellere se aculeum seueritatis uestrae posse confidunt. **153** Quis enim de homine audeat paulo maioribus opibus praedito uere et fortiter iudicare cum uideat sibi de eo quod coierit aut consenserit causam esse dicendam ? LVI O uiros fortis, equites Romanos, qui homini clarissimo ac potentissimo, M. Druso, tribuno plebis, restiterunt, cum ille nihil aliud ageret cum illa cuncta quae tum erat nobilitate, nisi ut ei qui rem iudicassent huiusce modi quaestionibus in iudicium uocarentur ! Tu*m* C. Flauius Pusio, Cn. Titinius, C. Maecenas, illa robora populi Romani, ceterique eius*d*em ordinis, non fecerunt idem quod nunc Cluentius, ut aliquid culpae suscipere se putarent recusando, sed apertissime repugnarunt, cum haec re*put*arent et palam fortissime atque honestissime dicerent, se potuisse iudicio populi Romani in amplissimum locum peruenire, si sua studia ad honores petendos conferre uoluissent. Sese uidisse in ea uita qualis splendor inesset, quanta ornamenta, quae dignitas ; quae se non contempsisse sed ordine suo patrumque suorum contentos fuisse et uitam illam tran-

152 eis : his Σ || iudicarint *Manutius* : iudicarent *codd.*
153 restiterunt $b^{2}\psi^{2}a$: restituerunt (-ụ- Σ) *cett.* || cum illa *ed. Hervag.* : quam cum illa *codd.* || tum erat nobilitate *ed. Hervag.* : tum (cum Σ) erant nobilitatis *codd.* || ut ii qui b^{2} *Halm* : uti qui ψ^{2} *Manutius* utique *cett.* || Tum *Müller* : tunc *codd.* || Cn. : Cn̄. ū. Σ || eiusdem *R. Klotz* : eiuscemodi (huiusce- *b*ψ) *codd.* || aliquid : aliquod Σς || haec reputarent *Madvig* : haec recusarent *codd.* et recusarent *Manutius* || se non contempsisse : se contempsisset Σ

orages déchaînés par les haines publiques et les tribunaux de ce genre. **154** Il fallait, disaient-ils, ou leur rendre intactes les années propices à la poursuite des honneurs, ou, puisque c'était impossible, leur laisser les conditions d'existence, qu'ils avaient recherchées en renonçant à cette poursuite. Il était injuste, quand on avait négligé l'éclat des honneurs, pour ne pas courir la foule de leurs risques, qu'on fût tout à la fois privé des faveurs du peuple et exposé aux dangers d'une juridiction nouvelle. Un sénateur ne pouvait s'en plaindre, puisque ces conditions lui avaient été imposées, le jour où il s'était mis à rechercher les honneurs ; c'est qu'il y avait bien des avantages sociaux qui lui permettaient d'en adoucir la rigueur : le rang, l'autorité, l'éclat à Rome, la renommée et le crédit à l'étranger, la toge prétexte, la chaise curule, les insignes, les faisceaux, les armées, les commandements, les gouvernements des provinces (1) : en ces matières nos aïeux ont voulu qu'il y eût à la fois les plus belles récompenses pour les hauts faits et plus d'une menace pour les fautes. Ces hommes ne refusaient pas d'être accusés en vertu de la loi en vertu de laquelle on accuse maintenant Habitus (c'était alors une loi Sempronia, c'est maintenant une loi Cornelia) : ils voyaient bien en effet que l'ordre équestre n'était point tenu par elle. Mais ils travaillaient à ne pas être liés par une loi nouvelle. **155** Habitus lui n'a même pas refusé de rendre compte de sa vie en vertu de cette loi sous le coup de laquelle il ne tombait pas. Si vous acceptez cette situation, tous, faisons en sorte que cette juridiction soit étendue le plus possible à toutes les classes de l'Etat.

(1) Cf. *Pro Rab. Post.*, 16-17 : « ... *ita disputabant eos teneri legibus oportere, qui suo iudicio essent illam condicionem uitae secuti. Delectat amplissimus ciuitatis gradus, sella curulis, fasces, imperia, prouinciae, sacerdotia, triumphi, denique imago ipsa, ad posteritatis memoriam prodita*, etc. ».

quillam et quietam, remotam a procellis inuidiarum et huiusce modi iudiciorum sequi maluisse. **154** Aut sibi ad honores petendos aetatem integram restitui oportere aut, quoniam id non posset, eam condicionem uitae quam secu*ti* petitionem reliquissent manere. Iniquum esse eos qui honorum ornamenta propter periculorum multitudinem praetermisissent populi beneficiis esse priuatos, iudiciorum nouorum periculis non carere. Senatorem hoc queri non posse, propterea quod ea condicione proposita petere coepisset quodque permulta essent ornamenta quibus eam mitigare molestiam posset, locus, auctoritas, domi splendor, apud exteras nationes nomen et gratia, toga praetexta, sella curulis, insignia, fasces, exercitus, imperia, prouinciae ; quibus in rebus cum summa recte factis maiores nostri praemi*a* tum plura peccatis pericula proposita esse uoluerunt. Illi non hoc recusabant ne ea lege accusarentur qua nunc Habitus accusatur, quae tum erat Sempronia, nunc est Cornelia — intellegebant enim ea lege equestrem ordinem non teneri — sed ne noua lege adligarentur laborabant. **155** Habitus ne hoc quidem umquam recusauit quo minus uel ea lege rationem uitae suae redderet qua non teneretur. Quae si uobis condicio placet, omnes id agamus ut haec quam primum in omnis ordines quaestio perferatur.

153 maluisse : ualuisse Σ

154 secuti *Angelius* : secum *codd.* || splendor apud : splendore Σ*B* splendor in *Paris.* 6369 || toga *Naugerius* : toga et *codd.* || cum summa $b^1\chi$: consumma $\Sigma\psi^1 t$ summum $b^2\psi^2 s$ || praemia tum *Orelli* : premixtum $\Sigma b^1\chi\psi t$ praemium $b^2\psi^2 s$ || ne ea Σ*a* : ea ne *b*χψ || Habitus accusatur *hic redeunt* *M*σ || tum *M*μ : tunc Σ*a*

155 ea *M*μ : ex Σ*a* || teneretur *M*μ : tenetur Σ*a*

LVII Mais en attendant, Dieux Immortels ! puisque nous devons aux lois nos avantages, nos droits, notre liberté, notre sauvegarde, ne nous écartons pas des lois. Songeons aussi en même temps combien il serait injuste que le peuple romain ait aujourd'hui l'esprit occupé à autre chose, qu'à vous il ait confié l'Etat et ses intérêts, que lui-même n'ait pas de soucis, qu'il ne redoute pas d'être contraint par un petit nombre de juges grâce à une loi que lui-même il n'a jamais prescrite et par une juridiction dont il s'estime libre et dégagé (1). **156** Titus Attius, jeune homme qui a du mérite et de l'éloquence, établit sa plaidoirie sur ce principe que tous les citoyens tombent sous le coup de toutes les lois : vous, vous êtes attentifs et vous écoutez en silence, ainsi que vous devez le faire. Aulus Cluentius, chevalier romain, est poursuivi au nom de la loi qui ne vise que les sénateurs et ceux qui ont exercé une magistrature. Moi, par sa volonté, je ne puis opposer une récusation et placer dans les retranchements de la loi les bataillons de ma défense. Si Cluentius fait triompher sa cause (ainsi que forts de votre équité nous en sommes sûrs), on estimera, et ce sera la vérité, qu'il l'a fait triompher grâce à son innocence, puisque c'est ainsi qu'on l'aura défendu, mais que de la loi, puisqu'il n'a pas voulu qu'on y touche, il n'attendait aucun secours. **157** Mais à ce moment, se pose une question qui me concerne, celle dont j'ai déjà parlé : celle de ce que je dois au peuple romain, puisque j'ai pour maxime de ma conduite de consacrer tout mon zèle et tous mes soins à défendre les citoyens en danger. Je vois quel champ les accusateurs ouvrent aux poursuites, quels en sont les périls, l'étendue sans limites, quand ils s'efforcent d'ap-

(1) Il y aurait injustice à ce que le peuple romain jouisse d'une tranquillité d'esprit qui ne serait pas accordée aux chevaliers, alors que ni l'un ni les autres ne peuvent prétendre aux honneurs réservés à la carrière sénatoriale.

LVII Interea quidem, per deos immortalis ! quoniam omnia commoda nostra, iura, libertatem, salutem denique legibus obtinemus, a legibus non recedamus, simul et illud quam sit iniquum cogitemus, populum Romanum aliud nunc agere, uobis rem publicam et fortunas suas commisisse, sine cura esse, non metuere ne lege ea quam numquam ipse iusserit et quaestione qua se solutum liberumque esse arbitretur per paucos iudices astringatur. **156** Agit enim sic causam T. Attius, adulescens bonus et disertus, omnis ciuis legibus teneri omnibus ; uos attenditis et auditis silentio, sicut facere debetis. A. Cluentius, eques Romanus, causam dicit ea lege, qua lege senatores et ei qui magistratum habuerunt soli tenentur ; mihi per eum recusare et in arce legis praesidia constituere defensionis meae non licet. Si obtinuerit causam Cluentius, sicuti uestra aequitate nixi confidimus, omnes existimabunt, id quod erit, obtinuisse propter innocentiam, quoniam ita defensus sit ; in lege autem quam attingere noluerit praesidi nil fuisse. **157** Hic nunc est quiddam quod ad me pertineat, de quo ante dixi, quod ego populo Romano praestare debeam, quoniam is meae uitae status est ut omnis mihi cura atque opera posita sit in hominum periculis defendendis. Video quanta et quam periculosa et quam infinita quaestio temptetur ab accusatoribus,

155 rem : remque $\Sigma\psi^2$ || sine *M*μ : se sine *αa* ipsum sine *Manutius* || quam : qua Σ || iusserit : iusserat Σ || arbitretur Σ*a* : arbitraretur *M*μ

156 uos attenditis et auditis : ius auditis et attenditis Σ || habuerunt : habuerint Σ || qua lege *M*μ : qua Σ*a*

157 cura atque *M*μ : cura et Σ*a* || hominum Σ*a* : omnium *M*μ

pliquer au peuple romain une loi qui n'a été rédigée que pour notre classe (1). On lit dans cette loi : « Sera entré dans une association... » et vous voyez tout ce qu'embrasse cette clause. — « Sera entré dans un accord... » et ici encore il n'y a ni restrictions ni limites. La clause « aura partagé un sentiment » est en même temps, elle, sans restrictions, obscure et enveloppée. « Ou aura fait un faux témoignage » : quel membre de la plèbe romaine a jamais déposé en justice, pour qu'il n'y ait là, vous le voyez, si on suit Titus Attius, un danger imminent ? Je le proclame en effet : jamais personne ne déposera comme témoin, si on fait tomber la plèbe romaine sous le coup de ces poursuites. **158** Mais j'en prends envers tous l'engagement : si on veut d'aventure en vertu de cette loi susciter des difficultés à celui qui n'est pas visé par elle, celui qui voudra de moi comme défenseur me trouvera prêt à soutenir sa cause avec les armes de la loi et aux juges que voici ou à d'autres qui leur ressembleront je le ferai facilement approuver, j'userai de tous les moyens de défense que donne la loi, et si je ne le fais pas aujourd'hui, c'est que celui aux désirs de qui j'ai le devoir d'obéir ne veut pas me le permettre. LVIII En effet, Juges, je ne dois point le mettre en doute : si on vous déférait un cas analogue, celui de quelqu'un qui ne tomberait pas sous le coup de la loi, même si on le voyait déplaire à l'opinion ou heurter beaucoup de personnes, même si vous le détestiez, même si vous ne pouviez l'acquitter qu'à contre-cœur, pourtant vous l'acquitteriez, vous obéiriez à votre conscience plutôt qu'à la haine. **159** Un juge plein de sagesse en effet doit penser que le peuple romain mesure les pouvoirs qu'il

(1) Cette clause, qui, d'après ce texte, à l'époque de Cicéron semble limitée aux sénateurs et aux magistrats, ne connaît plus de telle restriction à l'époque impériale (*Dig.*, XLVII, 8, 1).

cum eam legem quae in nostrum ordinem scripta sit in populum Romanum transferre conentur. Qua in lege est : « QVI COIERIT », quod quam late pateat uidetis. « CONVENERIT » ; aeque infinitum et incertum est. « CONSENSERIT » ; hoc uero cum infinitum tum obscurum et occultum est. « FALSVMVE TESTIMONIVM DIXERIT » ; quis de plebe Romana testimonium dixit umquam cui non hoc periculum T. Attio auctore paratum esse uideatis ? nam dicturum quidem certe, si hoc iudicium plebi Romanae propositum sit, neminem umquam esse confirmo. **158** Sed hoc polliceor omnibus, si cui forte hac lege negotium facessetur qui lege non teneatur, si is uti me defensore uoluerit, me eius causam legis praesidio defensurum et uel his iudicibus uel horum similibus facillime probaturum, et omni me defensione usurum esse legis, qua nunc ut utar ab eo cuius uoluntati mihi obtemperandum est non conceditur. LVIII Non enim debeo dubitare, iudices, quin, si qua ad uos causa eius modi delata sit eius qui lege non teneatur, etiam si is inuidiosus aut multis offensus esse uideatur, etiam si eum oderitis, etiam si inuiti absoluturi sitis, tamen absoluatis et religioni potius uestrae quam odio pareatis. **159** Est enim sapientis iudicis cogitare tantum sibi a populo Romano esse permissum quantum commissum

Test. **158** sed hoc... facessetur (*uel* facessitur) PRISCIANUS (GL II, 377, 5)

157 infinitum et incertum $M\mu$: incertum et infinitum Σa || occultum est $M\mu$: occultum Σa || dixit : dixerit Σa

158 similibus $\sigma\mu\varsigma$: simillimis $M\mu$ || religionis... uestrae $M\mu$: religionibus... uestris (nostris *s*) Σa

159 iudicis : meminisse se hominem *add.* $b^2\psi^2a$ (Σ ?)

lui accorde à la mission qu'il lui commet et lui confie ; il doit se souvenir que non seulement on lui a remis l'autorité, mais aussi qu'on lui a fait confiance ; il doit savoir acquitter qui il déteste, condamner qui il ne déteste pas, penser en toute occasion non à ses propres désirs, mais aux exigences de la loi et de la conscience ; bien prêter attention à la loi au nom de laquelle l'accusé est cité, à l'accusé de qui il a à connaître, à l'affaire qui se trouve dans le débat. Et s'il lui faut songer à tout ceci, ce qui est, Juges, d'une âme grande et sage, c'est, quand il a saisi la tablette pour rendre son jugement, de penser qu'il n'est pas seul, que tous les désirs ne lui sont pas permis, mais de prendre conseil de la loi, de son devoir, de l'équité, de la bonne foi, de bannir par contre le caprice, la haine, l'hostilité, la crainte, toutes les passions et de donner le plus de valeur à la conscience que nous avons reçue des dieux immortels, cette conscience qui ne peut nous être arrachée, qui, si nous vivons toujours en l'ayant pour témoin de pensées et d'actions vertueuses, nous vaudra de le faire sans crainte, et considérés de tous. **160** Si Titus Attius ne l'avait pas ignoré ou s'il s'en était avisé, certes il n'eût même pas tenté de dire ce qu'il a soutenu si longuement, que le juge doit décider d'après son avis personnel sans se laisser enchaîner par les lois (1). Mais il me semble que sur ce sujet, si j'ai égard au désir de Cluentius, j'ai parlé trop longtemps, si j'ai égard à ce qu'exige l'importance de la question, je l'ai fait trop brièvement, mais si j'ai égard à votre esprit de sagesse, j'ai dit tout ce qu'il fallait.

Ce qui me reste est bien peu de chose, mais comme c'était du ressort de votre juridiction, ils ont décidé qu'ils devaient l'imaginer et le produire, pour ne pas

(1) Attius avait dû, dans son accusation, s'appuyer sur l'opposition de la lettre et de l'esprit, comme Cicéron lui-même l'avait fait dans le *Pro Caecina*, 54 et suiv.

sit et creditum, et non solum sibi potestatem datam uerum etiam fidem habitam esse meminisse ; posse quem oderit absoluere, quem non oderit condemnare, et semper non quid ipse uelit sed quid lex et religio cogat cogitare ; animaduertere qua lege reus citetur, de quo reo cognoscat, quae res in quaestione uersetur. Cum haec sunt uidenda, tum uero illud est hominis magni, iudices, atque sapientis, cum illam iudicandi causa tabellam sumpserit, non se reputare esse solum neque sibi quodcumque concupierit licere, sed habere in consilio legem, religionem, aequitatem, fidem ; libidinem autem, odium, inuidiam, metum cupiditatesque omnis amouere maxi*m*ique aestimare conscientiam mentis suae quam ab dis immortalibus accepimus, quae a nobis diuelli non potest ; quae si optimorum consiliorum atque factorum testis in omni uita nobis erit, sine ullo metu et summa cum honestate uiuemus. **160** Haec si T. Attius aut cognouisset aut cogitasset, profecto ne conatus quidem esset dicere, id quod multis uerbis egit, iudicem quod ei uideatur statuere et non deuinctum legibus esse oportere. Quibus de rebus mihi pro Cluenti uoluntate nimium, pro rei dignitate parum, pro uestra prudentia satis dixisse uideor.

Reliqua perpauca sunt ; quae quia uestrae quaestionis erant, idcirco illi statuerunt sibi fingenda esse

Test. **160** pro Cluenti uoluntate : *cf.* QUINTIL. IV, 5, 20

159 ipse uelit : uelit ipse *Mσ* || reputare *Σa* : putare *Mμ* || esse solum *Mμ* : solum esse *Σa* || neque *Mμς* : nec *Σb* || maximique *Manutius* : maximeque *codd.* || a nobis *Mμa* : ab nobis *Σ*

160 rei *Σa* : rei p. *M* reipublicae *μ* || sibi fingenda esse *Mμ* : fingenda esse sibi *a* (*Σ* ?)

sembler les plus méprisables des hommes, s'ils n'avaient apporté devant le tribunal que les préventions de l'opinion. LIX Et en effet pour reconnaître que j'étais bien obligé de m'étendre sur ce dont je viens de parler, écoutez ce qui me reste à dire. Assurément vous comprendrez que, là où il était possible de le démontrer en peu de mots, j'ai été très bref dans ma défense. **161** Tu as dit que les gens de mon client ont fait subir des torts à Cnaeus Decidius le Samnite, celui qui a été proscrit, à l'occasion de ses malheurs (1). Or personne plus que Cluentius ne l'a traité avec générosité. La fortune de mon client l'a soulagé dans ses embarras et lui-même l'a reconnu ainsi que ses amis et ses familiers. Vous avez dit que des fermiers de mon client ont exercé des violences contre les bergers d'Ancharius et de Pacenus. Une de ces querelles qui naissent entre bergers s'étant élevée sur les pistes de transhumance (2), les fermiers d'Habitus ont défendu le bien de leur maître et ses possessions privées. Une réclamation ayant été présentée, l'affaire leur fut expliquée et l'on se sépara sans procès ni débat. **162** Publius Aelius ayant dans son testament déshérité un de ses proches parents, c'est mon client, bien que fort étranger, qui fut institué comme héritier. Publius ne l'a fait qu'en raison des services d'Habitus ; mon client n'a point assisté à la rédaction du testament, lequel fut scellé par Oppianicus son ennemi. — Mon client a refusé de payer un legs fait à Florius par le testament. — Non, mais on lisait trente

(1) Nous ne savons rien d'autre part sur la série des faits qui vont être énumérés. Les Samnites, avec Pontius Telesinus, avaient combattu Sulla et avaient été battus en 82 devant la Porte Colline.

(2) Par *callibus*, correction excellente d'Ernesti, il faut entendre « les pistes suivies par les troupeaux dans leurs déplacements saisonniers » (J. André, *Les noms latins du chemin et de la rue*, *REL*, XXVIII, 1951, p. 105).

et proferenda ne omnium turpissimi reperirentur, si in iudicium nihil praeter inuidiam attulissent. LIX Atque ut existimetis necessario me de his rebus de quibus iam dixerim pluribus egisse uerbis, attendite reliqua ; profecto intelligetis ea quae paucis demonstrari potuerint breuissime esse defensa.

161 Cn. Decidio Samniti, ei qui proscriptus est, iniuriam in calamitate eius ab huius familia factam esse dixisti. Ab nullo ille liberalius quam a Cluentio tractatus est. Huius illum opes in rebus eius incommodis subleuarunt, atque hoc cum ipse tum omnes eius amici necessariique cognorunt. Anchari et Paceni pastoribus huius uillicos uim et manus attulisse. Cum quaedam in c*a*llibus, ut solet, controuersia pastorum esset orta, Habiti uilici rem domini et priuatam possessionem defenderunt. Cum esset expostulatio facta, causa illis demonstrata sine iudicio controuersiaque discessum est. **162** P. Aeli testamento propinquus exheredatus cum esset, heres hic alienior institutus est. P. Aelius Habiti merito fecit, neque hic in testamento faciendo interfuit, idque testamentum ab huius inimico Oppianico est obsignatum. Florio legatum ex testamento infitiatum esse. Non est ita ; sed cum HS $\overline{\text{XXX}}$ scripta essent pro

160 necessario me *M*μ : me necessario Σ*a* || potuerint Σ*a* : potuerunt *M*μ

161 Decidio *b*ψ*a* (*cf. C.I.L.*, V, 1187, 1188) : Decitio *M* Decio σ (*cf. Tac. Dial.* 21) || dixisti *M*μ : dixit Σ*a* dixistis *Manutius* || Ab nullo : a nullo *Bs* || incommodis *M*σ : incommodissimis Σ*a* || uillicos Σ, *cod. Sylvii* : uillicum *cett.* || callibus *Ernesti* : collibus *M*μ*a* || expostulatio : ea postulatio Σ

162 Florio *M*μ : Floro Σ*a* || $\overline{\text{xxx}}$ *M* : sexcenta triginta Σ

mille et non trois cent mille sesterces. Comme le titre de garantie lui paraissait insuffisant il a voulu voir attribuer à sa générosité la somme qui serait accordée. D'abord il a déclaré qu'elle n'était pas due ; puis il l'a payée sans discuter. — Après la guerre (1) on lui a redemandé la femme d'un Samnite nommé Ceius. — Il l'avait achetée à des spéculateurs (2) : dès qu'il a su qu'elle était de naissance libre, il l'a rendue à Ceius sans attendre un jugement. **163** Il y a un certain Ennius dont Habitus détient la fortune. — Cet Ennius est un homme besogneux, chicanier, qui est aux gages d'Oppianicus. De longues années il est resté bien tranquille ; puis un beau jour il a intenté à un esclave d'Habitus une poursuite pour vol. Depuis peu il s'est mis à attaquer Habitus lui-même. Cet homme, croyez-moi, devant le tribunal privé qui juge ces affaires n'évitera pas l'effet de ces chicanes, même si vous-mêmes êtes peut-être ses avocats. Mais on nous annonce encore un témoin suscité par vous, un homme qui a beaucoup de relations... d'hospitalité, un certain Aulus Bivius, aubergiste sur la Voie Latine. Il prétend que Cluentius et les esclaves de celui-ci ont exercé sur lui des violences dans sa taverne. De cet individu pour le moment nous n'avons pas besoin de rien dire. S'il nous adresse une invite — c'est dans le caractère de sa profession — nous le régalerons de manière à lui faire regretter de nous avoir cédé la route. **164** Et voilà, Juges, contre toute la vie d'Aulus Cluentius, ce que ses accusateurs ont recueilli après huit ans d'efforts, sur la conduite de celui dont ils voudraient faire un accusé antipathique : pour la substance, quelles niaiseries ! pour le bien fondé, quelles inventions ! pour une réfutation, quelle mince matière ! LX Étudiez à

(1) La guerre sociale de 91-88.

(2) Il s'agit de *sectores*, c'est-à-dire de ceux qui se faisaient adjuger à vil prix les biens des proscrits que l'on vendait aux enchères.

HS $\overline{\text{ccc}}$ neque ei satis cautum uideretur, uoluit eum aliquid acceptum referre liberalitati suae. Primo deberi negauit, post sine controuersia soluit. Cei cuiusdam Samnitis uxorem post bellum ab hoc esse repetitam. Mulierem cum emisset de sectoribus, quo tempore eam primum liberam esse audiuit, sine iudicio reddidit Ceio. **163** Ennium esse quendam cuius bona teneat Habitus. Est hic Ennius egens quidam calumniator, mercennarius Oppianici, qui permultos annos quieuit ; deinde aliquando cum seruo Habiti furti egit, nuper ab ipso Habito petere coepit. Hic illo priuato iudicio, mihi credite, uobis isdem fortasse patronis calumniam non effugiet. Atque etiam, ut nobis renuntiatur, hominem multorum hospitum, A. Biuium quendam, coponem de uia Latina, subornatis qui sibi a Cluentio seruisque eius in taberna sua manus adlatas esse dicat. Quo de homine nihil etiam nunc dicere nobis est necesse. Si inuitauerit, id quod solet, sic hominem accipiemus ut moleste ferat se de via decessisse. **164** Habetis, iudices, quae in totam uitam de moribus A. Cluenti quem illi inuidiosum reum uolunt esse annos octo meditati accusatores conlegerunt, quam leuia genere ipso, quam falsa re, quam breuia responsu ! LX Cognoscite nunc id quod ad

162 $\overline{\text{ccc}}$ *M*μ*a* : $\overline{\text{xxxx}}$ Σ ‖ satis cautum *M*μ : cautum satis Σ*a* ‖ liberalitati : liberalitatis *M*σ ‖ Cei (-eei- Σ) Σψ^2*a* : CN. *M*μ ‖ de *M*μ : a Σ*a* ‖ Ceio *a* : Celo (-io μ) *M*μ

163 seruo *M*μ : serui Σ seruis *a* ‖ furti *M*μ : furtum Σ*a* ‖ uobis : nobis *ed. Ven. 1471* ‖ hospitum *M*μ : hospitem Σ*a* ‖ A. Biuium Σ*Ms* : A. Briuium *b*ψ Ambiuium *t*

164 uitam *M*μ : causam α*a* ‖ reum (re niti $b^2\psi^2$) uolunt esse *M*μ : esse reum uolunt Σ*a* ‖ collegerunt : collegerint Σ ‖ responsu *M*σ : responso α*a* responsa $b^1\psi^1$

présent ce qui a rapport à votre serment, ce qui est de votre juridiction, ce qui est la tâche à vous confiée par la loi dont les ordres vous ont réunis en ce lieu : les griefs d'empoisonnement. Je veux que tous comprennent la brièveté avec laquelle cette cause aurait pu être traitée dans toute son étendue et les développements avec lesquels j'ai parlé de ce qui se rapportait pleinement au désir de mon client mais nullement à votre compétence. **165** On nous a reproché ceci qu'Aulus Cluentius mon client aurait empoisonné Caius Vibius Capax (1). Nous avons ici fort à propos un homme d'une grande conscience et d'un mérite consommé, le sénateur Lucius Plaetorius qui fut l'hôte et l'ami intime de ce Capax. Ce dernier a habité à Rome chez lui, il est tombé malade chez lui, il est mort dans sa maison. — Mais Cluentius est son héritier. — J'affirme qu'il est mort intestat et que la possession de ses biens, selon l'édit du préteur, a été dévolue à un fils de sa sœur (2), un jeune homme plein d'honneur, chevalier romain distingué entre tous, Numerius Cluentius que voici. **166** Une autre accusation d'empoisonnement veut que contre le jeune Oppianicus ici présent, lors de son mariage où, selon les coutumes des Larinates, un grand nombre de gens prenaient part à un repas, du poison ait été préparé à l'instigation d'Habitus. Comme on l'apportait dans du vin doux, un certain Balbutius, ami intime d'Oppianicus, le prit au passage, le but et succomba sur-le-champ. Je m'étendrais davantage si j'en parlais comme d'une accusation qu'il me fallût réduire à néant : peu de mots suffisent maintenant à

(1) *Cappadox*, leçon parfois retenue, est sans autorité. Il s'agit d'un Italien, non d'un affranchi d'origine orientale : ses biens seront dévolus à Numerius Cluentius, chevalier romain, son neveu.

(2) *Illius* ne peut désigner que Vibius (Ramsay), non Cluentius (Fausset) ; il s'agit d'expliquer à quel titre N. Cluentius est son héritier et Cicéron vient d'appliquer deux *illius* ou *ille* à Vibius.

uestrum ius iurandum pertinet, quod uestri iudici est, quod uobis oneris imposuit ea lex qua coacti huc conuenistis, de criminibus ueneni, ut omnes intellegant quam paucis uerbis haec causa perorari potuerit, et quam multa a me dicta sint quae ad huius uoluntatem maxime, ad uestrum iudicium minime pertinerent.

165 Obiectum est C. Vibium Capacem ab hoc A. Cluentio ueneno esse sublatum. Opportune adest homo summa fide et omni uirtute praeditus, L. Plaetorius, senator qui illius Capaci*s* hospes fuit et familiaris. Apud hunc ille Romae habitauit, apud hunc aegrotauit, huius domi est mortuus. At heres est Cluentius. Intestatum dico esse mortuum possessionemque eius bonorum praetoris edicto huic illius sororis filio, adulescenti pudentissimo et in primis honesto, equiti Romano, datam, N. Cluentio quem uidetis.

166 Alterum uenefici crimen Oppianico huic adulescenti, cum eius in nuptiis more Larinatium multitudo hominum pranderet, uenenum Habiti consilio paratum; id cum daretur in mulso, Balbutium quendam, eius familiarem, intercepisse, bibisse, statimque esse mortuum. Hoc ego si sic agerem tamquam mihi crimen esset diluendum, haec pluribus uerbis dicerem quae nunc paucis percurrit oratio mea. **167** Quid

Test. **166** Hoc ego... dicerem *Quintil.* IX, 2, 48

165 Capacem *Mμ* : Capacum Σ Cappadocem *b*²ψ²*a* || Plaetorius *Mμ* : Pretorius Σ*a* Plertorius σ || Capacis *scripsi* : Capaci *Mμ* Vibi Σ*a* || at : aut *M* || at heres est Cluentius : *om.* *b*ψ*a* || dico esse : esse dico Σ || praetoris edicto *Mμ* : ex (ex *om.* Σ ?) edicto praetoris (Σ ?) ψ²*a* || N. : Numerio *M*

166 Balbutium : Balbuttium *M* Babuttium *a* || uerbis *om.* *Quintil.* || quae *Mμ* : per quae α*a*

mon discours. **167** Y a-t-il eu jamais un acte d'Habitus qui puisse faire croire qu'un forfait si abominable ne contredit pas son caractère ? Qu'avait-il donc tant à craindre d'Oppianicus, quand ce dernier a pu au cours de la présente affaire ne pas prononcer un seul mot (1) ? Et d'autre part dès lors que la mère de Cluentius vivait, les accusations pouvaient-elles faire défaut contre mon client ? Vous allez le comprendre. Était-ce pour que l'affaire ne perdant aucune de ses menaces, une accusation nouvelle vînt s'y ajouter ? Mais quel moment pour donner du poison ! Un tel jour, au milieu d'une telle assistance ? Puis ce poison, qui le donne alors ? où le prend-on ? Après qu'est-ce que cette coupe qu'on arrête au passage ? Pourquoi alors n'en avoir pas donné de nouveau ? Il ne manque pas de choses à dire ; mais je ne courrai pas le risque de sembler avoir voulu parler tout en ne parlant pas. Les faits peuvent en effet se défendre maintenant d'eux-mêmes. **168** J'affirme que ce jeune homme que vous avez dit être mort dès qu'il eut absorbé le poison, n'est même pas mort ce jour-là. Le grand, l'impudent mensonge ! Examinez aussi le reste : je dis que ce jeune homme vint à ce repas avec un embarras d'estomac ; comme le voulait son âge, alors il ne s'était pas ménagé ; il a été malade quelques jours et c'est dans ces conditions qu'il est mort. Quel témoin y a-t-il du fait ? Le même qui témoigne de son propre deuil : le père de ce jeune homme. Oui, le père que sa douleur, s'il avait le plus léger soupçon, aurait pu ranger comme témoin dans leur camp

(1) Ce passage embarrassant souligne que Cluentius n'a à redouter que Sassia. Mais qu'est ce silence présent d'Oppianicus le jeune ? Cicéron veut peut-être dire qu'il n'a rien d'un orateur dangereux (MANUTIUS). On a entendu aussi (SANDFORD, *Class. Rev.*, IV, 1890, p. 271) : « Il aurait pu se taire à jamais, assassiné qu'il eût été. Sassia n'en aurait pas moins... » (En somme on admet une parataxe avec *cum*).

umquam Habitus in se admisit ut hoc tantum ab eo facinus non abhorrere uideatur ? quid autem magno opere Oppianicum metuebat, cum ille uerbum omnino in hac ipsa causa nullum facere potuerit, huic autem accusatores uiua matre deesse non possint ? id quod iam intellegetis. An ut de causa eius periculi nihil decederet, ad causam nouum crimen accederet ? Quod autem tempus ueneni dandi illo die, in illa frequentia ? per quem porro tum datum ? unde sumptum ? quae deinde interceptio poculi ? cur non de integro autem datum ? Multa sunt quae dici possunt, sed non committam ut uidear non dicendo uoluisse dicere ; res enim iam se ipsa defendit. **168** Nego illum adulescentem quem statim epoto poculo mortuum esse dixistis omnino illo die esse mortuum. Magnum et impudens mendacium ! Perspicite et cetera. Dico illum, cum ad illud prandium crudior uenisset et, ut aetas illa fert, sibi tum non pepercisset, aliquot dies aegrotasse et ita esse mortuum. Quis huic rei testis est ? Idem qui sui luctus, pater ; pater, inquam, illius adulescentis, quem propter animi dolorem pertenuis suspicio potuisset ex illo loco testem in A. Cluentium

Test. **167** Quod autem... autem datum QUINTIL. IX, 3, 37 **168** Pro Cl. Cic. eum quem dixerat accusator epoto poculo concidisse negat eodem die mortuum QUINTIL. V, 13, 15

167 uiua matre Σa : matre uiua $M\mu$ || possint Σa : possent $M\mu$ || id Σa : *om.* $M\mu$ || in illa $M\mu$ *Quintil.* : illa Σa || tum σ, M *ut uid.* : autem *Quintil.* μ : tamen μ || deinde : porro *Quintil.* || enim iam $M\mu$: enim Σa || defendit Σa : defendat $M\mu$ defendet *C. Stephanus*

168 magnum $M\mu$: magnum crimen αa || et cetera $M\mu\varsigma\sigma$: cetera Σa || illa *om.* ΣB || tum $M\mu a$: tamen *ed. Ven. 1471* || quis $M\mu$: qui Σa || qui sui : quis sui Σ || quem : ad (ad *s*) quem Σa

contre Aulus Cluentius, est maintenant un témoin à décharge. Donne lecture de sa déposition. Et toi, si cela ne t'est pas trop pénible, lève-toi un instant ; supporte la douleur que t'inflige un rappel indispensable (1). Je ne m'y attarderai pas trop longtemps, puisque tu as fait ce qui appartenait à un homme de cœur en empêchant que ton chagrin ne fût pour un innocent la source de malheurs et d'une accusation mensongère. **LXI 169** Il me reste encore, Juges, une accusation d'une nature analogue : elle va vous permettre de voir clairement ce que j'ai dit au début de mon discours, que tous les malheurs qu'Aulus Cluentius a connus dans ces dernières années, tout ce qu'aujourd'hui il a de tourments et d'ennuis, tout a été l'ouvrage de sa mère. Vous soutenez qu'Oppianicus a succombé au poison qui lui a été donné dans du pain par un certain Marcus Asellius, son ami intime, et que cet acte a été accompli à l'instigation d'Habitus. Sur ce point je demande d'abord quel motif Habitus a eu de désirer la mort d'Oppianicus. Je reconnais qu'il y avait entre eux de l'inimitié. Mais quand les gens veulent la mort de leurs ennemis, c'est qu'ils les craignent ou bien qu'ils les haïssent. **170** Quelle crainte enfin a donc bien pu pousser Habitus à entreprendre de commettre un tel forfait ? En quoi quelqu'un désormais pouvait-il redouter Oppianicus, que le châtiment avait frappé pour ses crimes et qui était banni de la cité ? Que craignait-il ? Les attaques d'un homme perdu ? Les accusations d'un condamné ?

(1) Les témoignages écrits étaient lus au cours du plaidoyer. Mais pourquoi le vieil homme, qui est présent, ne se réserve-t-il pas plutôt de parler de vive voix au moment du *locus testium* ? Mommsen suppose qu'après avoir remis un témoignage écrit à Cicéron, il s'est ravisé et est venu en personne. Greenidge, p. 489, pense qu'il faut expliquer l'anomalie par un sentiment de délicatesse chez Cicéron, à l'égard d'un père qui a à témoigner sur la mort de son fils.

constituere, is hunc suo testimonio subleuat; quod recita. Tu autem, nisi molestum est, paulisper exsurge; perfer hunc dolorem commemorationis necessariae, in qua ego diutius non morabor quoniam, quod fuit uiri optimi, fecisti uti ne cui innocenti maeror tuus calamitatem et falsum crimen adferret.

LXI **169** Vnum etiam mihi reliquum eius modi crimen est, iudices, ex quo illud perspicere possitis quod a me initio orationis meae dictum est, quicquid mali per hosce annos A. Cluentius uiderit, quicquid hoc tempore habeat sollicitudinis ac negoti, id omne a matre esse conflatum. Oppianicum ueneno necatum esse quod ei datum sit in pane per M. Asellium quendam, familiarem illius, idque Habiti consilio factum esse dicitis. In quo primum illud quaero quae causa Habito fuerit cur interficere Oppianicum uellet. Inimicitias enim inter eos fuisse confiteor; sed homines inimicos suos morte adfici uolunt aut quod eos metuunt aut quod oderunt. **170** Quo tandem igitur Habitus metu adductus tantum in se facinus suscipere conatus est? quid erat quod iam Oppianicum poena adfectum pro maleficiis et eiectum e ciuitate quisquam timeret? quid metuebat? ne oppugnaretur a perdito, an ne accusaretur a condemnato, an

Test. **169** Vnum... crimen est QUINTIL. IX, 2, 60

168 hunc *Mμ* : nunc *Σa* || exsurge : exurge *M* exurgue *Σ* || uti *Mσ* : ut *Σbψa* || afferret *Mμ* : adderet *Σ* adduceret *s*
169 eius modi : huius modi *Quintil.* || hosce *Σa* : hos *Mμ* || habeat *Mμ* : habuit *Σa* habuerit *R. Klotz* || enim inter eos *Mμ* : enim inter ipsos (enim *om.* σ) μ enim *Σa* || uolunt aut : uolunt ut *M* || eos *Σa* : *om.* *Mμ*
170 et eiectum *Σa* : eiectum *Mμ* || condemnato *Mμ* : damnato *Σψ²a*

Le mal fait par le témoignage d'un exilé ? Mais si c'était par haine qu'Habitus lui refusait la jouissance de la vie, était-il donc assez fou pour estimer une vie la vie qu'Oppianicus menait alors, celle d'un condamné, d'un exilé, d'un homme abandonné par tous, qu'en raison de son caractère monstrueux personne ne voulait recevoir sous son toit, ni aborder, ni interpeller, ni regarder ? La vie de cet homme pouvait-elle donc exciter l'animosité d'Habitus ? **171** S'il avait pour lui une haine amère et profonde, ne devait-il pas vouloir qu'il vécût le plus longtemps possible ? Un ennemi hâtait pour lui la mort, qui, dans ses maux, était son seul moyen de fuir son infortune ? A lui qui, s'il avait eu un peu de cœur et de courage, se serait lui-même donné cette mort, comme l'ont fait souvent des hommes braves placés dans cette situation douloureuse, pourquoi son ennemi aurait-il voulu offrir ce qu'il aurait dû se souhaiter de lui-même ? Car en réalité quel mal lui a donc apporté la mort ? A moins peut-être que nous ne nous laissions toucher par des sottises et des fables, au point de croire qu'il endure aux enfers les supplices des impies et qu'il s'y est heurté à plus d'ennemis qu'il n'en a laissé en ce monde, que les Divinités vengeresses (1) de sa belle-mère, de ses épouses, de son frère, de ses enfants l'y ont précipité dans le séjour et la contrée des scélérats ! Mais si cela n'est que mensonges, comme chacun le sait bien, qu'est-ce que la mort lui a donc ôté si ce n'est le sentiment de ses douleurs ? **172** Mais enfin le poison lui a été donné par qui ? LXII Par Marcus Asellius. Quel lien avait-il

(1) Par *Poenae uxorum, fratris...*, Cicéron entend les Furies chargées de venger les épouses, le frère, etc. En un sens un peu différent, Cicéron apostrophe Calpurnius Piso : « *O Poena, o Furia sociorum* » (*In Pis.*, 91). Il exprime sur la réalité des enfers classiques un sentiment directement opposé dans les *Philippiques* (XIV, 32).

ne exsulis testimonio laederetur ? Sin autem quod oderat Habitus inimicum et idcirco illum uita frui noluit, adeone erat stultus ut illam quam tum ille uiuebat uitam esse arbitraretur, damnati, exsulis, deserti ab omnibus, quem propter animi importunitatem nemo recipere tecto, nemo adire, nemo adloqui, nemo respicere uellet ? Huius igitur uitae Habitus inuidebat ? **171** Hunc si acerbe et penitus oderat, non eum quam diutissime uiuere uelle debebat ? huic mortem maturabat inimicus, quod illi unum in malis erat perfugium calamitatis ? Qui si quid animi ac uirtutis habuisset, ut multi saepe fortes uiri in eius modi dolore, mortem sibi ipse conscisset, huic quam ob rem id uellet inimicus offerre quod ipse sibi optare deberet ? Nam nunc quidem quid tandem illi mali mors attulit ? nisi forte ineptiis ac fabulis ducimur ut existimemus illum apud inferos impiorum supplicia perferre ac pluris illic offendisse inimicos quam hic reliquisse, ab socrus, ab uxorum, a fratris, a liberum Poenis actum esse praecipitem in sceleratorum sedem atque regionem. Quae si falsa sunt, id quod omnes intellegunt, quid ei tandem aliud mors eripuit praeter sensum doloris ? **172** Age uero, uenenum per quem datum ? Per M. Asellium. LXII Quid huic cum Habito ? Nihil,

Test. 171 huic... inimicus ARUSIANUS (GL VII, 492, 23)

170 Sin *Mμ* : si *Σa* || inimicum *αa* : *om.* *Mμ* || et idcirco *Mμ* : et *om.* *Σa* || adire *Naugerius* : audire *Mμ* || respicere *Mμ* : aspicere *Σa* || uitae Habitus *Mμ* : Habitus uitae *Σa*

171 ineptiis ac (atque *bψ*) *Mμ* : ineptis *a* || ac (uirtutis) *Mμ* : et (uirtutis) *Σa* || apud *Mμ* : ad *Σa* || ab socrus : ab socurus *M* a (ab Σ) socrus σ an socrus *bψa* || ab uxorum (-is *M ras. del. ut uid.*) *Mμ* : an uxoris $b^2ψ^2a$ || a fratris a *Mμ* : an fratris an (*om.* an *s*) $b^2ψ^2a$ || atque *Mμ* : ac *αΣa*

172 uenenum per quem *Mμ* : per quem uenenum *Σa*

avec Habitus ? Aucun, et même, puisque cet Oppianicus le tenait pour ami intime, il avait pour lui bien plutôt de l'antipathie. C'est donc à celui qu'il savait hostile à lui-même autant que lié avec Oppianicus, qu'il allait de préférence confier son crime et la vie d'Oppianicus ? Et encore, toi que la piété filiale a poussé à l'accusation, pourquoi laisses-tu depuis si longtemps cet Asellius impuni ? Pourquoi n'as-tu pas suivi l'exemple d'Habitus (1) en faisant dans la personne de celui qui avait apporté le poison rendre un jugement préalable sur mon client ? **173** Et puis, Juges, comme c'est invraisemblable, extraordinaire, inouï ! Du poison donné dans du pain ! Était-ce donc plus facile ainsi que dans une coupe ? Le poison était-il plus prompt à se diffuser (2), si on le dissimulait en quelque endroit du pain, que s'il avait été tout entier dissous dans une boisson ? Mangé, allait-il, plus vite que s'il avait été bu, se répandre dans les veines et dans tous les membres ? S'il y avait une dénonciation, échapper au regard plus aisément dans du pain que dans une coupe où il aurait été mêlé au point d'être indiscernable ? Mais il est mort de mort subite. **174** — Quand cela serait, il y a beaucoup de morts semblables et le fait n'autoriserait pas suffisamment l'idée d'un empoisonnement. Y eût-il eu matière à soupçon, c'était d'autres plutôt qu'Habitus qui étaient en cause. Mais en cela même ces gens mentent avec effronterie. Pour vous en rendre compte, écoutez le récit de sa mort, et comment après cette mort la mère d'Habitus a cherché à susciter une

(1) D'Habitus poursuivant tour à tour Scamander, affranchi des Fabricius, et Caius Fabricius qu'il accusait d'avoir été les instruments d'Oppianicus dans la tentative d'empoisonnement dirigée contre lui.

(2) *Latius* paraît se rapporter à la facilité avec laquelle le poison se répand largement dans les veines. Il n'apparaît donc aucunement nécessaire de corriger en *latentius*, texte souvent adopté.

atque adeo, quod ille Oppianico familiarissime est usus, potius etiam simultas. Eine igitur quem sibi offensiorem, Oppianico familiarissimum sciebat esse, potissimum et suum scelus et illius periculum committebat ? Cur deinde tu qui pietate ad accusandum excitatus es hunc Asellium esse inultum tam diu sinis ? cur non Habiti exemplo usus es ut per illum qui attulisset uenenum de hoc praeiudicaretur ? **173** Iam uero illud quam non probabile, quam inusitatum, iudices, quam nouum, in pane datum uenenum ! Faciliusne potuit quam in poculo, latius potuit abditum aliqua in parte panis quam si totum conliquefactum in potione esset, celerius potuit comestum quam epotum in uenas atque in omnis partis corporis permanare, facilius fallere in pane, si esset animaduersum, quam in poculo, cum ita confusum esset ut secerni nullo modo posset ? « At repentina morte periit ». **174** Quod si esset ita factum, tamen ea res propter multorum eius modi mortem satis firmam ueneni suspicionem non haberet ; si esset suspiciosum, tamen ad alios potius quam ad Habitum pertineret. Verum in eo ipso homines impudentissime mentiuntur. Id ut intellegatis et mortem eius et quem ad modum post

Test. **173** Cic. pro Cluentio... negauit in pane dari uenena potuisse VICT. (RL 226, 8) || abditum... permanaret PRISCIANUS (GL II, 520, 2 ; 522, 24)

172 adeo : ideo Σ*s* || suum scelus *M*σψ : scelus suum Σ*ba* || deinde *M*μ : igitur α*a* || tam Σ*a* : iam *M*μ

173 latius *M*μ*a* : latentius *Naugerius* || abditum : aditum *M*σμ || comestum α*a Prisc.* : comesum *M*μ || epotum *M*Σ *Prisc.* (ẹ- *M*) : potum σμ || permanare : permanere *Ms* || posset : possit Σ

174 mortem satis *M*μ : casum minime *b*²ψ²*a* || non haberet *M*μ : haberet α*a* || si : quodsi α*a* || ad alios potius *M*μ : potius ad alios Σ*a*

accusation contre son fils. **175** Oppianicus, exilé, errant, allait au hasard. Chassé de toutes parts, il s'était rendu dans le pays de Falerne chez Caius Quinctilius (1). Là d'abord il tomba malade et la maladie fut assez grave et prolongée. Sassia était auprès de lui. Elle entretenait avec un certain Statius Abbius (2), vigoureux paysan, qui l'accompagnait habituellement, une intimité plus grande que n'aurait pu l'endurer son mari, tout corrompu qu'il fût, si sa situation eût été intacte. Mais elle estimait que les obligations saintes et légales du mariage avaient été annulées par la condamnation de son époux. Un certain Nicostratus, un petit esclave fidèle à Oppianicus, garçon curieux et sincère, avait coutume, dit-on, de faire de nombreux rapports à son maître. Cependant Oppianicus se rétablissait ; il ne pouvait supporter plus longtemps d'être trompé par un paysan au pays de Falerne. Il se mit en route pour venir ici aux environs de la ville. Il avait en effet l'habitude de louer quelque chose hors des portes. C'est alors qu'il fit, dit-on, une chute de cheval ; cet homme d'une faible santé reçut au côté une violente contusion et étant arrivé avec la fièvre aux abords de la ville il mourut peu de jours après. L'histoire de cette mort, Juges, n'a rien qui permette le soupçon ou, si elle le permet, c'est celui d'un crime domestique, qui n'est pas sorti des murs de la maison. LXIII **176** Après sa mort Sassia, en scélérate qu'elle est, se mit aussitôt à ourdir une machination contre son fils. Elle décida de faire procéder à une enquête sur la mort de son mari. Elle achète

(1) Le *Cluniacensis* parle de L. Quinctius qui serait alors le tribun, ancien avocat d'Oppianicus. Il est plus probable que le *Mediceus* a raison, donnant un C. Quinctilius inconnu d'autre part.

(2) Cela semble la leçon commune à *M* et au *Cluniacensis.* L'homme aurait alors même nom qu'Oppianicus : est-ce vraisemblable ? On adopte en général Sex. Albius, leçon des *deteriores* : mais quelle en est l'autorité ?

mortem in Habitum sit crimen a matre quaesitum cognoscite.

175 Cum uagus et exsul erraret atque undique exclusus Oppianicus in Falernum se ad C. Quinctilium contulisset, ibi primum in morbum incidit ac satis uehementer diuque aegrotauit. Cum esset una Sassia et Statio Abbio quodam colono, homine ualenti, qui simul esse solebat familiarius uteretur quam uir dissolutissimus incolumi fortuna pati posset, et ius illud matrimoni castum atque legitimum damnatione uiri sublatum arbitraretur, Nicostratus quidam, fidelis Oppianici seruolus, percuriosus et minime mendax, multa dicitur renuntiare domino solitus esse. Interea Oppianicus cum iam conualesceret neque in Falerno improbitatem coloni diutius ferre posset et huc ad urbem profectus esset — solebat enim extra portam aliquid habere conducti — cecidisse ex equo dicitur et homo infirma ualetudine latus offendisse uehementer et, postea quam ad urbem cum febri uenerit, paucis diebus esse mortuus. Mortis *hui*us ratio, iudices, eius modi est ut aut nihil habeat suspicionis aut, si quid habet, id intra parietes in domestico scelere uersetur. LXIII **176** Post mortem eius Sassia statim moliri, nefaria mulier, coepit insidias filio ; quaestionem habere de uiri morte consti-

175 C. Quinctilium *Mμ* : L. Quinctium *αa* || et Statio *Mμ* : eaque sex. $b^2\psi^2a$ ea questio Σ (*ex* eaque St[at]io) || Abbio *Ma* : Albio *uulg.* || ualenti Σ*a* : ualente *Mμ* || pati posset : pati non possit Σ || quidam : quidem Σ || renuntiare domino *Mμ* : domino renuntiare Σ*a* || in Falerno improbitatem coloni *Mμ* : improbitatem coloni in Falerno Σ*a* || ex *Mμ* : de $\Sigma\psi^2a$ || mortis huius *scripsi* : mortisus *M* mortis *cett.*

176 statim moliri *Mμ* : moliri statim Σ*a*

à Aulus Rupilius, qui avait été le médecin d'Oppianicus, un certain Straton comme pour imiter ce qu'Habitus avait fait en achetant Diogène (1). Elle déclara qu'elle ferait mettre à la question ce Straton et un certain Ascla son esclave. En outre elle demanda au jeune Oppianicus ici présent, afin de lui faire subir la torture, ce petit esclave, Nicostratus, qu'elle jugeait avoir été trop bavard et trop fidèle à son maître. Oppianicus qui était alors un enfant (2), entendant dire qu'on ouvrait cette enquête sur la mort de son père, jugeait bien que cet esclave avait de l'affection pour lui, qu'il en avait eu pour son père, pourtant il n'osa rien refuser (3). On convoque les amis et les hôtes d'Oppianicus et ceux de sa femme (4) ; ils étaient nombreux, gens fort honorables et distingués sous tous les rapports. On procède à la question en usant de toutes les tortures les plus violentes. L'espoir et la peur poussaient les esclaves soumis à la question à faire quelque déclaration ; pourtant émus, je pense, par l'autorité des personnes rassemblées [et par la violence des supplices] (5), ils ont persisté à dire la vérité et déclaré qu'ils ne savaient rien. **177** Sur l'avis des amis on suspendit pour ce jour la question. Après un intervalle assez long on les convoque de nouveau. On recommence à procéder à la question. On ne néglige la violence d'aucune des tortures les plus pénibles. Les personnes convoquées en marquent de la répugnance ;

(1) Cf. *supra*, § 47.

(2) Sur l'âge d'Oppianicus le jeune, cf. l'Introduction p. 13.

(3) Cicéron nous présente ce personnage comme timide et effacé. Cf. *supra*, p. 158, n. 1.

(4) Ainsi Sex. Roscius (*Pro Rosc. Am.*, 77) veut avec le concours de ses amis demander deux esclaves de son père à T. Roscius qui les détenait et leur faire donner la question.

(5) *Vi tormentorum* des mss. est-il ironique (CLASSEN) ? Il vaut mieux avec HALM l'exclure du texte.

tuit. Emit de A. Rupilio quo erat usus Oppianicus medico Stratonem quendam, quasi ut idem faceret quod Habitus in emendo Diogene fecerat. De hoc Stratone et de Ascla quodam seruo suo quaesituram esse dixit. Praeterea seruo*lu*m illum Nicostratum quem nimium loquacem fuisse ac nimium domino fidelem arbitrabatur ab hoc adulescente Oppianico in quaestionem postulauit. Hic cum esset illo tempore puer et illa quaestio de patris sui morte constitui diceretur, etsi illum seruum et sibi beniuolum esse et patri fuisse arbitrabatur, nihil tamen est ausus recusare. Aduocantur amici et hospites Oppianici et ipsius mulieris multi, homines honesti atque omnibus rebus ornati. Tormentis omnibus uehementissimis quaeritur. Cum essent animi seruorum et spe et metu temptati ut aliquid in quaestione dicerent, tamen, ut arbitror, auctoritate aduocatorum adducti in ueritate manserunt neque se quicquam scire dixerunt. **177** Quaestio illo die de amicorum sententia dimissa est. Satis longo interuallo post iterum aduocantur. Habetur de integro quaestio ; nulla uis tormentorum acerrimorum praetermittitur ; auersari aduocati et iam uix ferre posse, furere crudelis atque importuna mulier sibi

176 Rupilio : Rutilio Σ*s* || *Post* Stratonem *defic.* *M*σ *usque ad* [uirorum honestissi]morum § 182, *lac. supplet* Σ *in pag. dimidiata* : *supplem. in textu habent b*χψ*a* || Ascla Σ*t* : Asela (c *supra* s) ψ[2]*s* assecla *b*χ || seruolum illum *scripsi* : seruọ (u *supra* ọ) millum Σ *cum duarum litt. lac.* seruum illum *cett.* || uehementissimis : uehementissime *a* || aduocatorum *Halm* : aduocatorum et ui tormentorum *codd.* *an* et non ui tormentorum ?

177 dimissa *b*[2]χψ[2] : demissa *cett.* || auersari *t* *Manutius* : aduersarii *cett.* || et iam *Manutius* : etiam *codd.*

elles ne peuvent plus l'endurer qu'avec peine. Cette femme cruelle et emportée est prise de rage à l'idée que ce qu'elle avait imaginé ne produisait pas du tout l'effet attendu. Le bourreau, les instruments mêmes du supplice étaient déjà lassés, sans qu'elle voulût y mettre fin. Alors un des amis convoqués, personnage distingué par les honneurs du peuple et doué du plus haut mérite, déclara bien comprendre qu'il ne s'agissait pas de découvrir la vérité mais d'extorquer une fausse déclaration. Les autres approuvèrent ce propos et de l'avis général il fut décidé qu'on estimait l'enquête assez approfondie. **178** On rend Nicostratus à Oppianicus. Sassia de son côté part pour Larinum avec ses esclaves, consternée à la pensée que son fils était désormais tiré d'affaire, puisqu'il n'y avait pas une accusation fondée, pas même un soupçon mensonger qui l'atteignaient et puisque les attaques ouvertes de ses ennemis et même les manœuvres cachées de sa mère n'avaient pu lui nuire. Venue à Larinum, elle qui avait fait semblant d'être persuadée que ce Straton avait jadis empoisonné son mari, elle lui donna soudain à Larinum une boutique pourvue et munie de tout le nécessaire pour y exercer la médecine. **LXIV 179** Il y avait un an, deux ans, trois ans que Sassia se tenait tranquille ; on pouvait penser qu'elle désirait et souhaitait attirer quelque malheur sur son fils plutôt qu'elle ne s'y employait et qu'elle n'y travaillait. Alors, entre tant, sous le consulat de Quintus Hortensius et de Quintus Metellus (1), elle voulut amener à son accusation d'aujourd'hui notre Oppianicus qui avait d'autres pensées et ne songeait à rien de tel, en le fiançant malgré lui à sa fille, celle qu'elle avait eue de son gendre, afin de le lier par ce mariage, de l'enchaîner en même temps par l'espoir de son testament et de l'avoir ainsi à sa discrétion. Juste

(1) Quintus Hortensius et Quintus Caecilius Metellus Creticus, consuls en 69.

nequaquam ut sperasset ea quae cogitasset procedere. Cum iam tortor atque essent tormenta ipsa defessa neque tamen illa finem facere uellet, quidam ex aduocatis, homo et honoribus populi ornatus et summa uirtute praeditus, intellegere se dixit non id agi ut uerum inueniretur sed ut aliquid falsi dicere cogerentur. Hoc postquam ceteri comprobarunt, ex omnium sententia constitutum est satis uideri esse quaesitum. **178** Redditur Oppianico Nicostratus, Larinum ipsa proficiscitur cum suis maerens quod iam certe incolumem filium fore putabat, ad quem non modo uerum crimen sed ne ficta quidem suspicio perueniret, et cui non modo aperta inimicorum oppugnatio sed ne occultae quidem matris insidiae nocere potuissent. Larinum postquam uenit, quae a Stratone illo uenenum antea uiro suo datum sibi persuasum esse simulasset, instructam ei continuo et ornatam Larini medicinae exercendae causa tabernam dedit. LXIV Vnum, alterum, tertium annum Sassia quiescebat, ut uelle atque optare aliquid calamitatis filio potius quam id struere et moliri uideretur. **179** Tum interim *Q.* Hortensio Q. Metello consulibus ut hunc Oppianicum aliud agentem ac nihil eius modi cogitantem ad hanc accusationem detraheret inuito despondit ei filiam suam, illam quam ex genero susceperat, ut eum nuptiis adligatum simul et testamenti spe deuinctum

177 essent tormenta : tormenta essent *Ernesti. Suspicor post* tortor *aliquid* (*an* deficeret ?) *intercidisse*

178 non modo uerum : non modo in uerum Σ || a Stratone (-nem Σ) Σb^1χψ^1 : Stratonem ψ^2*t* per Stratonem b^2s || illo : illud ψ^2

179 Q. Hortensio *Orelli* : Hortensio *codd.* || aliud *Sylvius* : aliquid *codd.*

à ce moment ou à peu près, ce médecin Straton, dont j'ai parlé, commit chez elle le vol et le meurtre que voici. Il y avait dans la maison une armoire où il savait se trouver une grande quantité de pièces de monnaie et d'or brut. Donc une nuit il mit à mort pendant leur sommeil deux de ses compagnons de servitude et les jeta dans un vivier. Il scia lui-même le fond de l'armoire et emporta une somme de ... (1) sesterces et cinq livres d'or ; un des esclaves, un tout jeune enfant, était son complice. **180** Le lendemain, quand on s'aperçut du vol, tous les soupçons se portaient sur les esclaves que l'on ne revoyait pas. En remarquant le fond ouvert dans l'armoire, les gens se demandaient, surpris, comment cela avait pu se faire. Un des amis de Sassia se souvint que dans une enchère il avait vu naguère parmi les menus objets vendre une petite scie dont toutes les dents formaient des crochets et qui était elle-même recourbée (2) : avec elle, on avait pu, semblait-il, opérer cette ouverture circulaire. Bref on s'informe auprès des receveurs des ventes, on découvre que la petite scie avait été adjugée à Straton. Les soupçons prenant ainsi naissance, Straton est ouvertement mis en cause ; le jeune esclave complice prit peur et dénonça toute l'affaire à sa maîtresse. On découvrit les cadavres dans la piscine. Straton fut jeté dans les fers. On retrouve en outre dans sa boutique les pièces d'argent, mais non pas toutes, il s'en fallait. **181** On ouvre une enquête pour vol et en effet qu'aurait-on pu soupçonner d'autre ? Ou soutenez-vous qu'après une armoire forcée,

(1) Il y a évidemment une lacune dans Σ, mais il est vain de vouloir chercher à la combler.

(2) On a pensé à une sorte de vilebrequin. Cf. les dessins de Fausset, (p. 207) et de Peterson (p. 169) ; voir Davies, *Hermathena*, II, p. 401 ; S. G. Owen, *Classical Review* (1889), p. 374 ; W. Y. Fausset, *ibid.*, p. 469.

poss*e*t habere in potestate. Hoc ipso fere tempore Strato ille medicus domi furtum fecit et caedem eius modi. Cum esset in aedibus armarium in quo sciret esse nummorum aliquantum et auri, noctu duos conseruos dormientis occidit in piscinamque deiecit; ipse armari fundum exsecuit et sestertiorum... et auri quinque pondo abstulit uno ex seruis puero non grandi conscio. **180** Furto postridie cognito omnis suspicio in eos seruos qui non comparebant commouebatur. Cum exsectio illa fundi in armario animaduerteretur, homines quonam modo fieri potuisset *mirarentur*, quidam ex amicis Sassiae recordatus est se nuper in auctione quadam uidisse in rebus minutis aduncam ex omni parte dentatam et tortuosam uenire serrulam qua illud potuisse ita circumsecar*i* uideretur. Ne multa, perquiritur a coactoribus, inuenitur ea serrula ad Stratonem peruenisse. Hoc initio suspicionis orto et aperte insimulato Stratone puer ille conscius pertimuit, rem omnem dominae indicauit; homines in piscina inuenti sunt, Strato in uincula coniectus est, atque etiam in taberna eius nummi, nequaquam omnes, reperiuntur. **181** Constituitur quaestio de furto. Nam quid quisquam suspicari aliud potest ? An hoc dicitis, armario expilato, pecunia

Test. **180** ex omni... serrulam PRISCIANUS (GL II 113, 18)

179 posset *Manutius* : possit *codd.* || piscinamque : spicinamque Σ || sestertiorum : HS x *Manutius* sestertium CL *Gronouius*

180 cognito : ognito *B* cogniti Σ || armario : armarium Σ || mirarentur *scripsi* : *om.* Σ *codd. alii* (quaerebant (*post* homines) $\psi^2 a$ requirebant *Zielinski)* || dentatam *Priscian.* : dentum (-tium *t*) *codd.* || serrulam : serrolam Σ*Bb*ψ^1 || qua illud : quam illud Σ*b* || potuisse : potuisset Σ || circumsecari *Angelius* : circumsecare (-ret Σ) *codd.*

de l'argent emporté, sans qu'on ait pu tout recouvrer, des hommes assassinés, la poursuite qu'on institue a trait à la mort d'Oppianicus ? A qui le faites-vous croire ? Qu'auriez-vous pu alléguer de plus invraisemblable ? Et encore, pour ne rien dire du reste, était-ce trois ans après cette mort d'Oppianicus qu'on enquêtait à son sujet ? Et pourtant brûlant de sa haine ancienne, elle va jusqu'à demander sans le moindre motif qu'on fasse mettre à la question le même Nicostratus. Oppianicus commença par refuser, puis devant ses menaces de lui reprendre sa fille, de refaire son testament, on l'a vu non pas renvoyer à la question mais bien livrer pour le supplice l'esclave le plus fidèle à la plus cruelle des femmes. LXV **182** Voilà dans quelles conditions trois ans après on mettait en mouvement une enquête (1) sur la mort du mari. Et sur quels esclaves y procédait-on ? Des faits nouveaux, j'imagine, leur ont été reprochés ; de nouvelles personnes ont été soupçonnées ? Non, c'est sur Straton et sur Nicostratus. Eh quoi ! ne les avait-on pas à Rome livrés à la question ? Est-ce bien ainsi ? Une femme que désormais égarait non plus la maladie mais son crime, alors qu'elle avait à Rome fait donner la question, alors qu'il avait été décidé, sur l'avis de Titus Annius, de Lucius Rutilius, de Publius Saturius et des autres, ces personnages très honorables (2), que la question paraissait poussée assez loin, pour le même fait, trois ans après, à l'égard des mêmes hommes, sans avoir convoqué je ne dis pas personne de peur que vous n'alliez répondre que le paysan s'est trouvé là, mais personne d'honorable, tu entrepris de faire procéder à la question pour frapper ton fils. **183** Ou dites-vous

(1) Pour le sens de *quaerere* ici (enquêter par les moyens de la torture), cf. *Pro Rosc. Amer.*, 120 : « *Si quaeritur de Sex. Roscii seruis, non in dominum quaeritur.* »

(2) Inconnus. Titus Annius est peut-être le personnage nommé § 78. Mais Publius Saturius est-il (FRUECHTEL) le juge mentionné § 107 ?

ablata, non omni reciperata, occisis hominibus institutam esse quaestionem de morte Oppianici? cui probatis? quid est quod minus ueri simile proferre potuistis? deinde, ut omittam cetera, triennio post mortem Oppianici de eius morte quaerebatur? Atque etiam incensa odio pristino Nicostratum eundem illum tum sine causa in quaestionem postulauit. Oppianicus primo recusauit. Postea cum illa abducturam se filiam, mutaturam esse testamentum minaretur, mulieri crudelissimae seruum fidelissimum non in quaestionem *de*tulit sed plane ad supplicium ded*id*it. LXV **182** Post triennium igitur agitata denu*o* quaestio de uiri morte habebatur. *A*t de quibus seruis habebatur? noua, credo, res obiecta, noui quidam homines in suspicionem uocati sunt. De Stratone et de Nicostrato. Quid? Romae quaesitum de istis hominibus non erat? Itane tandem, mulier iam non morbo sed scelere furiosa, cum quaestionem habuisses Romae, cum de T. Anni, L. Rutili, P. Saturi, ceterorum uirorum honestissimorum sententia constitutum esset satis quaesitum uideri, eadem de re triennio post isdem de hominibus nullo adhibito non dicam uiro, ne colonum forte adfuisse dicatis, sed bono uiro, in fili caput quaestionem habere conata es? **183** An hoc dici-

Test. **181** sed plane ad supplicium dedidit Arusianus Messius (GL VII, 466, 1)

181 reciperata $\Sigma^1\psi^1a$: recuperata Σ^2 *cett.* || potuistis : possitis *Madvig* || cum *Lambinus* : quam *codd.* || detulit *Mommsen* : tulit *codd.* || dedidit *Arusian.* : dedit *codd.*.

182 denuo *Halm* : denique *codd.* || At *Lambinus* : et *codd.* || seruis habebatur : seruis *Clark* || *Inde a* -morum sententia *redeunt* $M\mu$ || uirorum honestissimorum *scripsi* $M\mu$ *secutus* : honestissimorum uirorum Σa || conata es $M\psi^2a$: conata est μ

ceci (car je songe à ce qu'on peut dire, même si cela n'a pas été dit encore (1), souvenez-vous en !) : tandis qu'on le mettait à la question pour le vol, Straton a fait un aveu relatif à l'empoisonnement ? C'est de cette seule façon, Juges, que souvent la vérité vient à la surface quand elle a été maintenue au fond par la méchanceté de beaucoup de gens, que la défense d'un innocent retrouve la vie quand elle a été étouffée : en effet ceux qui ont de la ruse pour le mal n'ont pas autant d'audace que d'imagination, ou ceux dont l'audace se fait jour et va de l'avant (2), sont abandonnés par les conseils de la méchanceté. Si l'astuce avait de la hardiesse ou si l'audace avait de la ruse, on trouverait malaisément un moyen de leur tenir tête. Est-ce que le vol n'a pas eu lieu ? Mais rien ne fit plus de bruit à Larinum. Les soupçons ne se sont-ils pas portés sur Straton ? Mais le trait de la petite scie permit de l'incriminer et il fut dénoncé par le jeune esclave son complice. Ou ne fut-ce pas là l'objet de l'interrogatoire ? Alors quel autre motif y avait-il d'y procéder ? Ou, ce qu'il vous faut dire et ce qu'alors Sassia répétait, est-ce que pendant l'interrogatoire mené sur le vol Straton sans subir d'autres supplices a parlé de l'empoisonnement ? **184** Voilà bien ce que j'ai dit tantôt. Cette femme est riche d'audace, mais pauvre de réflexion et de calcul ; car on produit plusieurs tablettes relatives à l'interrogatoire (3). On en a donné lecture ; on vous les a communiquées, ces tablettes qu'elle déclare avoir été scellées à ce moment-là. Or on n'y trouve pas une ligne qui parle

(1) *Ab hoc*, leçon du *Cluniacensis*, se rapporterait à Attius, mais cela n'a pas besoin d'être précisé. *Adhuc*, leçon de *M*, est préférable.

(2) Pour ce sens de *proiectus*, *Verr.*, II, 1, 2 ; *De dom.*, 115 ; *De rep.*, III, 11.

(3) Ces procès-verbaux de la question infligée à Straton ont été ensuite scellés par les divers *aduocati* mentionnés § 182.

tis — mihi enim uenit in mentem quid dici possit, tametsi adhuc non esse hoc dictum mementote — cum haberetur de furto quaestio, Stratonem aliquid de ueneno esse confessum ? Hoc uno modo, iudices, saepe multorum improbitate depressa ueritas emergit et innocentiae defensio interclusa respirat, quod aut ei qui ad fraudem callidi sunt non tantum audent quantum excogitant, aut ei quorum eminet audacia atque proiecta est a consiliis malitiae deseruntur. Quod si aut confidens astutia aut callida esset audacia, uix ullo obsisti modo posset. Vtrum furtum factum non est ? At nihil clarius Larini fuit. An ad Stratonem suspicio non pertinuit ? At is et ex serrula insimulatus et a puero conscio est indicatus. An id actum non est in quaerendo ? Quae fuit alia igitur causa quaerendi ? An id quod dicendum uobis est, et quod tum Sassia dictitauit : cum de furto quaereretur, tum Stratonem isdem in tormentis dixisse de ueneno ? **184** En hoc illud est quod ante dixi : mulier abundat audacia, consilio et ratione deficitur. Nam tabellae quaestionis plures proferuntur quae recitatae *u*obisque editae sunt, illae ipsae quas tum obsignatas esse dixit ; in quibus tabellis de furto littera nulla

Test. **184** mulier abundat audacia PRISCIANUS (GL, III, 216, 25), ARUSIANUS (GL VII, 449, 7)

183 possit Σ*a* : posset *M*μ || adhuc *M*μ : ab hoc *αa* || esse hoc : hoc *om.* *M*μ*a* || ad fraudem *M*μ : in fraudem Σ*s* || posset : possit Σ*b* || Larini fuit *M*μ : Larini Σ*a* || insimulatus : insimulato *M* || alia igitur *M*μς : igitur alia Σψ²*a* || dicendum uobis *M*μ : uobis dicendum Σ*a* || Stratonem... dixisse *αa* : Strato... dixit *M*μ

184 En *M*μ : item *αa* hem *Clark* em *A. Klotz* || hoc :hic Σ || deficitur : defigitur *M* || uobisque *Angelius* : nobisque *M*μ*a* || ipsae : istae Σ || in quibus Σ *a* : de quibus *M*μ || littera nulla *M*μ: nulla littera *αa*

du vol. Sassia n'a pas eu l'idée de rédiger une première déclaration (1) de Straton relative au vol, puis d'y ajouter sur l'empoisonnement quelque aveu qui ne semblerait pas avoir été sollicité à dessein, mais arraché par la torture. L'enquête porte sur le vol ; car tout soupçon d'un empoisonnement a été déjà réduit à néant par l'enquête antérieure et c'est ce que précisément cette même femme avait prononcé : elle qui à Rome sur l'avis de ses amis avait jugé l'enquête assez poussée et qui pour cette raison dans les trois ans qui suivirent avait choyé ce Straton plus qu'aucun de ses esclaves, l'avait honoré, pourvu de toutes sortes d'avantages. **185** Ainsi donc l'enquête portait sur le vol, sur un vol dont cet homme était l'auteur sans discussion possible et pourtant cet homme n'a pas dit un mot de ce qui était l'objet de son interrogatoire ? Dès le début il a parlé de l'empoisonnement, du vol il n'a pas dit un mot, sinon là où il l'aurait dû, pas même au terme ou au milieu ou enfin à un moment quelconque de l'interrogatoire. LXVI Dès maintenant vous voyez bien, Juges, que cette femme impie, de la même main dont elle aimerait tuer son fils si on lui en donnait les moyens, a rédigé cet interrogatoire supposé. Et cet interrogatoire toujours, dites, qui y a apposé le sceau ? Donnez-nous un seul nom ; vous n'en trouverez aucun, sauf peut-être celui d'un individu dont la mention me paraîtrait plus avantageuse, qu'un silence complet. (2) **186** Que dis-tu, Titus Attius ? Est-ce toi qui viendrais devant un tribunal avec des menaces contre une tête,

(1) Les mss. ont *orationem* qui n'est pas très naturel ou *in ratione*. La correction proposée par Clark, mais non introduite dans son texte, est séduisante, sans pourtant s'imposer.

(2) Il s'agit sans doute toujours du *colonus*, amant de Sassia, dont il a été question § 182.

inuenitur. Non uenit in mentem primum orationem Stratonis conscribere de furto, post aliquod adiungere dictum de ueneno quod non percontatione quaesitum sed dolore expressum uideretur. Quaestio de furto est, ueneni iam suspicione superiore quaestione sublata; quod ipsum haec eadem mulier iudicarat quae, ut Romae de amicorum sententia statuerat satis esse quaesitum, postea per triennium maxime ex omnibus seruis Stratonem illum dilexerat, in honore habuerat, commodis omnibus adfecerat. **185** Cum igitur de furto quaereretur, et eo furto quod ille sine controuersia fecerat, tum ille de eo quod quaerebatur uerbum nullum fecit? de ueneno statim dixit, de furto si non eo loco quo debuit, ne in extrema quidem aut media aut in aliqua denique parte quaestionis uerbum fecit ullum? LXVI Iam uidetis illam nefariam mulierem, iudices, eadem manu qua, si detur potestas, interficere filium cupiat, hanc fictam quaestionem conscripsisse. Atque istam ipsam quaestionem dicite qui obsignarit unum aliquem nominatim. Neminem reperietis, nisi forte eius modi hominem quem ego proferri malim quam neminem nominari. **186** Quid ais, T. Atti? tu periculum capitis, tu indicium sceleris, tu fortunas alterius litteris conscriptas in iudi-

184 primum *αa* : primam *Mμ* || orationem *Mμ* : in ratione Σ in oratione *b*[2]*ψs* narrationem *Clark* || aliquid (-quod *Mψ*[2]) adiungere dictum *Mμ* : aliquod dictum adiungere Σ*a* || dolore *Mμ* : per dolorem Σ*ψ*[1]*a* || suspicione *Mμ* : suspicio Σ*a* || ipsum : ipsa Σ*a* || illum : illum ut Σ

185 in aliqua *Mμ* : aliqua Σ*a* || qui *Baiter* : quis *Mμa* || obsignarit : obsignauit *μσ*, *ed. V.* || nominatim Σ*a* : nominat. *Mσ* nominate *bψ*

186 T. *om.* Σ

avec la dénonciation d'un crime, avec un écrit qui mettrait en jeu la destinée d'un autre et tu ne nommeras pas un garant de cet écrit, quelqu'un qui l'aura scellé, ni personne qui serve de témoin ? Et au fléau que tu seras allé chercher contre un fils dans le sein de sa mère, des hommes tels que ceux-ci donneront leur approbation ? — Soit ! Il n'y a dans ces tablettes rien qui mérite crédit. — Eh quoi ! l'interrogatoire lui-même, pourquoi n'est-ce pas aux juges, n'est-ce pas aux amis et aux hôtes d'Oppianicus qu'elle avait fait venir la fois précédente, n'est-ce pas à ce moment présent enfin qu'on l'a réservé ? Qu'a-t-on fait de ces hommes, de Straton et de Nicostratus ? **187** Je te le demande, Oppianicus, qu'a-t-on fait selon toi de ton esclave Nicostratus, lui que, ayant l'intention d'accuser avant peu mon client, tu aurais dû amener à Rome, mettre en état de faire des révélations, enfin garder précieusement pour l'interrogatoire, pour les juges que voici, pour le moment présent ? Quant à Straton, Juges, apprenez qu'il a été conduit à la croix la langue coupée. Il n'est aucun des Larinates qui ne le sache (1). Cette femme insensée n'a redouté ni sa propre conscience, ni l'aversion de ses concitoyens, ni l'opinion publique, mais, comme si tous ne devaient pas être les témoins de son crime, ce qu'elle a craint, c'est d'être condamnée par les dernières paroles d'un humble esclave expirant. **188** Quel prodige, est-ce là, Dieux Immortels ? Quel monstre semblable trouve-t-on quelque part ? Quel être criminel aussi odieux et aussi barbare, né en quel pays, pourrions-nous indiquer ? (2) Car maintenant, cela est sûr, vous voyez, Juges, que ce n'est pas sans des

(1) Le dénouement de cette affaire montre que les municipes gardaient encore, même après la législation de Sulla leur juridiction criminelle propre. Cf. Greenidge, *op. laud.*, p. 407.

(2) Cprer. pour l'emphase *Pro Rosc. Am.*, 63.

cium adferas neque earum auctorem litterarum neque obsignatorem neque testem ullum nominabis ? et quam tu pestem innocentissimo filio ex matris sinu deprompseris, hanc hi tales uiri comprobabunt ? Esto, in tabellis nihil est auctoritatis ; quid ? ipsa quaestio iudicibus, quid ? amicis hospitibusque Oppianici quos adhibuerat antea, quid ? huic tandem ipsi tempori cur non reseruata est ? Quid istis hominibus factum est, Stratone et Nicostrato ? **187** Quaero abs te, Oppianice, seruo tuo Nicostrato quid factum esse dicas, quem tu, cum hunc breui tempore accusaturus esses, Romam deducere, dare potestatem indicandi, incolumem denique seruare quaestioni, seruare his iudicibus, seruare huic tempori debuisti. Nam Stratonem quidem, iudices, in crucem esse actum esse exsecta scitote lingua ; quod nemo est Larinatium qui nesciat. Timuit mulier amens non suam conscientiam, non odium municipum, non famam omnium, sed, quasi non omnes eius sceleris testes essent futuri, sic metuit ne condemnaretur extrema seruoli uoce morientis.

188 Quod hoc portentum, di immortales ! quod tantum monstrum in ullis locis, quod tam infestum scelus et immane aut unde natum esse dicamus ? Iam enim uidetis profecto, iudices, non sine necessariis me ac

186 adferas : afferes Σ, *ed. Mediol.* || ex *M*μ : de αa || hi : ii Σ || comprobabunt : comprobarunt Σ || quos : quod Σ*s* || reseruata *M*μ : seruata Σ*a* || Stratone : Stratoni Σ

187 abs te, Oppianice : te ab Oppianici Σ || indicandi Σ*a* : iudicandi *M*μ || quaestioni seruare : seruare *M*σ || actum esse *M*μ : esse actum Σ*a* || est Larinatium *M*μ : Larinatium est Σ*a* || municipum : municipium *M* || seruuli (-ili *M*σ) *M*μ : serua Σ serui *a*

188 ullis : illis Σ*b*[1]*s*

motifs impérieux et considérables que j'ai au début de mon discours parlé de la mère : il n'est en effet point de mal, point de crime, que dès le début elle n'ait voulu, souhaité, médité, exécuté contre son fils. J'omets la première de ses offenses, sa passion coupable ; j'omets son mariage impie avec un gendre ; j'omets une fille chassée du lit nuptial par les désirs de sa mère. Tout cela ne tendait pas encore à mettre mon client en danger, mais à déshonorer toute la famille. Je ne me plains pas de son second mariage avec Oppianicus (1), dont elle voulut comme gage la mort de ses fils avant d'entrer comme son épouse (2) pour la douleur de la famille et le sort fatal de ses beaux-fils. J'omets le fait qu'ayant appris le rôle d'Oppianicus dans la proscription et le meurtre d'Aulus Aurius dont elle était devenue peu auparavant la femme après avoir été sa belle-mère, elle choisit pour y établir la demeure et la résidence de son nouveau foyer la maison où elle pouvait voir chaque jour ce qui dénonçait la mort de ce premier mari et les dépouilles de ses biens. **189** Ce que je déplore, c'est d'abord ce crime qui vient enfin aujourd'hui d'être mis en lumière, l'empoisonnement préparé par les Fabricius. Ce qui dans le moment où le fait était encore tout récent, si les autres l'ont soupçonné, a paru incroyable à mon client, aujourd'hui est désormais manifeste et évident aux yeux de tous : sa mère n'a certainement pas été tenue dans l'ignorance de cet empoisonnement ; Oppianicus n'a rien médité sans les conseils de sa femme. Si le contraire était vrai, certainement dans la suite quand l'affaire fut découverte, on l'aurait vue non s'éloigner comme d'un mari criminel, mais bien le fuir comme l'ennemi le plus cruel et aban-

(1) En réalité son troisième mariage. Avant d'être la femme d'Aurius Melinus, elle avait été celle du père de Cluentius.

(2) Il faut garder *innupsit*, leçon de *M*. *Innubere*, « entrer dans une famille par le mariage » est attesté d'autre part dès Tite-Live.

maximis causis principio orationis meae de matre dixisse. Nihil est enim mali, nihil sceleris quod illa non ab initio filio uoluerit, optauerit, cogitauerit, effecerit. Mitto illam primam libidinis iniuriam, mitto nefarias generi nuptias, mitto cupiditate matris expulsam ex matrimonio filiam, quae nondum ad huiusce uitae periculum sed ad commune familiae dedecus pertinebant. Nihil de alteris Oppianici nuptiis queror, quarum illa cum obsides filios ab eo mortuos accepisset, tum denique in familiae luctum atque in priuignorum funus innupsit. Praetereo quod A. Aurium cuius illa quondam socrus, paulo antea uxor fuisset, cum Oppianici esse opera proscriptum occisumque cognosset, eam sibi domum sedemque delegit in qua cotidie superioris uiri mortis indicia et spolia fortunarum uideret. **189** Illud primum queror de illo scelere quod nunc denique patefactum est, Fabriciani ueneni, quod iam tum recens suspiciosum ceteris, huic incredibile, nunc uero apertum iam omnibus ac manifestum uidetur : non est profecto de illo ueneno celata mater ; nihil est ab Oppianico sine consilio mulieris cogitatum ; quod nisi esset, certe postea deprehensa re non illa ut ab uiro improbo discessisset sed ut a crudelissimo hoste fugisset domumque illam

Test. **189** domumque... affluentem ARUSIANUS MESSIUS (GL VII, 457, 8)

188 innupsit $M\mu$: nupsit *cett.* || quod A. *t* : quodam Σ quod M. *s* quod $M\mu$ || Aurium : Aurum Σ || antea $M\sigma$: ante *uulg.* || cognosset σ : cognoscet $M\mu a$ || sedemque : sedemque coniugii μ (Σ ?) sedemque cognoste σ

189 de Σa : ab $M\mu$ || quod nisi $M\mu$: quod si Σa || ab improbo uiro $M\mu$: a uiro improbo Σa || discessisset : decessisset Σs

donner pour toujours cette maison qui débordait de tous les crimes. **190** Or non seulement elle ne l'a pas fait, mais depuis ce jour elle n'a laissé passer aucune occasion d'ourdir quelque machination et, mère qu'elle était, de méditer jour et nuit en y appliquant tout son esprit la perte de son fils. Pour encourager l'Oppianicus qui est ici à l'accuser, elle a commencé par le lier grâce à des cadeaux et à des présents, en lui donnant sa fille, en lui faisant espérer son héritage. LXVII Aussi n'est-ce pas comme ailleurs, où quand des haines nouvelles surgissent entre proches parents, nous voyons souvent se produire des divorces et se dissoudre des alliances : ici cette femme a cru qu'il n'y aurait pas contre son fils d'accusateur assez décidé, si ce n'est l'homme qui en aurait auparavant épousé la sœur. Les autres, séduits par des alliances nouvelles, souvent renoncent aux vieilles inimitiés ; elle, elle a cru que pour sceller ses inimitiés elle trouverait un gage en formant de nouvelles alliances (1). **191** Et ses soins ne se sont pas bornés à susciter un accusateur contre son fils ; elle a même songé aux armes qu'elle lui donnerait. De là viennent en effet ces tentatives pour gagner des esclaves par des menaces et par des promesses, de là ces enquêtes sans fin et si cruelles sur la mort d'Oppianicus (2). Pour les arrêter un jour il n'y eut à défaut de la modération de cette femme que l'autorité de ses amis. Trois ans après, la même scélératesse inspira ces enquêtes auxquelles on procéda à Larinum ; de la même folie découlèrent les procès-verbaux mensongers des interrogatoires ; la même rage alla jusqu'à provoquer ce crime de couper la langue à un esclave (3). Bref c'est elle

(1) Cicéron veut montrer que tout est paradoxalement monstrueux dans le comportement de cette mère acharnée contre son fils.

(2) Cf. *supra*, § 176 et suiv.

(3) Cf. *supra*, § 182 et suiv.

in perpetuum scelere omni adfluentem reliquisset. **190** Non modo id non fecit sed ab illo tempore nullum locum praetermisit in quo non instrueret insidias aliquas ac dies omnis ac noctes tota mente mater de pernicie fili cogitaret. Quae primum ut illum confirmaret Oppianicum accusatorem filio suo, donis, muneribus, conlocatione filiae, spe hereditatis obstrinxit. LXVII Ita quod apud ceteros nouis inter propinquos susceptis inimicitiis saepe fieri diuortia atque adfinitatum discidia uidemus, haec mulier satis firmum accusatorem filio suo fore neminem putauit, nisi qui in matrimonium sororem eius ante duxisset. Ceteri nouis adfinitatibus adducti ueteres inimicitias saepe deponunt ; illa sibi ad confirmandas inimicitias adfinitatis coniunctionem pignori fore putauit. **191** Neque in eo solum diligens fuit ut accusatorem filio suo compararet sed etiam cogitauit quibus eum rebus armaret. Hinc enim illae sollicitationes seruorum et minis et promissis, hinc illae infinitae crudelissimaeque de morte Oppianici quaestiones, quibus finem aliquando non mulieris modus sed amicorum auctoritas fecit. Ab eodem scelere illae triennio post habitae Larini quaestiones, eiusdem amentiae falsae conscriptiones quaestionum ; ex eodem furore etiam illa conscelerata exsectio linguae ; totius denique

189 scelere omni *M*μ *Arusian.* : scelere omnium Σ
190 instrueret *M*μ : strueret (filio *add. t*) Σ*a* || ac noctes *M*μ : atque noctes Σ*a* || tota Σ*b*²*a* : totas *M*μ || Oppianicum *om.* Σ || adfinitatum (-tem *t*) Σ*a* : infimum *M*μ (*an ex* intimorum ?) affinium σ in finem μ || uidemus *M*μ : uidimus Σ*b*ψ*a* || ante *M*μ : antea Σ*a* || adfinitatis coniunctionem : adfinitates coniunctiones Σ

qui a imaginé et concerté les moyens de préparer toute cette accusation. **192** Et quand elle eut elle-même envoyé à Rome contre son fils un accusateur qu'elle avait ainsi armé, elle resta quelque temps à Larinum pour se procurer et pour acheter des témoins. Puis quand elle reçut la nouvelle que le procès de mon client était proche, aussitôt elle courut ici dans la crainte que le zèle ne vînt à manquer aux accusateurs ou l'argent aux témoins, ou encore dans la crainte que son cœur de mère n'allât perdre peut-être ce spectacle, tant désiré par elle, des haillons, du deuil, de la misère de mon client. LXVIII Mais comment vous représentez-vous le voyage de cette femme à Rome ? Mon voisinage avec les Aquinates et les Fabraternes m'a permis d'en entendre parler, de l'apprendre par bien des gens (1). Quel concours de population il y eut dans les villes, quels gémissements hommes et femmes poussaient à l'idée qu'une femme partait de Larinum, et que, depuis la mer Adriatique, elle accourait jusqu'à Rome avec une escorte nombreuse et beaucoup d'argent, afin de pouvoir plus facilement accabler, écraser son fils par un jugement qui frapperait la tête de celui-ci ! **193** Parmi eux, il n'y avait, je dirais, à peu près personne qui n'estimait que les lieux de son passage devaient être purifiés, qui n'estimait que la terre même, cette mère de tous les êtres, était souillée par les pas d'une mère criminelle. Aussi ne lui a-t-on permis de s'arrêter dans aucune ville ; de tant d'hôtes qu'elle avait il ne s'en est trouvé aucun qui n'ait fui la contagion de sa vue. Elle

(1) Sassia a dû passer par Bovianum et Aesernia, rejoindre la Via Latina et la suivre ensuite jusqu'à Rome. Aquinum et Fabraterne sont situés sur la Via Latina, l'un à onze, l'autre à sept milles d'Arpinum. *Fabraternorum* est une correction de l'*Afraternorum* des mss., plus probable qu'*Alfaternorum* (GRUTER) ou *Venafraternorum* (VICTORIUS).

huius ab illa est et inuenta et adornata comparatio criminis. **192** Atque his rebus cum instructum accusatorem filio suo Romam ipsa misisset, paulisper conquirendorum et conducendorum testium causa Larini est commorata ; postea autem cum appropinquare huius iudicium ei nuntiatum est, confestim huc aduolauit ne aut accusatoribus diligentia aut pecunia testibus deesset, aut ne forte mater hoc sibi optatissimum spectaculum huius sordium atque luctus et tanti squaloris amitteret. LXVIII Iam uero quod iter Romam eius mulieris fuisse existimatis ? quod ego propter uicinitatem Aquinatium et *Fab*raternorum ex multis audiui et comperi ; quos concursus in his oppidis, quantos et uirorum et mulierum gemitus esse factos ? Mulierem quandam Larino aduolare atque illam usque a mari supero Romam proficisci cum magno comitatu et pecunia quo facilius circumuenire iudicio capitis atque opprimere filium posset ? **193** Nemo erat illorum, paene dicam, quin expiandum illum locum esse arbitraretur quacumque illa iter fecisset, nemo quin terram ipsam uiolari quae mater est omnium uestigiis conscelerataе matris putaret. Itaque nullo in oppido consistendi potestas ei fuit, nemo ex tot hospitibus inuentus est qui non contagionem aspectus

191 huius *M*μ : eius Σ*a*

192 rebus : *hic desinit M in paginae linea ultima* || ipsa misisset σμς : misisset ipsa Σψ²*a* || cum σμς : quam Σψ²*a* || mater : *hic desinunt* σμ || luctus : luctuus Σ || Fabraternorum *Beroaldus* : Afraternorum *codd.* Alfaternorum *Gruter* || Larino aduolare atque illam *scripsi* : Larino atque illam aduolare *codd.* atque illam *secl. Clark* Larinatem illim adu. *Müller* Larino adesse atque illam adu. *Peterson* Larino illim usque adu. *Schoenberger, alii alia* || posset : possit Σ¹πφ

193 inuentus : repertus ς

préférait se confier à la nuit et à la solitude plutôt qu'à la foule et à l'hospitalité. **194** Et maintenant ses actes, ses intrigues et enfin les projets qu'elle fait chaque jour, qui de nous en croit-elle ignorant ? Nous savons à qui elle s'est adressée, à qui elle a promis de l'argent, de qui elle a tenté d'ébranler la conscience par la corruption. Bien mieux nous connaissons ses sacrifices nocturnes qu'elle se figure bien cachés, ses prières criminelles, ses vœux impies (1) : là elle va jusqu'à prendre les dieux immortels à témoin de sa scélératesse ; elle ne voit pas que la piété, la religion, de justes prières peuvent apaiser l'esprit de la divinité, mais non une superstition impure, des victimes égorgées, offertes pour l'accomplissement d'un crime. Je suis bien sûr que de leurs temples et de leurs autels les dieux immortels ont rejeté avec dégoût sa folie et sa cruauté. LXIX **195** Et vous, Juges, vous dont la Fortune a voulu que vous soyez pour mon client Aulus Cluentius en quelque sorte d'autres dieux prêts à le secourir en toutes circonstances, éloignez de la tête d'un fils la barbarie de cette mère. Souvent beaucoup de juges ont accordé à leur pitié pour les parents le pardon des fautes commises par les enfants. A vous ce que nous demandons, c'est de ne pas donner à la cruauté d'une mère la vie que mon client a vécue dans l'honneur, quand surtout vous pouvez voir le municipe se ranger tout entier d'un seul côté. Sachez, Juges, que tous les Larinates — c'est une chose incroyable à dire, que je dirai pourtant en toute vérité — tous ceux qui en ont eu la force sont venus à Rome afin de réconforter mon client de leur affection et de leur présence autant qu'ils le pourraient dans le péril extrême où il se trouve. Sachez qu'à l'heure

(1) Les sacrifices nocturnes de femmes étaient en principe interdits à Rome (Cic., *De leg.*, II, 21). Cicéron accuse ici Sassia de rites magiques de *defixio*, rites par lesquels elle aurait attiré sur Habitus la colère des dieux. Cf. *infra*, p. 177, n. 1.

fugeret ; nocti se potius ac solitudini quam ulli aut urbi aut hospiti committebat. **194** Nunc uero quid agat, quid moliatur, quid denique cotidie cogitet quem ignorare nostrum putat ? Quos appellarit, quibus pecuniam promiserit, quorum fidem pretio labefactare conata sit tenemus. Quin etiam nocturna sacrificia quae putat occultiora esse sceleratasque eius preces et nefaria uota cognouimus ; quibus illa etiam deos immortalis de suo scelere testatur neque intellegit pietate et religione et iustis precibus deorum mentis, non contaminata superstitione neque ad scelus perficiendum caesis hostiis posse placari. Cuius ego furorem atque crudelitatem deos immortalis a suis aris atque templis aspernatos esse confido. LXIX **195** Vos, iudices, quos huic A. Cluentio quosdam alios deos ad omne uitae tempus fortuna esse uoluit, huius importunitatem matris a fili capite depellite. Multi saepe in iudicando peccata liberum parentum misericordiae concesserunt ; uos ne huius honestissime actam uitam matris crudelitati condonetis rogamus, praesertim cum ex altera parte totum municipium uidere possitis. Omnis scitote, iudices — incredibile dictu est, sed a me uerissime dicetur — omnis Larinatis qui ualuerunt uenisse Romam ut hunc studio frequentiaque sua quantum possent in tanto eius periculo subleuarent.

Test. **194** a suis aris atque templis nefarias preces aspernatos deos esse confido ARUSIANUS MESSIUS (GL VII, 457, 10)

193 aut urbi ς : aut turpi Σ *A*πφ.
194 nostrum ς : nostrorum Σς ‖ putat φχ : putet Σς
195 quosdam alios Σ *A*πφ : quos alios ς*t* alios ς quasi aliquos *Classen* quosdam alteros *J. S. Reid* ‖ parentum : parentium *A*φ*t* ‖ ualuerunt : ualuerint ς ‖ possent *a* : possint ς possit Σχ

actuelle ce municipe a été confié aux enfants et aux femmes et qu'en ce moment il n'a pour se défendre que la paix générale de l'Italie et non ses forces propres. Néanmoins ces femmes, ces enfants eux-mêmes autant que ceux que vous voyez ici présents sont tourmentés nuit et jour par l'attente de ce jugement. **196** Ces hommes estiment que vous allez rendre un arrêt non pas sur le sort d'un seul de leurs concitoyens, mais sur la situation, le prestige, les intérêts du municipe tout entier. C'est, Juges, qu'on rencontre en lui au plus haut point le zèle à servir le bien commun de son municipe, la bienfaisance envers chaque citoyen, l'esprit de justice et la sûreté des rapports à l'égard de tous. Il sait en outre maintenir la noblesse qui est la sienne dans son pays, le rang que ses ancêtres lui ont transmis en égalant de ces ancêtres la gravité, la fermeté d'âme, la popularité, la générosité. Aussi les Larinates lui décernent des éloges officiels en des termes qui ne font pas connaître seulement le témoignage de leur opinion, mais aussi leur peine et leur chagrin. Tandis qu'on donne lecture de l'éloge, vous, je vous en prie, qui l'avez apporté ici, veuillez vous lever. **197** Les larmes qu'ils répandent, Juges, vous permettent d'imaginer tous les décurions en pleurs quand ils ont pris ce décret. Quant aux peuples voisins, quel n'est pas leur appui, leur affection incroyable, leur sollicitude ! Eux n'ont pas envoyé des décrets élogieux couchés par écrit, mais ils ont voulu que des personnages très honorables que nous connaissions tous viennent ici nombreux et soient ici en personne pour louer mon client. Nous avons à nos côtés des Frentans qui sont de la plus haute noblesse, des Marrucins qui ont aussi pareil éclat. Venus de Teanum en Apulie et de Lucérie (1), vous voyez témoigner

(1) Les Frentans habitaient les vallées du Sagrus (Sangro), du Tifernus (Biferno) jusqu'à celle du Frento (Fortore). Les Marrucins, le nord du Samnium. Sur Teanum, *supra* p. 75, n. 1. Luceria est en Apulie.

Pueris illud hoc tempore et mulieribus oppidum scitote esse traditum, idque in praesentia communi Italiae pace, *no*n domesticis copiis esse t*u*tum. Quos tamen ipsos aeque et eos quos praesentis uidetis huius exspectatio iudici dies noctesque sollicitat. **196** Non illi uos de unius municipis fortunis arbitrantur sed de totius municipi statu dignitate commodisque omnibus sententias esse laturos. Summa est enim, iudices, hominis in communem municipi rem diligentia, in singulos municipes benignitas, in omnis homines iustitia et fides. Praeterea nobilitatem illam inter suos locumque a maioribus traditum sic tuetur ut maiorum grauitatem, constantiam, gratiam, liberalitatem adsequatur. Itaque eis eum uerbis publice laudant ut non solum testimonium suum iudiciumque significent uerum etiam curam animi ac dolorem. Quae dum laudatio recitatur, uos, quaeso, qui eam detulistis adsurgite.

197 Ex lacrimis horum, iudices, existimare potestis omnis haec decuriones decreuisse lacrimantis. Age uero, uicinorum quantum studium, quam incredibilis beniuolentia, quanta cura est ! Non illi in libellis laudationum decreta miserunt, sed homines honestissimos, quos nossemus omnes, huc frequentis adesse et hunc praesentis laudare uoluerunt. Adsunt Frentani, homines nobilissimi, Marrucini item pari dignitate ; Teano Apulo

195 non domesticis *Madvig* : in domesticis *codd.* || tutum *Naugerius* : totum *codd.*

196 adsequatur : assequantur *B*ς || itaque iis b^2a : itaque χ ita quis Σς || iudiciumque : iudicium qui Σ || eam *a* : iam Σς $b^1χψ^1$.

197 existimare : existumare Σ*A* || quam... cura est *om.* $b^1χψ^1$ || laudationum decreta Σς : laudationem decretam $ab^2ψ$ || Frentani φχψ : Frentrani Σ *A*π b^1 Frentani b^2 *a* || Marrucini π*b* : Marrucinii *cet.*

en notre faveur des chevaliers romains, personnes très honorables. De Bovianum (1), de tout le Samnium, les témoignages les plus honorables ont été envoyés et les hommes les plus considérables de la plus haute noblesse sont venus. **198** Pour ceux qui possèdent sur le territoire de Larinum des propriétés, des entreprises, des exploitations d'élevage, hommes honorables que distingue l'éclat le plus grand, il est malaisé de dire tout leur tourment, toute leur peine. Il y a, me semble-t-il, peu de gens qui obtiennent d'une seule personne l'affection que mon client trouve chez tous ceux qui sont ici. LXX Combien j'aimerais voir ici devant ce tribunal Lucius Volusienus (2), lui en qui on découvre l'éclat, le mérite le plus grand ! Comme j'aimerais dire en sa présence le nom de Publius Helvidius Rufus, chevalier romain entre tous distingué ! Veillant jour et nuit pour mon client, m'enseignant le dossier de la cause, il est tombé malade d'une maladie grave et dangereuse. Pourtant il n'est pas moins en peine de la tête de mon client que de sa propre vie. Vous trouverez une affection égale chez le sénateur Cnaeus Tudicius, homme du plus haut mérite et de la plus haute distinction, quand il déposera en faveur de Cluentius. Pour toi, Publius Volumnius, nous prononçons ton nom avec la même confiance mais avec plus de discrétion, puisque tu es un des juges d'Aulus Cluentius. Pour ne pas traîner les choses en longueur, nous affirmons que chez tous ses voisins l'affection pour mon client est extrême (3). **199** Contre l'empressement, la sollicitude, le zèle de tous, en même temps contre mes

(1) Bovianum était la ville principale du Samnium.

(2) Les personnages ici nommés ne nous sont pas connus d'autre part.

(3) Cf. Cic., *Verr.*, V, 57 : « *In iudiciis qui decem laudatores dare non potest, honestius est ei nullum dare quam illum quasi legitimum numerum consuetudinis non explere.* »

atque Luceria equites Romanos, homines honestissimos, laudatores uidetis; Bouiano totoque ex Samnio cum laudationes honestissimae missae sunt, tum homines amplissimi nobilissimique uenerunt. **198** Iam qui in agro Larinati praedia, qui negotia, qui res pecuarias habent, honesti homines et summo splendore praediti, difficile dictu est quam sint solliciti, quam laborent. Non multi mihi ab uno sic diligi uidentur ut hic ab his uniuersis.

LXX Quam doleo abesse ab huius iudicio L. Volusienum, summo splendore hominem ac uirtute praeditum! Vellem praesentem possem P. Heluidium Rufum, equitem Romanum omnium ornatissimum, nominare. Qui cum huius causa dies noctesque uigilaret et cum me hanc causam doceret, in morbum grauem periculosumque incidit; in quo tamen non minus de capite huius quam de sua uita laborat. Cn. Tudici senatoris, uiri optimi et honestissimi, par studium *ex* testimonio et laudatione cognoscetis. Eadem spe sed maiore uerecundia de te, P. Volumni, quoniam iudex es in A. Cluentium, dicimus. Et ne longum sit, omnium uicinorum summam esse in hunc beniuolentiam confirmamus. **199** Horum omnium studium, curam, diligentiam meumque una laborem, qui totam hanc causam

197 Romanos : Romani Σ ‖ homines honestissimos : honestissimos homines *bψ* ‖ Bouiano *Angelius* : Boiano *codd.* ‖ ex Samnio : examnio Σ ‖ amplissimi : amplissumi Σ

198 Larinati : Larinate Σ*A* ‖ pecuarias *Manutius* : pecuniarias *codd.* ‖ dictu : dictum Σ ‖ his : iis Σχ*a* ‖ quam doleo *Classen* : quando *codd.* ‖ Volusienum *codd.* : Volusenum *Naugerius* ‖ possem : posse ς ‖ ex testimonio *Graevius* : et (*om. a*) testimonio (*uel* -nium) *codd.*

efforts à moi qui selon l'usage antique ai plaidé seul de bout en bout toute cette affaire (1), et aussi, Juges, contre votre justice et contre votre mansuétude il n'y a pour lutter qu'une mère. Mais quelle mère ! Vous la voyez se laissant aveugler par sa cruauté et sa scélératesse ; sa passion ne s'est jamais arrêtée devant la crainte d'une infamie ; elle a par ses vices bouleversé toutes les règles de la justice humaine ; sa folie interdit à quiconque de l'appeler un être humain, sa violence, une femme, sa cruauté une mère. Elle a même confondu les noms tirés des liens familiaux, outre celui que donne la nature, ainsi que les rapports juridiques, elle qui a été l'épouse de son gendre, la belle-mère de son fils, la rivale de sa fille ; enfin elle en est venue même à ne garder que l'aspect extérieur dans la ressemblance avec un être humain. **200** C'est pourquoi, Juges, si vous détestez le crime, fermez à une mère l'accès au meurtre de son fils ; donnez à celle qui l'a mis au jour cette douleur incroyable qui lui viendra du salut, du triomphe de ses enfants ; souffrez qu'une mère, pour n'avoir pas à se réjouir de perdre son fils, s'éloigne plutôt vaincue par votre équité. Si au contraire, comme le veut votre naturel, vous chérissez l'honneur, la bonté, la vertu, soulagez enfin, Juges, mon client qui est votre suppliant et qui tant d'années fut en butte à une hostilité, à des périls qui n'étaient pas justifiés. C'est maintenant pour la première fois depuis que les actions et les passions des autres ont déchaîné cet incendie que, dans l'espoir de votre justice, il commence à redresser son âme, et, cessant de craindre, à retrouver le souffle. Pour lui tout dépend de vous ; lui dont tant de gens désirent le salut, vous seuls vous

(1) Il faut se souvenir pour comprendre cette remarque qu'à l'époque de Cicéron il était de pratique courante qu'un accusé eût pour se défendre le concours de plusieurs *patroni* : ainsi Murena eut celui de Cicéron, d'Hortensius et de Crassus.

uetere instituto solus peroraui, uestramque simul, iudices, aequitatem et mansuetudinem una mater oppugnat. At quae mater ! Quam caecam crudelitate et scelere ferri uidetis, cuius cupiditatem nulla umquam turpitudo retardauit, quae uitiis animi in deterrimas partis iura hominum conuertit omnia, cuius ea stultitia est ut eam nemo hominem, ea uis ut nemo feminam, ea crudelitas ut nemo matrem appellare possit. Atque etiam nomina necessitudinum, non solum naturae nomen et iura mutauit, uxor generi, nouerca fili, filiae pelex ; eo iam denique adducta est uti sibi praeter formam nihil ad similitudinem hominis reseruarit. **200** Qua re, iudices, si scelus odistis, prohibete aditum matris a fili sanguine, date parenti hunc incredibilem dolorem ex salute, ex uictoria liberum, patimini matrem, ne orbata filio laetetur, uictam potius uestra aequitate discedere. Sin autem, id quod uestra natura postulat, pudorem bonitatem uirtutemque diligitis, leuate hunc aliquando supplicem uestrum, iudices, tot annos in falsa inuidia periculisque uersatum, qui nunc primum post illam flammam aliorum facto et cupiditate excitatam spe uestrae aequitatis erigere animum et paulum respirare a metu coepit, cui posita sunt in uobis omnia, quem seruatum esse plurimi cupiunt, seruare soli uos potestis.

Test. **199** Solus peroraui cf. PLIN, *ep.* 1, 20, 8 || cuius... hominem appellare possit PRISC. (GL, II, 206, 14).

199 uestramque : uostramque Σ*A* || at qu(a)e Σ²ς : atque Σ¹ς || crudelitate et scelere : crudelitatem et sceleri Σ*A* || pelex Σ : pellex *cett.* || uti Σ*Aπφt* : ut ς || hominis : homini Σ*Aπ* || reseruarit : reseruaret Σ*Aπa*

200 prohibete : prohibite *a* || uestra : uostra Σψ || bonitatem : ueritatem *ab*²ψ² || coepit : cepit Σ

pouvez le sauver. **201** Habitus vous prie, Juges, il vous adjure, avec des larmes, de ne pas le livrer à l'hostilité de l'opinion, qui ne doit pas avoir de force devant les tribunaux ; à une mère dont vous devez rejeter loin de votre pensée les vœux et les prières (1) ; à Oppianicus, un homme impie, aujourd'hui condamné et mort. LXXI Si quelque malheur, dans ce procès, vient à frapper mon client, malgré son innocence, certes l'infortuné, Juges, s'il continue de vivre, ce qui se fera malaisément, se plaindra souvent et longuement qu'on ait jadis surpris le poison préparé par les Fabricius. Si alors on ne l'avait pas découvert, le malheureux n'aurait pas trouvé en lui un poison, mais le remède à ses mille épreuves. Peut-être enfin sa mère même aurait suivi les funérailles de ce trépas, et elle aurait fait semblant de pleurer la mort d'un fils. Mais aujourd'hui quel aura été le bénéfice, si ce n'est que sa vie arrachée à un piège mortel semblera avoir été réservée à l'affliction, sa mort privée du tombeau de ses pères ? **202** Assez longtemps, Juges, il a vécu dans les malheurs ; assez d'années, il a souffert de l'opinion hostile. Il n'y a personne sauf sa mère qui lui ait été assez ennemi pour que cette passion désormais ne nous semble pas assouvie. Vous qui êtes justes pour tous, qui soulagez avec le plus de bonté quand on est attaqué

(1) Ces *uota* et ces *preces* dont les juges doivent délivrer leur pensée, ne sont pas les vœux et les prières que Sassia leur adresserait. Bien que Cicéron lui-même ait assimilé le pouvoir des juges à celui de véritables divinités, on ne peut croire qu'il applique *uota* et *preces* aux supplications à eux adressées. Il s'agit des *sceleratas... preces et nefaria uota* que Cicéron a imputés à Sassia § 194 et qui accompagnaient ses sacrifices nocturnes. Il s'agit de rites destinés à lier magiquement l'esprit des juges. Le passage est tout à fait curieux sur les pratiques qu'on pouvait reprocher aux femmes en matière judiciaire.

201 Orat uos Habitus, iudices, et flens obsecrat ne se inuidiae quae in iudiciis ualere non debet, ne matri cuius uota et preces a uestris mentibus repudiare debetis, ne Oppianico, homini nefario, condemnato iam et mortuo condonetis. LXXI Quod si qua calamitas hunc in hoc iudicio adflixerit innocentem, ne iste miser, si, id quod difficile factu est, in uita remanebit, saepe et multum queretur deprehensum esse illud quondam Fabricianum uenenum. Quod si tum indicatum non esset, non huic aerumnosissimo uenenum illud fuisset sed multorum medicamentum maerorum; postremo etiam fortasse mater exsequias illius funeris prosecuta mortem se fili lugere simulasset. Nunc uero quid erit profectum nisi ut huius ex mediis mortis insidiis uita ad luctum conseruata, mors sepulcro patris priuata esse uideatur? **202** Satis diu fuit in miseriis, iudices, satis multos annos ex inuidia laborauit. Nemo huic tam iniquus praeter parentem fuit cuius animum non iam expletum putemus. Vos qui aequi estis omnibus, qui ut quisque crudelissime oppugnatur eum lenissime

Test. **201** Orat uos Habitus iudices Arusianus Messius (GL VII, 496, 4) || sed multorum medicamentum maerorum Exc. Char. (GL I, 551, 4)

202 satis multos... laborauit Arusianus Messius (GL VII, 490, 15)

201 miser si Σς : miser, iudices, si *b*χψ || factu : factum Σ || in uita remanebit *A b*ψ : uitare manebis Σ uita (*uel* et uita) remanebit *a*ς || queretur *b*²χψ : quereretur Σ*a*ς || maerorum *Exc.* : laborum *codd.* laborum atque maerorum *P. de Labriolle* || fortasse *Landgraf* : fortassis *codd.*

202 iniquus : iniquos Σ*AB*π || parentem : parentum Σ*A* || animum non *b*χψ : animum Σ*AB*πφ non animum *a* || putemus *B* : esse putemus *cett.* || lenissime : leuissime *B*

avec le plus de cruauté, sauvez Aulus Cluentius ; rendez-le sain et sauf à son municipe ; ramenez-le à ses amis, à ses voisins, à ses hôtes dont vous voyez l'affection. Attachez-vous le à jamais à vous-mêmes et à vos enfants. Voilà, Juges, ce qu'il vous appartient de faire, ce qui est de votre dignité et de votre clémence. On a raison de réclamer de vous que vous délivriez enfin de ces malheurs un homme de haut mérite qui est si entièrement innocent, qui est aimé et chéri de tant de mortels, afin que tous comprennent que, si l'opinion hostile a sa place dans les réunions publiques, la vérité a la sienne devant les tribunaux.

subleuatis, conseruate A. Cluentium, restituite incolumem municipio; amicis, uicinis, hospitibus quorum studia uidetis reddite, uobis in perpetuum liberisque uestris obstringite. Vestrum est hoc, iudices, uestrae dignitatis, uestrae clementiae; recte hoc repetitur a uobis ut uirum optimum atque innocentissimum plurimisque mortalibus carum atque iucund[issim]um his aliquando calamitatibus liberetis, ut omnes intellegant in contionibus esse inuidiae locum, in iudiciis ueritati.

202 amicis : inimicis Σ (*an* eum amicis ?) || carum : carissimum *Lambinus* || iucundum *Peterson* : iucundissimum *codd.* (iocund. Σ*B*ς)

Ce volume,
de la Collection des Universités de France,
publié aux Éditions Les Belles Lettres,
a été achevé d'imprimer
en novembre 2002
sur presse rotative numérique
de Jouve
11, bd de Sébastopol, 75001 Paris

N° d'édition : 4391
Dépôt légal : novembre et décembre 2002

Imprimé en France